CRIAÇÃO DE FILHOS BASEADA NA GRAÇA

Tim Kimmel

Com prefácio de **MAX LUCADO**

CRIAÇÃO DE FILHOS BASEADA NA GRAÇA

Tradução
Maurício Bezerra Santos Silva

NOVO CÉU

Título original: *Grace-Based Parenting*

Copyright © 2004 by Tim Kimmel
Publicado mediante acordo com HarperCollins Christian Publishing, Inc.

Direitos de edição da obra em língua portuguesa no Brasil adquiridos pela Novo Céu, selo da EDITORA NOVA FRONTEIRA PARTICIPAÇÕES S.A. Todos os direitos reservados. Nenhuma parte desta obra pode ser apropriada e estocada em sistema de banco de dados ou processo similar, em qualquer forma ou meio, seja eletrônico, de fotocópia, gravação etc., sem a permissão do detentor do copirraite.

EDITORA NOVA FRONTEIRA PARTICIPAÇÕES S.A.
Rua Candelária, 60 — 7.º andar — Centro — 20091-020
Rio de Janeiro — RJ — Brasil
Tel.: (21) 3882-8200

Dados Internacionais de Catalogação na Publicação (CIP)

K49c   Kimmel, Tim
        Criação de filhos baseada na graça / Tim Kimmel; traduzido por Maurício Bezerra Santos Silva. - 1.ª ed. - Rio de Janeiro: Novo Céu, 2022.
        232 p.; 15,5 x 23 cm

        Título original: Grace-based parenting
        ISBN: 978-65-84786-01-1

        1. Virtudes e valores. 2. Ética familiar. I. Silva, Maurício Bezerra Santos. II. Título.

                                          CDD: 179.9
                                          CDU: 173

André Queiroz – CRB-4/2242

*Dedicado à minha neta, Riley Grace Murray —
você representa o espírito de sua mãe
e é um exemplo da personificação da graça.*

SUMÁRIO

Prefácio — 9

CAPÍTULO 1   A razão pela qual a criação de filhos bem-intencionada fracassa — 11
CAPÍTULO 2   A verdade por trás da graça — 33
CAPÍTULO 3   Um amor seguro — 47
CAPÍTULO 4   Um propósito importante — 67
CAPÍTULO 5   Uma esperança forte — 89
CAPÍTULO 6   Um sistema de entrega para a graça — 119
CAPÍTULO 7   A liberdade de ser diferente — 127
CAPÍTULO 8   A liberdade de ser vulnerável — 149
CAPÍTULO 9   A liberdade para ser sincero — 167
CAPÍTULO 10 A liberdade para cometer erros — 191
CAPÍTULO 11 A graça que vem pela noite — 205

Notas — 209
Perguntas para estudo — 213
Agradecimentos — 229

PREFÁCIO

O TEMPO PASSA MUITO RÁPIDO ENTRE O MOMENTO EM QUE BRINCAMOS com os dedinhos do pé de nosso filho pequeno até fazermos a mala dele para a faculdade. E a cada passo dessa jornada, os pais fazem a oração universal: "Pai, ajuda-me a amar este filho do mesmo modo que o Senhor me amou. Ajuda-me a acertar na criação dele."

Recebemos conselhos de pais mais experientes. Escutamos áudios, lemos livros, queremos, acima de tudo, honrar a Deus ao ajudar nossos filhos a crescer espiritualmente fortes e seguros no nosso amor.

Este livro nada mais é do que uma resposta a essa oração, porque Tim Kimmel é um pai capacitado por Deus para ajudar o restante de nós a "acertar". Já faz duas décadas que acompanho e admiro a família Kimmel. Assisti a várias palestras de Tim, li suas obras e aprendi com seus pensamentos. Acima de tudo, vejo o quanto ele ama profundamente sua esposa e cuida dos seus filhos.

Tim entende a realidade das famílias e sabe como ajudar a nossa. Ele nos ajuda a compreender o que nossos filhos mais precisam de nós. Além disso, de modo igualmente importante, ele nos apresenta maneiras práticas e sensatas de concedermos a nossos filhos a segurança do amor incondicional cheio da graça divina. Ao fazer isso, Tim nos ajuda a presentear nossos filhos com o maior dom de todos: um coração que anseia por Deus.

Faça um favor a si mesmo e à sua família: leia este livro.

MAX LUCADO

CAPÍTULO 1

A RAZÃO PELA QUAL A CRIAÇÃO DE FILHOS BEM-INTENCIONADA FRACASSA

Conceda-me um minuto. Prometo que não vou demorar. Quero estabelecer um cenário para ilustrar nossa discussão sobre a criação de filhos.

Para começo de conversa, quero que você puxe uma das cadeiras dessa mesa de jogos que estou visualizando. Observe que ela está cheia de pecinhas de um quebra-cabeça bem elaborado. Só de olhar para as cores e o formato das peças, dá para ver que será um desafio e tanto!

Porém, antes de se envolver nesse projeto, você precisa saber de algumas coisas a respeito do que está à sua frente:

→ As peças dos cantos foram retiradas. Sei que é fácil começar um quebra-cabeça juntando as peças das bordas para formar um canto. Isso lhe dá a sensação de conquista antes de partir para a parte difícil. Peço desculpas. Você terá que decidir os limites desse quebra-cabeça sozinho.

→ Alguém jogou várias peças de um *outro* quebra-cabeça na caixa. Pode parecer que elas fazem parte do seu quebra-cabeça, mas não. Essas peças não se encaixam, não importa o quanto você tente. Além disso, você não faz ideia de quais são elas, e pode ser que perca muito tempo para identificá-las.

Está pronto para montá-lo? Sei que compliquei as coisas para você, mas você é capaz. Se tiver tempo e a medicação certa, provavelmente descobrirá o que fazer. Você só precisa saber qual é a figura na tampa da caixa e já pode começar!

Ah, esqueci de dizer uma coisa: nós perdemos a tampa! Você só vai descobrir no final qual é a imagem desse quebra-cabeça. Achou isso divertido? Não sei você, mas eu preferiria ir ao dentista tirar o tártaro das minhas gengivas. Antes de mais nada, esse projeto do quebra-cabeça parece mais um jogo doentio. Já fica difícil quando temos todas as peças certas, todas as peças das bordas e a caixa com a figura impressa. Se não tivermos nada disso, qualquer um pode dar um palpite sobre como o quebra-cabeça ficará. Além disso, sem uma imagem clara daquilo que estamos tentando montar, não podemos saber se estamos nos aproximando do objetivo.

BEM-VINDO AO QUEBRA-CABEÇA DA CRIAÇÃO DE FILHOS

COM ESSE EXEMPLO, acabei de descrever a tarefa da criação de filhos. Trabalham-se muitos anos para colocar todas as peças no lugar, mas, quando os filhos crescem, geralmente eles nem se parecem com o que você pensou estar criando. Entretanto, mesmo com as decepções, criar filhos ainda é a coisa mais importante que alguém pode fazer. É maior do que qualquer conquista que você possa ter na sua carreira. Ela ofusca todo o reconhecimento que você pode obter por suas ideias ou criações. Você recebe uma parte da história em andamento — uma dádiva que você vai preparar para uma época que nem chegará a conhecer — e assume o papel principal em como essa história será registrada. É por isso que, apesar dos desafios, você precisa ter um plano para a criação de seus filhos que funcione.

Boas intenções não bastam. Todo pai ou mãe começa com elas, mas em pouco tempo descobrem que estão fadados ao fracasso por situações que não foram planejadas nem desejadas. Ter talento para criar filhos também não basta. Você precisa de algo maior do que sua inteligência e sabedoria para ser bem-sucedido.

Você recebe uma parte da história em andamento —
uma dádiva que você vai preparar para uma
época que nem chegará a conhecer.

Considere a questão dos limites. Do mesmo modo que as peças das bordas do quebra-cabeça foram retiradas, nossa cultura retirou muitas fronteiras morais que tornavam a criação de filhos mais nítida. Era muito evidente a diferença entre certo e errado. Era errado mentir, trair, roubar e se impor em detrimento dos outros. Desrespeitar algo ou alguém era uma deixa óbvia para que os pais entrassem em ação.

Também tínhamos diretrizes ótimas para a vida, como os Dez Mandamentos. Entretanto, depois de a nossa cultura tê-los minado pouco a pouco, o Decálogo passou de esculpido em uma tábua de pedra a escrito a lápis em um post-it. Esses mandamentos parecem mais dez dicas ou sugestões para você usar se for do seu interesse. Em algum momento, eles perderam sua autoridade na vida da família comum. Hoje em dia, para muitos pais não existe mais "o certo e o errado", pois o que manda é aquilo que eu *sinto* que é "certo ou errado". Esse tipo de pensamento leva a dois extremos perigosos na criação de filhos.

OS PAIS RADICAIS

UMA CONSEQUÊNCIA EXTREMA de suprimirmos limites morais bem definidos é o nível de permissividade de alguns pais — mesmo de pais cristãos. Seus filhos podem sair com quem quiserem, assistir ao que quiserem na televisão ou no cinema, fazer um escândalo quando se sentirem frustrados sem que ninguém se importe muito com isso, acessar qualquer página na internet, começar a namorar cedo, dar vazão a seus desejos sexuais e usar todos os meios que funcionarem melhor para alcançar o sucesso na escola, nos esportes e nos relacionamentos.

Como eu disse, esse é um exemplo *extremo*. A maioria dos pais não admitiria pertencer a essa categoria. De qualquer modo, o nome de alguém deve ter vindo à sua mente enquanto você lia essas últimas frases. Qualquer noticiário nos lembra de que existem muitos pais que exercem influências negativas e até mesmo destrutivas sobre seus filhos. Eles são culpados por serem negligentes, conscientemente ou não, na tarefa de orientar os filhos de forma adequada na infância.

Infelizmente, até pais bem-intencionados podem recair nesse tipo de criação de filhos em alguma medida. Na verdade, é bem fácil nos tornarmos um pouco indiferentes com relação à cultura sem limites na qual fomos criados. Podemos realizar o trabalho nobre de orientar nossos filhos quando as coisas vão bem, mas é muito comum que muitos de nós abandonem algumas de nossas melhores convicções nas situações difíceis. A nossa cultura pode ser maldosa ou punitiva para os pais que se comprometem a fazer a coisa certa, e é por isso que tantos acabam cedendo em meio ao estresse. A dura realidade é que muitos pais preferem se *sentir* bem a *fazer* o bem. Criar filhos com limites morais bem definidos pode ser um trabalho extremamente solitário. Quem mais na sua vizinhança está tentando criar os filhos do mesmo modo que você?

DE UM EXTREMO A OUTRO

MAS EXISTE UM outro extremo que os pais podem alcançar e que é igualmente tóxico para os filhos. Na verdade, pode deixar cicatrizes irreversíveis na vida espiritual deles. Esse tipo de criação costuma ser uma reação exagerada à vida ou à cultura sem limites. Estou me referindo a quando os pais forçam os limites bem mais do que o necessário para criar filhos de forma eficaz. Esses pais restringem ou controlam praticamente tudo. Pegam pesado nos limites no que diz respeito aos amigos, ao lazer, aos esportes, à educação e à vida espiritual, acreditando que dessa forma estão *protegendo* mais os filhos ao longo da caminhada da vida.

Mas não estão.

Alguns pais fazem isso por causa do modo como foram criados. Os maiores candidatos a esse tipo de criação de filhos rígida são aqueles que cresceram num lar *sem* limites. Eles geralmente adotam essa abordagem muito controladora na criação porque perceberam quantos problemas podem surgir quando é permitido aos filhos fazer o que quiserem. Esses pais querem garantir que os filhos não caiam na armadilha em que eles mesmos caíram. Assim, para garantir que seu passado não se repita, não somente estabelecem limites bem definidos, mas também acrescentam cercas internas para dificultar ainda mais que os filhos se aproximem do limite extremo. Esses pais geralmente são levados a essa estratégia por adotarem dois princípios equivocados. Em primeiro lugar, partem do pressuposto de que sua *obediência* a um padrão mais rígido e firme os ajudará de alguma maneira a criar filhos melhores e mais seguros.

Mas isso não adianta nada.

Já que *o modo* como os filhos se desenvolvem depende bem mais do que se passa *dentro deles* do que no exterior, os limites desnecessariamente rígidos frustram o desejo do Espírito Santo, que está operando para desenvolver um senso moral no coração deles, para que tomem suas próprias decisões.

O outro princípio equivocado que leva os pais a construir cercas internas desnecessárias ao redor de seus filhos é que isso de algum modo os ajuda a obter mais graças ou a proteção de Deus.

Isso, porém, não ajuda em nada. Deus não pode dar mais do que ele já concedeu em abundância quando passamos a ser seus filhos.

Tanto meu pai quanto minha mãe cresceram em lares com padrões morais flexíveis. Logo depois que se casaram, receberam Cristo, o que os ajudou a perceber que não queriam criar seus filhos nesse mesmo tipo de ambiente. No entanto, eles sabiam que primeiro precisavam crescer na fé; logo, passaram a frequentar uma igreja que orientaria sobre como deviam viver e criar os filhos. Infelizmente, essa igreja específica acreditava que os limites básicos que Deus definiu nas Escrituras precisavam de um "desenvolvimento" e de uma "elucidação" maior.

Considere, por exemplo, o modo com que os líderes da igreja que meus pais frequentavam trabalhavam o conceito bíblico do descanso semanal, que as Escrituras dizem que deve ser santificado. Já que "santificado" quer dizer "separado", eles queriam garantir que o domingo fosse afastado de tudo o que poderia fazê-lo parecer um dia normal. Os líderes da igreja definiram o domingo como um dia que você vai à igreja e louva junto com a família (o que não é uma má ideia), e depois vai para casa e passa uma tarde calma de descanso (outra ideia que não é assim tão má). O pastor dessa igreja gostava de explicar como esses princípios básicos se expressavam na prática, e ele ensinava essas ideias como se tivessem sido escritas em pedra.

Mas não para por aí! O "culto" implica chegar na hora, com *todos* os membros da família levando suas bíblias (inclusive as crianças pequenas, "para criarem esse hábito", como eles diziam), com *todos* os membros da família deixando algum dinheiro de oferta, e então todas as famílias deviam ir direto para casa depois do culto. Não se incentivava ir a restaurantes para almoçar com outras famílias. Quando chegassem em casa, "descansar e se acalmar" significava que não era permitido ligar a televisão, nem o rádio (hoje provavelmente acrescentaríamos "nem o computador"); as crianças não podiam fazer barulho nem brincar, e todos deveriam tirar uma soneca. O domingo terminava *voltando* para a igreja para uma versão reduzida daquilo que já tinha acontecido de manhã.

Teria sido bom se aquele pastor tivesse apresentado tudo isso como *sugestão* e incentivado meus pais a confirmar todas essas coisas em oração. Isso teria permitido que eles deixassem que Deus definisse o domingo deles para cumprir o propósito declarado pelas Escrituras (que é o descanso) de um modo que se alinhasse com a idade e a personalidade de cada membro da nossa família. Mas ele não fez isso. Esse pastor ensinou sua própria versão do domingo como a maneira "boa" e "séria" que as famílias cristãs deveriam adotar. Ele também ordenou que os líderes da igreja verificassem a conduta das pessoas que a frequentavam.

Nunca me esquecerei de algo que aconteceu quando eu tinha sete anos. Era uma tarde perfeita de domingo, com uma brisa suave e um tempo agradável. Eu precisava dormir só depois das três da tarde. Minha mãe estava fazendo a faxina depois do almoço, e meus irmãos tinham se espalhado pela casa. Saí da casa de fininho segurando uma bola de borracha e comecei a arremessá-la de leve na parede de tijolos, um joguinho de bola comigo mesmo. Acho que eu tinha lançado a bola umas dez vezes na parede quando minha mãe saiu voando de casa.

"Tim, pare já com isso!"

"Por que, mãe?"

"Porque é domingo!"

"Mas, mãe, por que eu não posso jogar bola no domingo?"

"Não podemos fazer essas coisas no domingo!"

"Quem foi que disse?"

"Foi Deus!"

Mamãe era tão novinha no seu relacionamento com Deus que ela realmente achava que tudo o que o pastor dizia vinha direto da boca dele. E depois ela deu o *golpe de misericórdia*: "Além do mais, e se alguém da igreja passasse de carro e visse você jogando bola no domingo?"

Essa frase indica uma armadilha em que alguns pais caem quando o assunto é traçar limites mais severos do que os definidos na Bíblia: eles geralmente medem sua competência como pais se comparando com os outros. Monitoram as outras famílias e agem como uma espécie de "polícia moral", medindo a competência desses outros pais pelo modo como eles seguem o seu padrão mais rígido e arbitrário. Esses pais geralmente não pensam duas vezes antes de julgar quando outros pais cometem erros — é uma reação imediata. São levados a pensar, de forma equivocada, que as famílias cujas crianças aprendem a obedecer ao maior número de regras produzem filhos melhores.

Isso raramente acontece.

Na verdade, essa é uma maneira excelente de arruinar seus filhos.

Felizmente, minha mãe chegou à conclusão de que poderia aumentar a chance de criar filhos melhores se não pegasse tão pesado. Para ela, Deus e algum bom senso funcionaram muito bem. Alguns dos melhores jogos de beisebol da minha infância aconteceram em tardes de domingo, com a minha mãe torcendo por mim. (Aliás, esse pastor começou a "pegar mais leve" quando os filhos pequenos que ele tinha entraram na adolescência.)

A propósito, tudo o que acabei de dizer não exige uma visão mais rígida do descanso semanal. As *razões* pelas quais uma família pode escolher separar um dia por semana para direcionar sua atenção para Deus simplesmente mudam. Deus realmente poderia levar uma família a guardar um dia da semana em que a calma, o descanso e a atividade mínima fossem a norma. Isso poderia de fato trazer um impacto benéfico para uma família ocupada e apressada. Mas isso deveria ser feito a partir de um desejo de se concentrar em Deus e obter descanso nele em vez de fazer a Bíblia dizer algo que ela não diz e, durante esse processo, praticar o controle da imagem pública.

DO MEU JEITO OU NADA FEITO

Uma das coisas que complicam o quebra-cabeça da criação de filhos é que a ele foram acrescentadas mais peças do que o necessário. Essas peças na verdade não se encaixam na figura, mas foram forçadas a fazer parte porque vozes convincentes insistem que elas pertencem a ele. Essas peças a mais não necessariamente têm algum poder para ajudar a montar a imagem final do nosso quebra-cabeça, mas, pelo modo como são apresentadas, não há como saber isso. Várias vozes gritam para os pais que, se eles não alimentarem os filhos de uma determinada maneira ou se não os disciplinarem de tal forma, ou se não os educarem de tal jeito, estarão destinando os filhos a um fracasso inevitável. Você pode até deduzir de alguns ensinamentos como esses que Deus não se agradaria se você tentasse criar seus filhos fora dessas regras rígidas. Entretanto, permita-me repetir que uma coisa é dar sugestões, mas outra completamente diferente é fazer dessas sugestões a *única* maneira de criar filhos de forma eficaz.

Várias vozes gritam para os pais que, se eles não alimentarem os filhos de uma determinada maneira ou se não os disciplinarem de tal forma, ou se não os educarem de tal jeito, estarão destinando os filhos a um fracasso inevitável.

Assim como bons vendedores conseguem fazer, as vozes de alguns desses especialistas nos levam a acrescentar coisas que não são necessariamente fundamentais para sermos bem-sucedidos na criação de nossos filhos e claramente não garantem resultados melhores. Suponho que é justo dizer que nenhum desses especialistas (pelo menos não entre os que tenho ouvido falar) que trazem propostas aos pais *garante* que seu método dá resultado. Os filhos são agentes livres, capazes de rejeitar até mesmo os planos mais eficientes de criação disponíveis. Também faz sentido dizer que tomar algumas atitudes aumenta as chances de criar filhos melhores — como ter limites morais bem definidos. A verdade, porém, é que dentro dos limites bem definidos da lei moral de Deus na Bíblia existem muitas linhas disponíveis a respeito de como criar filhos. Infelizmente, é fácil para algumas vozes enquadrar muitas boas ideias como *pré-requisitos* para uma boa criação.

Estamos acostumados a passar pela pista do drive-thru e ouvir uma voz animada dizer: "Deseja acrescentar batatas fritas?" ou "Você quer um tamanho maior desse lanche?". Ouvimos um eco parecido quando procuramos por ajuda para criar nossos filhos:

→ *Estou tentando descobrir minhas opções de alimentação para o meu bebê.*
   "Gostaria de acrescentar a amamentação?"

→ *Estou tentando descobrir a melhor maneira de disciplinar o meu filho.*
   "Gostaria de incluir uma surra?"

→ *Estou tentando pensar em qual tipo de educação terão meus filhos.*
   "Gostaria de incluir a opção de matriculá-los em uma escola particular?"

É difícil manter uma visão equilibrada da criação dos filhos enquanto essas vozes continuam gritando, autoritárias. A prova de que algum modelo de criação de filhos é eficaz não está no relacionamento entre pais e filhos. Não está nem mesmo em como se tratam e se respeitam depois que os filhos crescem. Até as famílias que não são religiosas conseguem ser bem-sucedidas nisso. A prova de que um modelo de criação é eficaz se revela no quanto os filhos estão preparados para chegar à fase adulta como membros importantes da espécie humana. Observe que eu não disse "como membros importantes da comunidade cristã". Precisamos ter filhos que possam ser enviados às universidades mais hostis, sofrer nos ambientes de trabalho mais gananciosos e constituir família em meio às comunidades mais hedonistas e mesmo assim não se sentir nem um pouco intimidados pelo ambiente ao seu redor. Além disso, eles precisam se envolver na vida das pessoas em sua cultura, representando o amor de Cristo de forma graciosa dentro desses ambientes angustiantes. O apóstolo Paulo nos deu, como pais, um objetivo excelente para nossos filhos buscarem:

> Façam tudo sem queixas nem discussões, para que venham a tornar-se puros e irrepreensíveis, filhos de Deus inculpáveis no meio de uma geração corrompida e depravada, na qual *vocês brilham como estrelas no universo*, retendo firmemente a palavra da vida. Assim, no dia de Cristo eu me orgulharei de não ter corrido nem me esforçado inutilmente (Filipenses 2:14-16, destaque nosso).[1]

Quando paro para observar o fruto da geração anterior e a direção que a geração atual está tomando, fico imaginando se temos perseguido esse alvo. Com toda a ajuda que temos recebido, especialmente como cristãos, será que somos eficientes em formar filhos que não veem a hora de se tornar um instrumento de Deus para transformar o mundo ao seu redor? Será que nós, como um grupo coeso, somos conhecidos por formar filhos que não são facilmente enganados pelo mundo corrupto à sua volta? Não é o que parece.

TÃO POUCA DIFERENÇA!

Poderíamos pensar que, com todos os recursos desenvolvidos nas últimas décadas, deveríamos ter um pouco mais para mostrar. Se observássemos onde o movimento cristão se encontra em grande escala, ficaria bem claro que deixamos, sim, algumas coisas de lado. A comunidade cristã nos Estados Unidos está na casa dos milhões. Como um percentual significativo da população norte-americana diz ser cristã, muitas vezes somos chamados de "nação cristã". Dedicamos bilhões de dólares à nossa experiência espiritual. Temos mais serviços tradicionais, bem como mão de obra profissional dedicada para o desenvolvimento da nossa trajetória cristã, do que qualquer outra nação do mundo.

Nossas igrejas geralmente são consideradas extensões das nossas necessidades familiares, tanto que muitas delas servem como clubes de campo evangélicos. Criamos um universo paralelo ao sistema corrompido do mundo que nos atende com todas as comodidades que queremos. Temos livrarias cristãs. Elas não somente nos oferecem todas as ferramentas de que precisamos para estudar a Bíblia e crescer de forma mais semelhante a Cristo, mas também nos trazem todo tipo de leitura que quisermos. Temos ficção cristã, ficção científica cristã e romances cristãos. Temos programas de rádio cristãos e TVs a cabo dedicadas à programação espiritual o dia todo. Temos shows cristãos, cruzeiros cristãos, resorts cristãos para passarmos nossas férias. Temos nossos próprios sistemas escolares. Nossas próprias marcas de roupas. Até mesmo nossas balinhas de hortelã.

Com todos esses recursos dedicados a uma vida cristã bem-sucedida, por que eles estão causando tão pouco impacto? Podemos identificar que a comunidade cristã como um "nicho de mercado" surge no início da década de 1960.² O mais irônico de tudo isso é que a "secularização" da comunidade não cristã foi diretamente proporcional ao nosso afastamento dela. Quanto mais opções a comunidade cristã criou para si mesma, mais a cultura geral se aproximou do pensamento secular, pelo simples fato de que quanto menos nos envolvermos com o mundo perdido ao nosso redor, mais ele fará o que bem entende.

O mais irônico de tudo isso é que a
"secularização" da comunidade não cristã
foi diretamente proporcional ao nosso
afastamento dela.

Mas as coisas não precisam ser assim. Podemos dizer que Deus colocou nossas famílias na comunidade para servir como faróis para os perdidos à nossa volta. Devemos ser o brilho que os ajuda a encontrar a saída da escuridão. Quando uma família se dedica a ser essa luz, ela tende a viver mais perto de Cristo. Ela ora mais, estuda mais a Bíblia, se importa mais com o próximo, se relaciona mais com seus vizinhos. Em algum momento da nossa conversa sobre criação de filhos, nós nos distanciamos dessa prioridade no que se refere ao nosso papel.

Forjar um universo paralelo cristão tem gerado enormes consequências negativas na criação de filhos cristãos estruturados. Uma das funções principais que Deus deu aos pais cristãos foi criar adultos segundo o coração dele. A família é, sem dúvida, o veículo mais prático e eficiente para produzir o tipo de pessoa que pode agir no mundo dos adultos com confiança e ter um impacto redentor em sua cultura — e é isso que devíamos estar fazendo.

Entretanto, por que não estamos?

Por que o mundo está ficando cada vez mais secular? Por que chegamos ao ponto de nossa cultura se tornar extremamente antagônica a expressarmos nossa fé na esfera pública? Por que a nossa cultura passou a ser mais hedonista? Existem muitas explicações cuja intenção é responder a essas perguntas. A explicação-padrão é colocar a culpa em Satanás, mas isso não convence. Ele não entrou em nenhum estado de sonambulismo nos últimos dois mil anos e, de repente, acabou de despertar. Havia algo que o detinha. Havia uma fortaleza a qual ele tinha grande dificuldade de penetrar: a família boa e sólida. Os pais que estavam armados com nada mais do que um relacionamento vibrante com Deus serviam como ponto de partida ideal para grandes personalidades. Portanto, algo mudou. Nós ficamos intimidados. E eu acho que o medo é o que alimenta boa parte do aconselhamento que recebemos para a criação de nossos filhos.

NOSSOS MAPAS ESTÃO ERRADOS

AO PASSAR POR um lugar onde nunca esteve, a única informação de que você dispõe é a dos mapas. Há vários casos trágicos na história envolvendo pessoas que confiaram em mapas errados ou imprecisos. Quando vejo o modo como alguns pais cristãos cuidam dos filhos, e a maneira como alguns "especialistas" cristãos os aconselham, não é de se admirar que pareça que alguns se perderam completamente.

Permita-me dar algumas pinceladas para classificar alguns métodos comuns de criação de filhos que vejo na comunidade cristã — métodos que nos fazem perder o foco. O primeiro da lista é o mais popular que conheço:

1. A criação baseada no medo.

Temos medo dos filmes de Hollywood, da internet, da escola pública, do Halloween, da comunidade homossexual, das drogas, do álcool, do rock, do rap, dos vizinhos festeiros, dos times de beisebol, dos liberais e do Papai Noel. Nossos medos *determinam* nossa estratégia de criação de filhos. Ouço ecos disso por trás da preocupação dos pais ou mães que, ao me consultarem, começam com as seguintes palavras: "Estou com medo de que..." Quando observo como a família-padrão evangélica formula sua estratégia para criar os filhos, na maioria das vezes vejo o medo tomando o controle.

Se considerarmos todas as categorias de conselhos que Jesus nos deu nos Evangelhos, veremos que a lista maior é composta de versículos em que ele diz: "Não temas." Se a nossa fé está em Cristo, devemos ser as últimas pessoas a ter medo de *qualquer coisa*! Criar filhos com base no medo é a maneira mais garantida de criar filhos intimidados. Também é o modo mais garantido de formar filhos cristãos que não possuem nenhuma paixão pelos perdidos, ou que se rebelam em todos os aspectos contra seus pais, contra sua igreja e contra o Senhor.

Criar filhos com base no medo é a maneira mais garantida de criar filhos intimidados.

2. A criação baseada na mudança de comportamento.

Essa é uma variação da criação com base no medo que supõe que o ambiente adequado, as informações certas, a educação correta e a ausência de influências negativas aumentarão as chances de um filho crescer bem. Esse plano de criação de filhos se baseia em dois princípios equivocados: (1) o princípio de que a batalha se encontra principalmente em fatores externos ao filho (e não é isso o que acontece); e (2) o princípio de que a vida espiritual pode ser transmitida para o coração do filho do mesmo modo que as informações são passadas para o disco rígido de um computador (e sabemos que não é possível fazer isso).

O comportamento ensinado por essas famílias monta um belo retrato de uma família cristã ideal, mas só apresenta uma dimensão. Existe pouquíssima coisa debaixo da superfície que se baseia na fé necessária para suportar os duros "golpes" da cultura ou para se envolver em um relacionamento maduro e profundo com Deus. Trata-se de casas nas quais Deus governa a mente, mas dificilmente chega ao coração.

3. A criação baseada no controle da imagem.

Nesse método, cria-se uma lista de verificação, que faz parte da sedução do legalismo. Meus pais adotaram esse modelo de criação nos primeiros anos de casamento. A criação de filhos baseada no controle da imagem parte do princípio de que as pessoas saberão que você é um bom pai cristão que tem filhos cristãos excelentes pela frequência com que vai à igreja (ou se ausenta dela), pelas roupas que veste (ou não veste), pelas palavras que usa (ou não usa), pelas escolas onde estuda (ou não), pelo número de versículos que cita de cor, pela versão da Bíblia que lê e pelos tipos de doce que distribui no Halloween (se é que você participa dele).

O problema com essa forma de criação de filhos não é o que os pais fazem ou deixam de fazer. Na maioria das vezes, eles são pessoas bem-intencionadas tentando fazer boas escolhas, mas as fazem pelas *razões erradas*! Fazer coisas boas pelas razões erradas de forma constante acaba gerando resultados desfavoráveis. Infelizmente, os filhos sabem quando estamos vivendo com base em uma lista de verificação em vez de confiar na orientação de Deus.

4. A criação de filhos sob um controle excessivo.

Existe uma diferença bem grande entre os pais que mantêm os filhos *sob controle* e aqueles que *os* controlam. A criação sob controle excessivo acontece quando alavancamos a força da nossa personalidade ou da nossa posição sobre as fraquezas dos filhos para que cumpram nossa pauta *egoísta*. Esse tipo de criação é alimentado por uma mistura de medo, ira, escravização, vergonha e força tóxicos. É muito triste o modo pelo qual essa forma de criação é predominante nos lares cristãos.

Aquilo que a faz tão difícil de tratar é o fato de que as últimas pessoas que percebem estar criando os filhos dessa maneira são os próprios pais, que são os mais culpados de usar esse como método principal de coordenar os filhos. Pais supercontroladores não conseguem enxergar o modo como estão tratando os filhos, porque pessoas controladoras sempre encontram uma justificativa para suas ações. Por estarem tão convencidos de que sua tendência controladora está *certa*, eles não conseguem ver o quanto isso é destrutivo para seus filhos.

A criação sob controle excessivo acontece quando alavancamos a força da nossa personalidade ou da nossa posição sobre as fraquezas dos filhos para que cumpram nossa pauta egoísta.

A criação supercontroladora desperta o pior dos filhos. Portanto, pais controladores acabam se frustrando com o resultado dos seus esforços, mas geralmente são os últimos a perceber que foram eles os principais culpados. (Escrevi um livro inteiro tratando desse problema nas famílias intitulado *How to Deal with Powerful Personalities* [Como lidar com personalidades fortes].)[3]

5. A criação com mentalidade de rebanho.

Esses são os pais que seguem a multidão. Se a multidão está sobrecarregando os filhos com atividades extracurriculares e esportivas e todos os eventos que a igreja tem a oferecer, eles fazem isso também. Esses pais não costumam pensar por si mesmos. Em vez disso, seguem a alimentação, a maneira de se vestir, educar os filhos, brincar e cultuar a Deus que está na moda. Em vez de orar buscando orientação e observar seu filho para avaliar o que é melhor para ele, esses pais olham em volta e o criam do mesmo modo que os outros.

6. A criação com base na fita adesiva.

Em vez de descobrir como resolver suas dificuldades na criação de filhos, os pais que adotam esse método lidam com elas remendando seus problemas. Quando as crises surgem, buscam apenas soluções temporárias. Famílias assim geralmente estão no limite — ocupadas demais, sobrecarregadas de contas para pagar e focando no que é momentâneo em vez daquilo que é permanente.

7. A criação em tratamento hospitalar ou emergencial.

Esses lares se parecem muito com as famílias fita adesiva, mas com o adendo de que existe uma situação crítica que exige toda a atenção de seus membros. Esses pais podem estar esgotados por algum problema de saúde ou financeiro. Ou a situação crítica pode também ser resultado do desgaste ou do fracasso do casamento. Às vezes, os pais podem ter perdido a infância muito cedo ou tiveram um passado doloroso que deixou feridas graves em seu coração.

Na verdade, o medo permeia todos esses métodos de criação de filhos. Alguns deles podem iludir mães e pais, fazendo-os pensar que estão focados, mas a prova está no resultado. Na maioria dos casos, esses métodos não são divertidos para os pais e roubam a alegria dos filhos. Todos nós reconhecemos que existem certos aspectos na criação de filhos que nunca serão divertidos e nem devem ser. Entretanto, na maioria das vezes, o lar deve ser um lugar que desperta o melhor em todos e prepara os filhos para uma vida adulta confiante e bem-sucedida.

O MODO PELO QUAL VEMOS A DEUS DETERMINA COMO CRIAMOS NOSSOS FILHOS

Todos os estilos de criação que listamos apresentam um aspecto em comum: são fruto da teologia dos pais. A teologia deles é uma mistura entre o modo como veem a Deus e o modo pelo qual acham que Deus os vê. Se tivermos alguma teologia distorcida referente à atitude de Deus ao nosso respeito, isso pode automaticamente criar uma reação em cadeia de decisões distorcidas sobre como criamos nossos filhos. Isso também pode impedir nossos filhos de sentir a alegria de Deus, ou mesmo o coração de Deus em sua vida pessoal. Essa é uma receita para que o filho se rebele e rejeite o sistema principal de crença dos pais.

Dois comportamentos dominantes marcam esses estilos inadequados de criação de filhos, e na base de ambos está a falta de compreensão da principal mensagem da graça de Deus, presente em todas as Escrituras. Permita-me definir esses dois comportamentos antes de oferecer uma alternativa melhor. Um entendimento claro dessas posturas inadequadas — que chamo de **pais críticos** e **pais legalistas** — também o ajudará quando as mencionarmos ao longo deste livro. Vamos observar as características de cada uma antes de trazer uma alternativa radical.

Os **pais críticos** passam a maior parte do tempo garantindo que sua família seja melhor do que todas as outras ao seu redor. Para eles os filhos devem apoiar suas preocupações sobre o que está errado a respeito de todas as pessoas à sua volta. Se você estivesse observando o comportamento deles, os veria apontar o dedo para os outros e não se envolver com pessoas que têm uma visão diferente da deles sobre a vida. Eles podem ser especialmente duros com as crianças que não aceitam sua visão limitada da vida.

O conselho que eles dão para os filhos seria uma mistura de:

→ "Deus está vendo e eu também."

→ "Você não é lá grande coisa, mas é melhor do que fulano."

No que diz respeito aos limites, a palavra de ordem que dariam aos filhos seria: "Tudo o que dá prazer provavelmente está errado." No que se refere a Deus, eles estão tão distraídos criticando outras famílias que têm uma visão diferente da deles, que parecem não gostar muito de Deus. Deus tem algo a dizer a respeito de pais assim: "Portanto, você, que julga os outros, é indesculpável; pois está condenando a si mesmo naquilo em que julga, visto que você, que julga, pratica as mesmas coisas" (Romanos 2:1).

Os **pais legalistas** passam a maior parte do tempo tentando garantir que sua família faça tudo da maneira certa. Eles vivem para pontuar suas boas obras. Seus filhos devem ajudá-los a acumular pontos com Deus. Se você os observasse, eles lhe pareceriam sobrecarregados e estressados. São especialmente duros com os filhos que não cumprem as regras. As orientações que esses pais dão aos filhos seriam algo assim:

➔ "Você está em dívida com Deus, então é melhor se esforçar mais."

➔ "Você pode não estar indo tão bem, mas se você se esforçar, pode acabar agradando a Deus."

No que diz respeito a limites, a palavra de ordem deles equivale ao seguinte: "Se lhe dá prazer, pare agora!" Esses pais partem do princípio de que devem se preocupar sobretudo com o que Deus *exige* deles. Quanto a Deus, sentem que precisam compensar o que ele lhes fez, mas Deus tem algo a dizer a esses pais: "Ninguém é considerado justo com base no seu trabalho" (Romanos 4:5 NVT).[4]

Consegue perceber a trilha do medo em meio a tudo isso? Ele é contagioso — e tóxico. É a maneira mais eficiente de fazer seus filhos se sentirem mal por toda a infância e garantir-lhes um futuro totalmente perdido. (É meu dever observar que é possível desenvolver esses dois estilos diferentes na criação; um aplicado pelo pai e o outro pela mãe, por exemplo.)

Tenho certeza de que se fôssemos entrevistar qualquer um desses pais e fizéssemos um teste a respeito dos filhos deles, sairíamos convencidos de que amam seus filhos com carinho e querem o melhor para eles. Seus filhos podem sair do lar se sentindo amados, mas sempre haverá um ranço estranho permeando a relação. Os filhos dos **pais críticos** têm a tendência de sair de casa com um sentimento de elitismo espiritual. Os filhos dos **pais legalistas** saem de casa se sentindo culpados. Geralmente, não querem aplicar nada parecido com o método que os pais usaram para criá-los e constroem a própria vida em oposição total aos valores com que foram criados.

O que podemos fazer? Qual é a alternativa? Como podemos poupar nossos filhos e a nós mesmos do sofrimento gerado por criá-los seguindo esses métodos tão destrutivos?

Um bom começo é entregar nossos medos ao Deus que nos ama e tem um plano fabuloso para a nossa família. Somos bem parecidos com os exilados de Israel que estavam rodeados por um mundo completamente hostil. A mensagem de Deus para eles naquela situação desesperadora poderia ser resumida em três palavras: "Não tenha medo!" Escute o que Deus disse a eles por meio do profeta Jeremias:

"Porque sou eu que conheço os planos que tenho para vocês", diz o SENHOR, "planos de fazê-los prosperar e não de lhes causar dano, planos de dar-lhes esperança e um futuro" (Jeremias 29:11).

UMA MANEIRA RADICAL DE CRIAR FILHOS

TENHO BOAS NOTÍCIAS: acabei de achar a tampa da caixa do quebra-cabeça! Ela mostra exatamente como nossos filhos devem ser quando seguirem seu caminho por conta própria. Surpreendentemente, encontrei a tampa na Bíblia, e trata-se de algo que eu e minha esposa temos usado para criar nossos filhos nas últimas décadas. Ficamos bem contentes com os resultados. Até usamos a tampa como modelo para o nosso casamento, e o mais admirável é que tudo isso transbordou para os nossos relacionamentos com nossos amigos e até mesmo com pessoas desconhecidas. Esse novo modelo de criação de filhos pode ser resumido numa só palavra: graça! Na verdade, não se trata de algo novo; apenas não tem recebido muita atenção na comunidade de pais cristãos.

Como se constitui uma família baseada na graça?

Os pais baseados na graça entregam sua vida a Cristo. Vivem para conhecer melhor a Deus, e são seus filhos que acabam recebendo a graça de terem pais que estão vivendo no Senhor. Se você observar o comportamento deles, verá que parecem estar bem tranquilos e são muito apaixonados por Deus. Esses pais são especialmente graciosos quando seus filhos são mais difíceis de amar. Os conselhos que eles dão aos filhos seriam uma combinação do seguinte:

→ "Você é um dom de Deus. Vá e faça a diferença!"

→ "Em alguns momentos, você pode ter dificuldade em fazer a coisa certa, mas você está perdoado."

No que se refere a limites, sua exortação aos filhos seria: "Se lhe dá prazer, olhe com cuidado." No que se refere a Deus, eles sentem que precisam buscá-lo cada vez mais todos os dias. Na maior parte do tempo, esses pais simplesmente são pessoas *gratas*. Deus tem algo a dizer a eles: "Aqueles que são justos com Deus viverão pela fé nele" (Romanos 1:17 NCV).[5]

As famílias baseadas na graça são uma brisa de ar fresco. Elas lidam com a vida diária com um ar de confiança por saber que Deus as ama profundamente. A característica principal dessas famílias é a ausência de medo. Não sentem medo do mal ao seu redor. Recebem as dicas direto do livro de cânticos do rei Davi:

Mesmo quando eu andar por um vale de trevas e morte, *não temerei perigo algum, pois tu estás comigo;* a tua vara e o teu cajado me protegem (Salmos 23:4, destaque nosso).

Isso muda o modo pelo qual os filhos veem os pais e as escolhas que fazem por sua causa. Isso também dá aos filhos uma visão bem mais atraente da fé de seus pais. Pais que agem pela graça em vez de usar uma lista de verificação ou serem guiados pela opinião dos outros inspiram maior confiança nos filhos. Além disso, quando o mundo do filho estiver se despedaçando, ele terá uma tendência maior de recorrer a pais cuja descrição principal seja "graça".

Pais que se baseiam na graça de Deus têm uma noção bem clara de seus pés de barro. Eles entendem a própria inclinação ao pecado. Isso torna a graça e o perdão que receberam de Cristo bem mais desejáveis. A graça os estimula ao amor e às boas obras *pelos motivos certos.* Eles não são motivados pela culpa ou por uma necessidade penitencial. A última coisa que esses pais querem fazer é julgar quem passa por dificuldades. Eles se identificam com essas pessoas e entendem quanto amor receberam da parte de Deus. São mais propensos a querer amar essas pessoas e cuidar das necessidades reais da vida delas.

Isso se parece muito com o modo pelo qual Jesus viveu. Ele, que não conheceu pecado, se fez pecado por nós, para que nele nos tornássemos justiça de Deus.[6]

As famílias baseadas na graça são uma brisa de ar fresco.

O CAMINHO DA GRAÇA DE DEUS

MEU APELO É que vocês criem seus filhos à maneira divina. A primeira palavra que define como Deus lida com seus filhos é *graça.* A graça não exclui a obediência, o respeito, os limites ou a disciplina, mas realmente determina a atmosfera em que essas partes importantes da criação de filhos se realizam. Você pode ser estranho e cheio de hábitos esquisitos, mas Deus o ama mediante a graça com todas as suas esquisitices e peculiaridades. Você pode se sentir extremamente inadequado e frágil em áreas importantes da vida, mas Deus vem ao seu encontro exatamente nessas áreas de fraqueza e o acompanha com sua graça.[7] Você pode estar frustrado, magoado ou até mesmo chateado com Deus, mas a graça dele permite que você se aproxime de seu "trono da graça" de forma sincera, confiante e corajosa.⁸ Sua graça está sempre disponível quando você fracassa, cai e comete os maiores equívocos.

Esse tipo de graça faz toda a diferença no mundo quando flui de Deus, por meio de você, para seus filhos. Aqueles que são criados em um ambiente no qual são livres para ser diferentes, vulneráveis, sinceros e cometer erros aprendem de forma direta como é a graça de Deus.

A graça liberta você para receber orientações de Deus a respeito de todas as grandes decisões que toma ao criar seus filhos. Uma das características da graça de Deus é o grau de flexibilidade que ele concede dentro dos seus limites morais bem estabelecidos para fazer escolhas. A graça permite que você adapte suas decisões e seu estilo de criação para a inclinação particular do seu filho.⁹ O Senhor é um Deus de diversidade, e ele nos trata de acordo com ela.

Pense sobre as zebras. Nenhuma delas foi pintada por Deus do mesmo modo. Cada impressão digital é diferente. Ele não deixa dois flocos de neve cair do céu com o mesmo formato. Ele não pinta os entardeceres da mesma maneira. Ele é um Deus criativo que quer ter um relacionamento criativo com você e com seus filhos.

DANDO ALGUMA FLEXIBILIDADE

DEUS ATÉ PERMITIRÁ que o seu estilo de disciplina seja adaptado para que possa funcionar da melhor forma com seu filho, de acordo com a sua história pessoal e com o que o contexto pede. No que diz respeito a evangelizar seus filhos, mais uma vez sua graça é maravilhosa. Você pode realmente esperar que Deus opere na vida deles e não deixar que seus medos levem você a se precipitar ou querer lhe dar uma ajudinha. No que se refere à educação dos seus filhos, a graça de Deus pode levá-lo a muitas opções — todas elas excelentes — porque você está sendo levado por sua confiança nele, e não pelos medos da sua cultura.

E por falar em medo, se o seu filho frequenta a escola pública, fazer parte de uma família baseada na graça torna mais fácil para ele ser bem-sucedido, pois você não se sente intimidado pelas deficiências do sistema público de ensino. Além disso, se você não sente medo do que acontece lá, fica bem mais fácil que seus filhos prosperem espiritualmente dentro do ambiente antagônico que podem encontrar na escola.

OS LIMITES

A VERDADE QUE se constitui em uma parte inseparável da *graça* o ajudará a decidir onde colocar limites na vida de seus filhos. A lei moral de Deus não é negociável, mas o modo pelo qual você a aplica em aspectos como o entretenimento, o namoro, as roupas, os estilos e os modismos é mais fácil quando decorre de um relacionamento apaixonado com Cristo, em vez de uma lista de verificação feita por alguém que nunca o conheceu, nem mesmo os seus filhos. As decisões passam pelo filtro da graça divina. Deus ajuda os pais que se baseiam na graça a ver o que é importante e o que não é; o que é realmente uma questão e o que não precisa de tanta atenção assim. A graça de Deus ajuda você a ver se deve escrever as regras a lápis ou no coração. Seus filhos receberão diariamente a característica principal de Deus, que tem atraído as pessoas a ele desde a Criação.

Deus ajuda os pais que se baseiam na graça a ver o que é importante e o que não é; o que é realmente uma questão e o que não precisa de tanta atenção assim.

TRATA-SE DE UMA AVENTURA

GOSTARIA DE MOSTRAR para você uma maneira completamente nova de encarar a sua função de pai ou mãe. Trata-se também de um modo novo de despertar o melhor nos netos cujas fotos você fixou na geladeira. Essa aventura será dividida em duas partes: a primeira se concentrará no *objetivo* de nossos esforços na formação dos filhos, e a segunda se concentrará no *sistema de entrega* desses esforços. Os dois são impulsionados pela graça. Gostaria de apresentar o objetivo da criação de filhos baseada na graça começando com um pequeno teste:

O OBJETIVO... E O TESTE

FAREI UMA PERGUNTA simples que determinará se você está na direção certa para criar ótimos filhos.

> *Quais são as necessidades internas fundamentais e motivadoras com as quais seus filhos nasceram?*

Sua habilidade em responder essa pergunta *com precisão* é fundamental para a sua capacidade de preparar os filhos para o futuro de forma eficaz. Entretanto, se para você não é fácil responder isso, não se sinta mal. A maioria dos pais não consegue identificar as três necessidades de forma adequada.

A maioria dos pais acertaria uma das necessidades (que é o amor), mas eles teriam muita dificuldade em definir como ele se manifesta quando posto em prática. O restante traria respostas como alimentação, roupas, abrigo (necessidades físicas, mas não as necessidades interiores motivadoras), ou salvação (outro bom palpite, mas que não faz parte das necessidades internas de um filho). Com relação a esta última, as pessoas não nascem necessariamente *sentindo* que *precisam* de um Salvador, e algumas pessoas morrem sem nunca terem sentido isso.

Essas necessidades internas motivadoras são aquelas com as quais Adão e Eva foram *criados*. Eles as possuíam *antes* do que é conhecido tradicionalmente como "a Queda" — *antes* que eles precisassem ser redimidos. Essas necessidades nada mais eram do que a conclusão lógica de ser feitos à imagem de Deus. Essa é a razão pela qual, quando essas necessidades são satisfeitas adequadamente, acabam sendo encontradas no Senhor. Portanto, é essencial que elas sejam o ponto focal do trabalho da criação dos filhos com sabedoria.

Isso nos leva de volta ao nosso teste. De acordo com o que você está seguindo pelo texto, acabei de dizer que todas as crianças nascem com três necessidades internas motivadoras, mas poucos pais sabem quais são. É isso que é interessante: existe *uma pessoa* que, se você lhe desse um pedaço de papel e uma caneta, seria capaz de escrever as respostas às três necessidades internas motivadoras, e esse alguém é...

Satanás.

Ele sabe *exatamente* o que motiva nossos filhos e está trabalhando agora mesmo, enquanto você lê este livro, para atender às três necessidades internas motivadoras de um modo dissimulado. Satanás sondou essas necessidades quando tentou Eva no Jardim do Éden (Gênesis 3:1-6). Ele sabia que elas eram os elementos básicos do DNA divino, já que fomos criados à imagem de Deus, e por isso apelou para essas necessidades. Satanás recorreu a elas inclusive na sua tentativa frustrada de tentar Jesus no deserto (Mateus 4:1-11). Toda vez que você o vir atacando seus filhos, ele trará uma solução falsa para uma dessas necessidades internas ou para uma combinação das três.

Se não estivermos processando tudo o que dizemos ou fazemos mediante o filtro dessas três necessidades internas, teremos dificuldade para ofuscar os enganos que Satanás oferece de forma tão eficaz para nossos filhos. Criar filhos em um isolamento espiritual não ajuda em nada, porque Satanás é capaz de agir *dentro* desse isolamento. Ele apela para o coração do filho. Além do mais, ele não é o único concorrente. O sistema do mundo e a inclinação interna de um filho para o egoísmo também podem cooperar bastante para complicar os nossos esforços.

Precisamos ir além do conhecimento dessas três necessidades internas. Precisamos de um plano para deixar que Deus nos ajude a supri-las de forma adequada em nossos filhos para que, quando eles finalmente deixarem nossa esfera de influência ao chegarem à idade adulta, essas "necessidades" sejam transformadas em "recursos" — que façam parte também do seu DNA emocional e espiritual.

Pais baseados na graça mantêm essas três necessidades internas motivadoras no *primeiro plano* da sua interação diária com os filhos e tudo o mais fica em segundo lugar. *Tudo* mesmo! Você pode estar fazendo muitas coisas todos os dias que cumprem sua função de pai ou mãe: levá-los para a escola, assistir a seu filho jogar futebol, levá-los à biblioteca ou fazer um interrogatório sobre o horário que eles voltaram para casa na noite anterior. Entretanto, quando você está comprometido com a criação de filhos com base na graça, todas essas ações passam pelo filtro de suprir as necessidades internas motivadoras dele.

Portanto, sem mais delongas, as três necessidades internas motivadoras do seu filho são:

1. Necessidade de segurança;
2. Necessidade de importância;
3. Necessidade de força.

Neste livro, aprenderemos que o caminho para supri-las passa por conceder a seu filho três presentes valiosos: **amor**, **propósito** e **esperança**. Se fizermos nosso trabalho corretamente, nossos filhos sairão de casa com um amor seguro, um propósito importante e uma forte esperança.

O SISTEMA DE ENTREGA

A SEGUNDA PARTE de desenvolver um estilo de criação baseado na graça tem a ver com o modo pelo qual você supre essas três necessidades internas diariamente. Existe um ambiente ou uma *ambientação* na qual os filhos podem crescer que possibilita que essas três necessidades internas motivadoras passem a ser recursos de adultos. Trata-se de um ambiente que inspira a graça. Essa criação com base na graça nada mais é do que a antítese de todos os modelos de criação que relacionamos anteriormente neste capítulo — especialmente aquele que é baseado no medo e o que é baseado no alto controle.

A graça não tem tanto a ver com o que fazemos como pais, consiste em *como* agimos. A graça é a melhor propaganda para um relacionamento pessoal com o Deus vivo. Conforme já afirmei anteriormente, ela é *o modo pelo qual Deus cuida de nós*. Também é o melhor meio para que os pais encontrem seu amor, seu propósito e sua esperança nele. Aprenderemos quatro características de uma família baseada na graça que melhoram de forma lógica a nossa capacidade de encontrar conexão com o coração dos nossos filhos.

As necessidades dos nossos filhos não serão atendidas só com a leitura deste livro. Isso será resultado da prática de tudo aquilo que você aprendeu *primeiro* na sua vida. Por que funciona assim? Simplesmente porque você possui as mesmas necessidades internas motivadoras que seus filhos. Você precisa saber que é amado, que tem um propósito e esperança. Você quer ter certeza de que está seguro, de que tem valor e que é forte. Isso leva tempo. Trata-se de um processo, não de algum acontecimento, conforme as Escrituras dizem: "Cresçam, porém, na graça e no conhecimento de nosso Senhor e Salvador Jesus Cristo" (2 Pedro 3:18). Quando seus filhos perceberem que você supriu suas necessidades de amor, propósito e esperança por causa de seu relacionamento permanente com Jesus Cristo, seu exemplo vai conferir poder e autoridade às suas palavras. Ler este livro nada mais é do que o primeiro passo nesse processo. Antes de terminar esta leitura, você pode até chegar à conclusão de que este conteúdo é mais para você mesmo do que para os seus filhos.

Suprir as necessidades que Deus inculcou neles no nascimento e tratá-los do modo como Deus nos trata — são essas as coisas que podem ter faltado em nosso processo de criação de filhos até agora. Além disso, quando você colocar essas três necessidades internas em primeiro lugar no seu plano de criação, elas servirão como grandes filtros para todas as informações e conselhos divulgados por aí a respeito de como criar seus filhos.

Há mais de uma coisa que você precisa saber: você estará libertando a sua família!

CAPÍTULO 2

A VERDADE POR TRÁS DA GRAÇA

O CENÁRIO ERA UM ALMOÇO EM UM RESTAURANTE LOCAL, ONDE EU ESTAVA sentado diante de uma mesa de distintos veteranos da Segunda Guerra Mundial. Cada um deles tinha sido condecorado por sua bravura no cumprimento do dever. Cada um deles tinha recebido a Medalha de Honra do Congresso do presidente Franklin D. Roosevelt em uma cerimônia na Casa Branca.

O campo de batalha tinha unido o coração desses homens. Era possível sentir a fraternidade entre eles — uma fraternidade que eu só conseguia observar, mas da qual nunca pude desfrutar. Além de seu valor heroico na linha de combate, cada um daqueles homens tinha voltado para casa e se destacado na área do comércio. Eu não estava somente rodeado de alguns dos homens mais corajosos da "Geração Melhor", como o famoso jornalista e escritor Tom Brokaw os tinha chamado, mas também estava participando de uma refeição com homens que desempenharam uma função importante na prosperidade do pós-guerra.

O assunto do almoço tinha a ver com exportações. A pergunta era simples: o que você acha que é a exportação mais estratégica dos Estados Unidos? Um achava que era o nosso sistema bancário; o outro falou sobre o hardware e o software produzidos no Vale do Silício e em outras partes do país. Entretanto, foi o portador da Medalha de Honra que conduziu o debate. Ele resumiu o maior produto de exportação dos Estados Unidos em uma palavra: liberdade. Ele disse: "Os produtos e os sistemas vão e vêm. A maior mercadoria que temos a oferecer ao mundo é a liberdade."

Outro almoço foi realizado há uns cinquenta anos na Inglaterra. As pessoas sentadas ao redor da mesa não eram unidas pelos laços da guerra física, mas pelo vínculo da batalha espiritual. O assunto geral era religiões comparadas, que acendeu o debate sobre o diferencial mais valioso do cristianismo. O que distinguia o cristianismo de todas as outras religiões do mundo?

Um sugeriu a encarnação; outro, a ressurreição de Cristo. Entretanto, foi explicado que essas duas características fundamentais do cristianismo também eram comuns a divindades de outras religiões. C.S. Lewis, que chegou nos momentos finais desse debate, proclamou sua resposta logo que ouviu falar do assunto do dia. Aquele que é possivelmente o maior apologista cristão do século XX disse: "Ah, mas isso é fácil! É a graça de Deus!"[1]

O PONTO PRINCIPAL

O ESCRITOR E intelectual britânico estava certo. O que há de mais distinto na fé cristã é a graça, esse dom maravilhoso oferecido por Deus a pessoas como eu e você, que nada merecemos, que nos faz ser apaixonados pelo Salvador. É a graça que nos atrai a ele e confirma o seu amor por nós constantemente. A graça de Deus tem o poder de transformar a alma mais endurecida e indiferente em uma pessoa transbordando de bondade. Já que o nosso Pai celestial é o Pai perfeito, e o modo principal pelo qual ele lida conosco como seres humanos é mediante o poder da sua graça, é lógico que a graça consiste no melhor modelo para despertar o melhor em nossos próprios filhos.

Uma das razões pelas quais Lewis era respeitado como um grande pensador era sua capacidade de encontrar rapidamente o princípio fundamental. Chega o momento em que se faz uma compra grande ou se dá um passo importante em um relacionamento no qual fazemos a mesma pergunta: qual é o ponto principal? Que preço preciso pagar? Tenho alguma chance com você?

Se algo tão importante como o cristianismo possui um ponto fundamental, então faz sentido que deva haver uma base para o nosso papel de pais. Quando tudo já foi dito e feito, queremos saber o que devemos alcançar. A partir do momento em que sabemos essa resposta, isso influenciará todas as interações com os nossos filhos.

Por exemplo, se você é uma pessoa pacífica, então isso determinará sua posição quanto à flexibilização do porte de armas. Da mesma forma, quando a base da criação é a graça, então isso deve afetar a maneira como você traça objetivos para o seu filho, como lida com suas manias e peculiaridades, e como reage às modinhas que ele segue. A graça evita que desanimemos quando passamos por transições incômodas ou andamos pelo vale da sombra da adolescência. A razão pela qual a graça faz o maior sentido como a base da criação de filhos é seu *eterno* apelo ao coração.

Existe um vínculo interessante entre a obra da graça no coração humano e o sentido de liberdade que a pessoa desfruta na vida. No processo de fazer da graça o modelo de sua função de pai ou mãe, você passa a exportar a verdadeira liberdade para o íntimo do seu filho.

Se algo tão importante como o cristianismo possui um ponto fundamental, então faz sentido que deva haver uma base para o nosso papel de pais.

QUESTIONANDO A PREMISSA

QUEM SABE VOCÊ se sinta mais confortável dizendo que a base do cristianismo é Cristo. Afinal de contas, as Escrituras dizem o seguinte a respeito dele:

> Ele é a imagem do Deus invisível, o primogênito de toda a criação, pois nele foram criadas todas as coisas nos céus e na terra, as visíveis e as invisíveis, sejam tronos ou soberanias, poderes ou autoridades; todas as coisas foram criadas por ele e para ele. Ele é antes de todas as coisas, e nele tudo subsiste (Colossenses 1:15-17).

Eu não questiono nem por um segundo que o âmago do cristianismo é Jesus. Mais cedo ou mais tarde, nossos filhos precisam ter um encontro com Deus por meio de seu Filho. Entretanto, o que Jesus tem de tão bom que nos leva a nos entregar a um carpinteiro simples de uma vila antiga e obscura? É justamente a sua graça — a graça que ele demonstrou primeiramente nos resgatando da profundidade da nossa condição de perdidos. É a sua graça que nos ama quando estamos sendo tolos, teimosos, egoístas ou mal-intencionados.

A graça parece uma grande ferramenta para a caixa dos pais. É difícil despertar o melhor nos filhos quando eles parecem comprometidos a despertar aquilo que é pior em nós. Precisamos de alguma coisa que nos faça escapar desse círculo vicioso. A graça de Deus tem uma maneira especial de amolecer o coração mais insensível.

Da mesma maneira, a graça pode ajudar a descobrir o que importa e o que é irrelevante. Ela ajuda você a conceder aos filhos muita liberdade para simplesmente ser "filhos" e impede que se viva na defensiva quando eles passam por alguns estágios da vida. Sem a graça, podem-se transformar convicções morais fortes em facas que cortam fundo as camadas mais íntimas do coração dos filhos.

QUANDO OS NOSSOS PADRÕES SE TORNAM TÓXICOS

EM UMA MANHÃ de domingo, eu estava na parte de trás do ginásio que era a área de treinamento do ministério de nossa igreja para o ensino médio. Ali havia centenas de estudantes entoando canções de adoração. Com certeza, a música não era acústica. Havia um sintetizador bem estridente, guitarras, um baixo e um baterista conduzindo o ritmo. Tom, um conhecido distante, sentou-se ao meu lado. Eu sabia que ele estabelecia altíssimos padrões para seus filhos, impunha a eles uma disciplina muito rígida e estava bastante desconfortável com o rumo que a cultura dos jovens estava tomando. Ele estava de pé no fundo do ginásio, tentando decidir se seus filhos que estavam no ensino médio deviam participar daquele grupo de jovens.

Tom não estava gostando muito do que ouvia e via. Quando me viu, assumiu uma postura ainda mais defensiva.

"Eu não acredito que você deixa seus filhos serem expostos a esse lixo!", sussurrou para mim, ríspido. Tom sabia que eu escrevia livros sobre criação de filhos, que os meus faziam parte daquele grupo de jovens, e ele partia do princípio de que eu estava gostando do que via. Admito que ele estava certo.

Então perguntei: "Qual é o problema?"

"Para começar, essa música!", ele respondeu. Dava para ver que Tom era desses que achavam que a nossa cultura estava descendo ladeira abaixo moralmente e que a igreja tinha assimilado as armadilhas do sistema corrompido do mundo. Para ele, se a música tivesse uma batida, não prestava.

Devo admitir que existem muitas evidências que apoiam a opinião de Tom. Não quero banalizar nenhum dos nossos problemas reais, mas precisamos nos lembrar de que esse tipo de preocupação *sempre* existiu na história da nossa cultura. Existe também em todas as sociedades livres dos últimos dois mil anos.

Tom sentia que o estilo de música, o modo que se permitia que os filhos se vestissem e a maneira pela qual a liderança comunicava sua mensagem eram alienantes.

Lembrei-lhe que havia jovens de todo tipo no grupo. Havia jovens vestidos tanto de forma conservadora quanto com roupas descoladas. Vi muitas barrigas de fora, piercings no umbigo e tatuagens. Muitos adolescentes tinham o cabelo tingido ou cortes ousados.

Como muitas pessoas, Tom achava que esses eram sinais de que algum problema imenso estava surgindo, mas não era bem esse o caso. Eu sabia muito bem que alguns jovens do grupo estavam tendo problemas com drogas, praticavam sexo antes do casamento e eram rebeldes, mas não dava para dizer quem esses eram só pela *aparência*. O mais importante era que estavam na igreja, o hospital que Deus preparou para eles. Aquele era justamente o tipo de jovens que eu *queria* ver em nosso grupo, lado a lado com pessoas que levam a fé a sério. Os ministérios de jovens alcançam e ministram para todos os tipos de jovens em etapas diferentes de sua jornada espiritual. Eu sentia que aquele era exatamente o tipo de jovens que eu queria que meus filhos alcançassem, mas Tom era um desses pais que querem criar filhos "em segurança". Eu e minha esposa preferimos criar filhos *fortes* e cultivar um ambiente baseado na graça que possibilite isso.

Chamei Tom para me acompanhar até a cozinha logo ao lado, a fim de que sua conversa exaltada não atrapalhasse a reunião. De onde estávamos, poderíamos continuar observando a multidão sem que eles nos ouvissem.

Ele exclamou: "Olhe esses jovens! Essas garotas de shortinhos minúsculos. Tem uns camaradas aqui do tipo daqueles que roubariam seu carro enquanto estivéssemos na Ceia."

O que eu via era um grupo de jovens que representava as camadas sociais, intelectuais e espirituais dos lares cristãos. Eu disse: "Tom, como você pode chegar a essas conclusões ridículas só porque não gosta da roupa desses jovens? Você não conhece nenhum deles."

"Já dá para saber que esse lugar não serve para os meus filhos. Não é só a roupa, Tim, é o comportamento em geral." De algum modo, só de olhar para uns duzentos jovens de costas para nós, ele achava que podia avaliar o espírito dentro do coração deles. "Olha esses ministros de louvor! Eles parecem mais MCs de algum programa da parada de sucessos da MTV."

"Tom, essas pessoas estão adorando o Senhor. Escute as palavras que estão cantando. Essas letras vêm direto da Bíblia!"

Ele nem me dava atenção. A cada minuto, Tom ficava cada vez mais zangado. Depois, deu uma olhada em uns seis jovens na última fileira. Então, reclamou: "Não dá para aguentar. É a maior falta de respeito!"

"Do que você está falando, Tom?", eu disse. Pensei que ele tinha visto um dos nossos jovens abrindo uma revista pornográfica em vez da Bíblia. Só sabia que alguma coisa o havia deixado chateado.

"Esse pessoal aqui na nossa frente. Estão usando boné dentro da igreja e ainda virado *para trás*! Alguém tem que fazer alguma coisa. Espere aí, eu mesmo é que vou fazer!"

"Vai fazer o quê?", perguntei, impedindo-o de sair da cozinha.

"Vou arrancar agora mesmo esses bonés da cabeça desrespeitosa deles!"

Pela primeira vez na minha vida, eu estava testemunhando um chilique farisaico. Tratava-se de um homem que avaliava a sinceridade e a maturidade espiritual das pessoas por padrões externos que não tinham valor *nenhum*. Se fosse por ele, faria uma faxina no departamento de jovens da nossa igreja e trocaria a liderança por pessoas que concordassem com sua visão bitolada de tolerância.

Por ter pastoreado por muitos anos, descobri bem rápido que alcançar os jovens se parece muito com uma pescaria. Para atrair o peixe, é melhor colocar na isca algo que eles gostam de comer, e não o que você gosta. Tom estava elevando o seu gosto pessoal a um nível de autoridade bíblica, e estava disposto a humilhar alguns jovens legais que estavam cuidando da própria vida e tentando agradar a Deus.

"Você não vai fazer nada disso, Tom. Deixe-os em paz; eles não estão fazendo nada que desrespeite a Deus." Eu conhecia um deles. O pai tinha morrido quando ele tinha dez anos de idade. Ele estava tentando encontrar respostas para algumas pontas soltas em sua vida. Não havia como deixar aquele pai apaixonado, porém mal orientado, fazer nada com aqueles jovens. Veio-me o pensamento de que enquanto aqueles alunos do ensino médio estavam de pé no ginásio adorando a Deus, dois pais estavam na cozinha tendo uma disputa verbal com punhos cerrados.

*

Eu e minha esposa preferimos criar filhos **fortes** *e cultivar um ambiente baseado na graça que possibilite isso.*

VENDO APENAS UM LADO DA SITUAÇÃO

NÃO TROCAMOS NENHUM soco, nenhum sangue foi derramado no chão da cozinha da igreja, mas tivemos uma longa conversa do lado de fora, sentados em um banco. Perguntei a Tom o que tinha acontecido com a sua noção de graça. Foi nesse momento que ele disparou uma de suas repreensões de sempre contra as pessoas que pregam sobre a graça: "Tim, você sabe muito bem que a graça não passa de uma cortina de fumaça para o pecado. Os pais preocupados com a graça não são nada além de pessoas permissivas que não querem ensinar os filhos a obedecer ao que Deus manda."

Com certeza, a graça possui muitos inimigos. São esses inimigos que querem se apropriar da verdade da Bíblia e querem dizer que a vida é preto no branco, sem muitas nuances. Pais como Tom supõem que demonstrar graça necessariamente consiste em relaxar os padrões morais. Eles recebem muita motivação para essa opinião distorcida da parte de pais que usam a graça como desculpa para não cumprir regras. Uma família sem regras e padrões bem definidos nunca poderá ser uma família segundo a graça. Ela estaria muito ocupada vivenciando uma espécie de pesadelo.

Tom também estava incorrendo em um erro muito cometido por pessoas que criam os filhos de acordo com o método legalista. Elas encaram a graça como um pretexto, algo usado pelos pais que não querem adotar nenhuma das posições impopulares que geralmente acompanham as convicções morais. Aqueles que rejeitam um ambiente baseado na graça geralmente lamentam a nossa decadência para o secularismo. Eles falam mal da ausência de padrões. Acham que a graça permite que os filhos façam o que quiserem e tomem suas próprias decisões à custa dos princípios morais básicos. Eles acreditam que a graça é fraca na disciplina e não cumprem as regras.

Nenhuma dessas visões tem a ver com o que a graça de Deus significa realmente, conforme veremos em breve.

A NATUREZA INSEPARÁVEL DA GRAÇA E DA VERDADE

Podemos apreciar o coração de Deus na descrição de Jesus que o apóstolo João apresentou nos primeiros comentários do seu evangelho.

> No princípio era aquele que é a Palavra. Ele estava com Deus, e era Deus [...] Aquele que é a Palavra tornou-se carne e viveu entre nós. Vimos a sua glória, glória como do Unigênito vindo do Pai, *cheio de graça e de verdade* (João 1:1, 14, destaque nosso).

Observe que não existe nenhuma vírgula entre a graça e a verdade na descrição de Cristo. João não está nos passando uma lista das características do Messias. Ele está dizendo que Cristo está cheio de graça *e* verdade, e não de graça *ou* verdade, ou de *alguma* graça e de *alguma* verdade. Ele está descrevendo duas partes que formam um todo único.

Isso me faz lembrar de uma vez que li a respeito de dois gêmeos siameses que não podiam ser separados porque dividiam o mesmo coração e o mesmo sistema respiratório. Pela disposição dos órgãos dentro deles, os médicos não poderiam separá-los nem sob a condição de que um deles se sacrificasse. A morte de um dos gêmeos significaria a morte dos dois.

É exatamente isso que acontece na questão da graça. Não é possível ter graça quando se tem regras, mas nenhum relacionamento. Na verdade, essa é a fórmula ideal para criarmos filhos rebeldes. Você não pode presumir que está na zona da graça se o seu modo de criar filhos se restringe a garantir que eles adotem um conjunto bem definido de diretrizes. Pessoas como Tom não conseguem enxergar isso porque nutrem uma paixão muito grande pela obediência piedosa. Se algum de seus filhos reluta diante da sua intransigência, elas podem sempre jogar a granada de Efésios 6:1 sobre ele. Essa é a passagem em que Paulo exortou os filhos a obedecer aos pais no Senhor, porque é a coisa certa a fazer.

Pais como Tom podem facilmente abrir a Bíblia e mostrar o capítulo e o versículo para defender o seu pensamento. Já que eles podem usar a Bíblia para defender suas visões rígidas a respeito do corte de cabelo, do estilo de roupa ou de música, fica difícil discutir com eles. Eles podem até justificar por que afastam os filhos de outras crianças ou de influências que não se encaixam no seu código de leis exigente. Entretanto, eles escorregam em um pequeno aspecto. Muitas vezes eles impõem seu gosto pessoal no argumento e usam a Bíblia de forma equivocada para apoiá-lo.

Por exemplo, Deus nos deu a passagem de Efésios 6:1 para ajudar os filhos a reconhecer a liderança e a autoridade dos pais. Ele não quis dizer aos pais para usar esse versículo como munição contra os filhos. Um dos esquemas-padrão de pais cristãos que não andam conforme a graça de Deus é forçar as Escrituras para fazer o que querem. Tenho visto maridos fazerem a mesma coisa com um versículo anterior de Efésios que Deus dirigiu às esposas. Nesses versículos, Deus apresenta princípios para como as pessoas casadas devem agir umas com as outras e como pais e filhos devem interagir.

Lemos em Efésios 5:22: "Mulheres, sujeitem-se a seus maridos, como ao Senhor." Esse versículo não é dirigido aos maridos. Ele começa: "Mulheres...", mas isso não impede que vários maridos usem esse versículo como algum tipo de martelo para metaforicamente bater em sua mulher para que ela se submeta à sua pauta egoísta. O texto de Efésios 5:22 fica entre a esposa e Deus, e não entre o marido e a mulher. Deus fala diretamente aos maridos posteriormente (no versículo 25), quando diz: "Maridos, amem suas mulheres, assim como Cristo amou a igreja." De modo parecido, não se espera que a mulher use esse versículo para lembrar o marido como ele está longe desse padrão. Esses versículos não são armas, e usá-los dessa forma foge ao escopo da graça de Deus.

Se pais como Tom realmente querem um versículo que fale sobre seu relacionamento com seus filhos, ele pode ser encontrado somente algumas frases depois de Efésios 6:1. O versículo 6:4 diz: "Pais, não irritem seus filhos; antes criem-nos segundo a instrução e o conselho do Senhor." A palavra grega que é traduzida como "irritar" significa literalmente "irritar acima do limite".² Pais como Tom podem ser culpados por irritar seus filhos além da conta por transformar questões *pessoais* em *espirituais*. Isso pode destruir as coisas genuínas que um marido e sua esposa possam estar fazendo para "criá-los segundo a instrução e o conselho do Senhor". (É nesse ponto que precisamos fazer uma verificação teológica: observe que o texto de Efésios 6:4 diz que se criem os filhos na "instrução e no conselho do *Senhor*", que também é conhecido como Jesus, que era "cheio de *graça* e de *verdade*".)

O apóstolo Paulo exorta os pais novamente em Colossenses 3:21 quando escreve: "Pais, não irritem seus filhos, para que eles não se desanimem." A palavra traduzida como "irritar" significa literalmente "provocar alguém para criar caso".³ Paulo está se referindo a chatear os filhos desnecessariamente. Trata-se de fazer coisas que criam ressentimentos. Pense sobre isso: o que Cristo fez para provocar você ou "irritá-lo de forma insuportável"? Cite alguma ação de Deus que criou caso contra você ou o fez ficar sentido com ele. Deus não age dessa maneira. Ele é um pai gracioso que cuida de seus filhos e os trata de um modo que os aproxime do seu coração e da segurança dos seus braços eternos.

O OUTRO EXTREMO

As REGRAS QUE não são temperadas pela graça rompem o relacionamento com nossos filhos e os levam à rebelião. Por outro lado, um relacionamento sem regras não produz graça alguma. Isso me faz lembrar de um casal que conheci, Dave e Connie. Eu estava dando uma palestra em um domingo na igreja deles, e a minha mensagem naquela manhã tinha o mesmo tema deste livro: "Famílias baseadas na graça." Depois das minhas palestras em dois cultos, Dave e Connie ficaram encarregados de me levar para almoçar e me deixar no hotel. Em vez de me levarem ao restaurante, acharam que eu iria gostar da atmosfera relaxante da casa deles. Dave disse que Connie cozinhava muito bem, e eles achavam que isso me daria uma chance de conhecer os filhos deles. Isso me parecia uma grande ideia. Afinal de contas, enjoo da comida do restaurante.

✱

As regras que não são temperadas pela graça rompem o relacionamento com nossos filhos e os levam à rebelião. Por outro lado, um relacionamento sem regras não produz graça alguma.

Todos sabiam da boa fama de Connie como cozinheira, e amei conhecer seus filhos, um rapaz de 18, uma moça de 15 e um garoto de 13 anos. Uma quarta pessoa, que era o namorado da filha deles, estava conosco. Enquanto Connie fazia o almoço e Dave a ajudava, fiquei conversando com os filhos e descobri alguns dos interesses deles. O rapaz de 18 anos era músico. Passamos um tempo no seu quarto, onde ele me mostrou um monte de guitarras, amplificadores e equipamentos de palco. Como muitos adolescentes, a parede do quarto estava cheia de pôsteres, inclusive três cartazes de mulheres com pouca roupa.

Não consegui passar um tempo com o garoto de 13 anos. Bem que eu gostaria, porque ouvi uma conversa dele com o irmão mais velho. Eles começaram uma briga que degringolou em xingamentos horríveis e no uso de palavrões.

Depois de os filhos saírem da mesa, conversei um pouco com aqueles que me hospedaram antes de Dave pegar as chaves do carro para me levar de volta para o hotel. Ao passar pela sala da família, dei uma olhada na TV para saber o placar do jogo de futebol. Foi então que dei de cara com a filha deles deitada no sofá com o namorado. Eles não estavam um do lado do outro assistindo ao jogo, mas sim um em cima do outro no maior amasso bem no meio da sala. Dave não disse nada e nem fez algo a respeito.

Quando estávamos voltando de carro para o hotel, Dave me disse o quanto ele se "identificou" com minha mensagem sobre a criação de filhos segundo a graça. Ele disse: "Isso é exatamente o que eu e Connie nos comprometemos a fazer desde o princípio."

Eu pensei comigo mesmo: "Tem certeza?", avaliando se devia falar alguma coisa ou se devia ficar quieto. Afinal de contas, eu queria ser um convidado "baseado na graça". Porém, aquilo que eu tinha visto na casa dele nada mais era do que uma família que precisava urgentemente conhecer a dimensão da verdade que se acha presente na graça. Deduzi que ficar calado não seria nada gracioso. Achei melhor encaminhar a conversa cuidadosamente para algumas coisas que eu acreditava contradizer a visão de que a graça e a verdade andam de mãos dadas: "Dave, quero agradecer a você e a Connie por terem cuidado tão bem de mim por todo o dia. Fico feliz também que tenham se identificado com a minha mensagem. A graça é fundamental para que a família seja forte e prepare os filhos para o futuro. Você me permite fazer algumas perguntas pessoais sobre o modo como você e Connie interpretam a graça?" Depois de ter me dado a devida permissão, parti para cima e perguntei sobre os pôsteres atrevidos no quarto do filho mais velho, o uso de linguagem obscena na discussão entre o rapaz e o irmão mais novo, e o "divertimento quente no intervalo" que a filha dele e o namorado estavam tendo no meio da sala.

David respondeu que ele e Connie tinham conversado com o filho deles sobre os pôsteres, com os garotos sobre as constantes brigas e xingamentos e com a filha sobre o nível de intimidade que estava tendo com o namorado. Mas não passou disso. Eles somente "conversaram". Sentiam que seu amor incondicional e sua aceitação acabariam resolvendo esses problemas. Dave disse que ele não somente queria demonstrar graça a eles, mas também queria que eles desfrutassem da graça que Deus lhes oferece, mesmo com eles fazendo más escolhas.

Depois de fazer essa declaração, fomos interrompidos pela minha chegada ao hotel. Ele tinha algumas coisas a fazer naquela tarde, e eu também. Terminei nossa conversa mencionando para Dave a natureza inseparável da graça e da verdade. Eu disse: "Não se trata somente de se posicionar a favor da verdade, mas também de viver a favor dela. Isso quer dizer que não se deve admitir nem tolerar nenhum comportamento que é claramente inaceitável para Deus. A graça não deve ser desprezada tomando-se vantagem dela. Acredito que o apóstolo Paulo estava querendo passar essa ideia na primeira parte do capítulo 6 de Romanos. Aconselho você a ler novamente essa passagem."

"Obrigado", disse ele, "acho que devo fazer isso". Logo que Dave disse isso, já pude notar que ele não *ouviu* de fato o que eu tinha dito. Isso é muito ruim, porque um lar baseado na graça nunca deve admitir com o silêncio ou a inércia o tipo de comportamento que seus filhos estavam praticando.

A GRAÇA BARATA

O QUE DAVID estava fazendo ao permitir que os filhos continuassem a se comportar desse modo era banalizar a graça. Nunca soube se ele leu o capítulo 6 de Romanos, mas, se lesse, veria por que Paulo não se limita a dizer para não fazer isso, mas dá as razões pelas quais devemos evitar esse comportamento:

> Que diremos então? Continuaremos pecando para que a graça aumente? De maneira nenhuma! Nós, os que morremos para o pecado, como podemos continuar vivendo nele? (Romanos 6:1-2)

Paulo entendia o que significava ter dificuldades para viver uma vida santa. Ele também sabia que, apesar de suas fraquezas, o amor de Deus continuava seguro na vida dele. Paulo entendia a graça de Deus — que ela não se baseia em nossos méritos. Entretanto, mesmo entendendo tudo isso, Paulo não via a graça de Deus como um cartão de crédito que o deixava isento de qualquer responsabilidade. Ele sabia que a sua natureza corrupta decaída morreu com Cristo na cruz. Continuar a viver de acordo com essa natureza corrupta decaída seria ofender a obra de Cristo por ele na cruz e negar seu poder de lhe dar vitória sobre o pecado.

Ao contrário do que os Toms e Davids da vida pensam, a graça não nivela por baixo os padrões da nossa casa; ela os eleva. Ela não afasta as pessoas da santidade, ela as atrai em sua direção. Ela não faz ninguém desprezar a verdade; ela impulsiona as pessoas para adotá-la cada vez mais. Ela as incentiva a desejar um relacionamento cada vez mais sublime com Deus e as ajuda a ter sonhos maiores. Por outro lado, a graça barata mantém as pessoas em um nível baixo e só traz decepções.

*

*A graça não nivela por baixo
os padrões da nossa casa; ela os eleva.*

Randy Alcorn diz em seu livro *The Grace and Truth Paradox* [O paradoxo da graça e da verdade]:

> A vida cristã abrange muito mais do que o gerenciamento do pecado. A mudança de comportamento que não é motivada pela graça de Deus, aquela que transforma o coração, segue a justiça do homem, e é tão repugnante para Deus quanto os piores pecados que pessoas gostam de fofocar por aí. Os filhos que crescem com a verdade sem a graça são afastados pela justiça humana e atraídos pelos substitutos da graça vendidos de forma astuciosa.[4]

Pessoas como Tom podem se orgulhar do comportamento excelente de seus filhos, mas a maneira rígida pela qual obtém seus resultados e o vínculo que ele cria entre sua atitude e a aceitação de Deus fazem com que eles procurem por segurança, valor próprio e força em outros lugares. É a ausência da graça no lar bem-comportado que afasta de Deus o coração dos filhos quando eles, por fim, ficam grandes demais para serem intimidados e velhos demais para serem controlados.

O autor Philip Yancey diz: "Passei a ver o legalismo em sua busca de falsa pureza como um esquema elaborado para fugir da graça. Você pode conhecer a lei de cor sem conhecer a sua essência."[5] Existe um lugar para as regras, até para a rigidez, em um lar baseado na graça, mas o modo pelo qual tudo isso é apresentado faz toda a diferença quanto à maneira como se recebe tudo isso.

Por outro lado, ver a graça como desculpa para não criar seu filho dentro dos limites da devoção a Deus é igualmente repugnante para ele. Não é a graça que tolera os caminhos tortuosos que seus filhos podem adotar. Em vez disso, trata-se de covardia, preguiça e egoísmo. O lar tem que ser um lugar em que nossos filhos são preservados das armadilhas do mundo e recebem a garantia de que seus pais não renunciarão aos padrões de Deus — até mesmo para eles. Veja o que esta passagem de Tito revela sobre a graça caminhando lado a lado com a piedade:

> Porque a graça de Deus se manifestou salvadora a todos os homens. Ela nos ensina a renunciar à impiedade e às paixões mundanas e a viver de maneira sensata, justa e piedosa nesta era presente, enquanto aguardamos a bendita esperança: a gloriosa manifestação de nosso grande Deus e Salvador, Jesus Cristo. Ele se entregou por nós a fim de nos remir de toda a maldade e purificar para si mesmo um povo particularmente seu, dedicado à prática de boas obras (Tito 2:11-14).

MANTENDO AS LUZES ACESAS

EU ME LEMBRO de uma vez que peguei carona para ver um farol antigo na baía de Chesapeake. Era mais longe do que me disseram, e o dia estava mais quente do que eu imaginava, mas sou louco por faróis. Percorri quilômetros para ver esses símbolos eternos da graça.

Esse farol da baía de Chesapeake começou a brilhar umas poucas décadas depois que os Estados Unidos conquistaram a independência da Inglaterra. Por mais de duzentos anos, manteve seu raio de luz claro enquanto o país crescia para ser o maior exportador da liberdade na história do mundo.

Os faróis representam a esperança para os marinheiros que se perdem. Eles consistem em uma corrente firme de verdade que brilha em meio à escuridão e marca o caminho mais seguro durante a noite. Independentemente de qual seja a estação do ano para quem está no mar ou do que diz a previsão do tempo, esses faróis da graça superam a escuridão e a névoa ao seu redor. Eles fazem os capitães preocupados suspirarem de alívio e os marinheiros confusos posicionarem as velas.

Portanto, fiquei naturalmente decepcionado que, depois de tanto viajar, descobri que esse farol agora não passava de uma "casa". Essa torre fina na ponta de uma ribanceira não trazia mais graça a ninguém; sua luz principal tinha se apagado há mais de uma década. Fiquei sabendo que os custos de manutenção eram altos demais.

Do modo como se encontra, essa torre sombria simbolizava muitos pais que estão deixando sua luz se apagar e seus filhos se esborracharem nas rochas. É uma vergonha, porque Deus coloca os pais para ser uma luz sobre o monte para sua família. Nossa tarefa é enviar um sinal claro que ajude nossos filhos a alcançar o equilíbrio e manter o bom senso. Nossa função é avisá-los para se afastarem das rochas e dos cardumes superficiais. Estamos junto com eles para orientá-los a fim de retornarem ao centro do canal de onde tinham se afastado. Somos um *farol*, estabelecido permanentemente para mostrar a eles o caminho de volta. Sem que mantenhamos essa luz firme brilhando, nossos filhos não terão muita chance de passar pelos anos turbulentos da infância sem consequências graves.

Conforme as Escrituras dizem:

> Assim brilhe a luz de vocês diante dos homens, para que vejam as suas boas obras e glorifiquem ao Pai de vocês, que está nos céus (Mateus 5:16).

✱

*Somos um **farol**, estabelecido permanentemente para mostrar a eles o caminho de volta.*

CAPÍTULO 3

UM AMOR SEGURO

Todo filho nasce com a necessidade de amar e ser amado, de ter uma vida que faça sentido e de acreditar que vale a pena acordar todos os dias. Segurança, importância e força — amor, propósito e esperança. Essas são as tramas de grandes filmes e romances, a inspiração para as melhores canções que já foram compostas. Existem três ingredientes para uma vida que encontra sua realização no Deus que criou essas necessidades. O meio mais eficaz criado por ele para transmitir tudo isso ao coração humano é o lar baseado na graça de Deus.

O QUE *CAMELOT* PODE NOS ENSINAR

Talvez você já conheça esta história, tenha lido em algum livro ou assistido em algum filme. Estamos falando do rei Arthur e dos cavaleiros da Távola Redonda. Essa história do folclore inglês apresenta todos os elementos de um grande épico: um rei assume o trono involuntariamente. Ele quer apresentar um novo ideal para o reino que herdou. Quer elevar os direitos individuais e os valores pessoais de todas as pessoas que fazem parte do seu reino. Desde o camponês mais simples até o membro mais cotado de sua Távola Redonda, ele quer que todos sejam tratados da mesma forma. Esse rei introduz o estado de direito. Seus cavaleiros passam a ser os defensores dessa nova ordem.

Além disso, existe o triângulo amoroso que põe todos os seus ideais e convicções à prova. Há a rainha Guinevere, sua esposa, amante e alma gêmea. Ela traz beleza ao seu trono e alegria ao seu coração. Também temos Lancelot, o cavaleiro francês que atravessou o canal da Mancha para participar da Távola Redonda do rei Arthur. Ele é o confidente, compatriota e amigo mais chegado do rei.

Pode ser que você já saiba o restante da história. Guinevere se apaixona por Lancelot. Os dois traem seus votos para com o rei Arthur, ela como esposa e ele como amigo. Quando são surpreendidos em sua traição, Lancelot foge para a França, enquanto Guinevere é condenada. Por um lado, existe o direito. A rainha tinha traído o marido, seu rei, e trouxe vergonha para o reino. A lei ditava que ela devia morrer na estaca. A justiça deve ser cega. Entretanto, apesar de sua traição, Arthur a ama e está disposto a perdoá-la, como também está disposto a perdoar Lancelot.

A história do rei Arthur e dos cavaleiros da Távola Redonda é baseada na graça, um conto magnífico de pessoas que não recebem o castigo que merecem. Entretanto, trata-se de uma história distorcida. O rei Arthur foi humilhado e se tornou alvo de zombaria por todo o reino. A melhor maneira de resgatar sua honra e manter sua integridade na Távola Redonda era permitir que o tribunal cumprisse a condenação. Porém, seu coração se condoía pelo sofrimento que Guinevere passaria — as chamas, a agonia, a morte. Além do mais, apesar de ter seu coração partido por causa da infidelidade dela, ele ainda desejava demonstrar misericórdia e amor incondicional. Contudo, ele se viu em meio a um conflito de virtudes.

Sorrimos ao ler que ele ordenou que as luzes da torre fossem acesas na noite da execução dela. O rei Arthur toma providências para que sir Lancelot resgate Guinevere. Ele quer garantir que Lancelot e seu exército encontrem o castelo durante a noite. Sofremos junto com Arthur quando ele olha, de seu aposento, para o carrasco lá embaixo, que espera pelo sinal para acender as chamas que imolarão sua esposa. E nesse momento, quando parece que o tempo se havia esgotado, Lancelot chega depressa pelo portão com seus soldados e leva Guinevere para um lugar distante e seguro.

Nas várias versões dessa história que li e nas várias peças às quais assisti, esse momento é sempre igual. Ao observar da janela de seu aposento seus homens sendo dominados por Lancelot, o rei Arthur salta de alegria. O rei, assim como as pessoas próximas a ele, sentem o mesmo alívio. Aquela mulher culpada que merecia morrer tinha sido poupada.

Na verdade, a lenda do rei Arthur não é uma história de redenção. Ela fala de resgate, do pecado que não é castigado. O culpado escapa na escuridão da noite. Entretanto, também fala de um amor distorcido e de uma graça incompleta. Um rei queria poupar um súdito. Um marido não queria ver a esposa que o traiu obter seu sofrimento justo. Porém, o erro da história é que a justiça é burlada.

A história do rei Arthur apresenta semelhanças com o drama que aconteceu entre o Rei dos Reis, eu e você — seus súditos desleais —, mas existe um contraste marcante. Vivemos de forma egoísta e traímos nosso compromisso com Deus como nosso Rei. Merecemos pagar por nossos crimes contra a sua santidade. Por causa da sua santidade, ele não pode permitir um resgate que aconteça sem que o pecado seja pago. Nenhuma tocha foi acesa no castelo. A guarda do portão foi reforçada. Ninguém recebeu nenhuma permissão para burlar a justiça que precisava ser feita. Essas histórias se separam quando o Rei dos Reis decidiu cumprir o padrão de justiça e nos oferecer uma válvula de escape. Em um ato de puro amor, o Rei dos Reis tomou o nosso lugar e assumiu nosso castigo entregando a sua própria vida.

*

A história do rei Arthur apresenta semelhanças com o drama que aconteceu entre o Rei dos Reis, eu e você — seus súditos desleais —, mas existe um contraste marcante.

No núcleo da graça está o amor — um amor que se alegra conosco apesar do nosso pecado e chega até nós sem cobranças. O amor emana direto do coração de Deus. A Bíblia usa a palavra *amor* tanto como sinônimo quanto como característica de *Deus*.

Amados, amemo-nos uns aos outros, pois o amor procede de Deus. Aquele que ama é nascido de Deus e conhece a Deus. Quem não ama não conhece a Deus, porque Deus é amor. Foi assim que Deus manifestou o seu amor entre nós: enviou o seu Filho Unigênito ao mundo, para que pudéssemos viver por meio dele. Nisto consiste o amor: não em que nós tenhamos amado a Deus, mas em que ele nos amou e enviou seu Filho como propiciação pelos nossos pecados. Amados, visto que Deus assim nos amou, nós também devemos amar-nos uns aos outros (1 João 4:7-11).

O QUE QUEREMOS DIZER COM "AMOR SEGURO"

PELO FATO DE termos sido criados à imagem de Deus,[1] recebemos em nossa estrutura básica uma capacidade infinita para amar. O amor começa na concepção. A maioria das mulheres, a partir do momento em que descobrem que estão grávidas, começam a desenvolver um relacionamento de amor com o bebê que está em seu ventre. A maioria dos filhos é recebida em braços de amor no momento que nascem.

Entretanto, *desejar* amar os filhos e *realmente* amá-los de tal modo que desenvolvam um amor seguro por si mesmos são duas coisas diferentes. Seria preciso investigar por um bom tempo para descobrir pais que confessariam não amar seus filhos. Quase todos os pais amam seus filhos, e os filhos podem achar provas claras desse amor. Mas amar um filho e até realizar gestos para demonstrar esse amor não implica necessariamente um amor *seguro*.

Vamos definir o que queremos dizer com amor seguro. Trata-se de um amor firme e certo que está escrito no disco rígido da alma dos filhos. Consiste em um amor completo ao qual eles recorrem quando o coração está sendo atacado. É o tipo de amor que os filhos podem carregar com eles com confiança em direção ao futuro.

Todos nós ansiamos por um futuro que seja bom para nossos filhos, mas a história tem demonstrado que o amanhã tem a tendência de imitar os erros do passado. Se o passado for alguma indicação, a sensação que seus filhos têm de que são amados será posta à prova enquanto eles se encaminham para a vida adulta. É possível que eles tenham que viver em meio a hostilidades pessoais. A boa notícia é que se nós os prepararmos para o futuro armados com um amor seguro, tudo correrá bem.

CENÁRIOS QUE PODEM SURGIR ALGUM DIA

Quais serão os momentos em que nossos filhos mais precisarão desse amor?

- → Talvez seja quando alguém a quem eles deram o coração disser que não os ama mais.

- → Talvez seja quando a vida financeira deles estiver no fundo do poço.

- → Talvez seja quando eles ouvirem estas palavras dolorosas: "Você está demitido!"

- → Talvez seja quando forem vítimas de alguma armação e acusados de algo que não fizeram.

- → Talvez seja quando lerem um e-mail encaminhado e perceberem nas mensagens anteriores que foram traídos por algum amigo.

- → Talvez seja quando estiverem diante de um caixão, segurando a mão de sua alma gêmea ou de um filho nascido como fruto da união com ela.

→ Talvez seja quando estiverem fardados, de guarda em um local solitário, ou enfrentando um inimigo cruel bem longe da segurança do lar.

Esses são cenários em que se espera que eles tenham a opção de pegar o celular e ligar para você, ou quem sabe contar tudo o que se passa em seu coração em um e-mail destinando à sua caixa de entrada. Mas isso parte do princípio de que eles *podem* fazer isso, e também pressupõe que você estará disponível para atender essa ligação ou responder a essa mensagem. Como disse no primeiro capítulo, nossos filhos nada mais são que um presente que preparamos para uma época que não chegaremos a conhecer. Precisamos prepará-los para essa época de forma tão segura que, mesmo bem depois de termos partido, eles possam descansar na confiança de que são muito amados.

O INGREDIENTE SECRETO

AQUI ESTÁ O problema. Para nos *sentirmos* amados, precisamos realmente ter um homem ou uma mulher dirigindo seu amor para nós. Eu e você amamos profundamente nossos filhos. Se eles se virem em alguma situação na qual não se sintam amados, podemos entrar em contato para lembrá-los do quanto nos importamos com eles. Mas e se tivermos morrido? Sabemos que isso vai acontecer um dia. Eles não podem sentir um amor real de alguém que não existe mais em sua vida, ainda que a lembrança do nosso amor possa *confortá-los* — ou mesmo inspirá-los. Mas esse amor terá uma dificuldade bem grande de lhes dar *firmeza* — especialmente se estiverem em alguma situação em que tenham o coração partido ou machucado. Eles precisam saber que a pessoa que os ama está viva, bem e envolvida em sua vida. Até consigo entender todas essas romantizações às quais as pessoas se apegam. Elas acreditam que os seres amados que nos deixaram estão olhando do céu e cuidando delas. Tudo isso pode parecer bom, mas não existe base bíblica para crer que seja verdade.

De qualquer maneira, esse sentimentalismo não importa. Existe um amor que podemos transmitir para nossos filhos que é firme, garantido e está disponível a eles estejamos aqui ou não; estou me referindo ao amor infinito de Deus. Esse amor pode ser transferido a eles de forma geral e de um modo específico. O modo específico é quando eles recebem o amor de Deus em seu coração confiando na verdade que se acha no Evangelho. Isso não somente coloca o amor de Deus no seu coração, mas também o seu Espírito, como alguém que habita constantemente sua vida.

※

Existe um amor que podemos transmitir para nossos filhos que é firme, garantido e está disponível a eles estejamos aqui ou não; estou me referindo ao amor infinito de Deus.

Não esqueça, no entanto, que muitos filhos que entregam a vida a Deus não seguem para o futuro com um amor seguro. Esse tipo de amor pode acabar achando lugar em seu coração por causa do crescimento pessoal e do amadurecimento de sua fé, mas para uma parte considerável deles, ele surge no ocaso de sua vida. Eles não desfrutam de seu benefício por boa parte dos anos de sua vida adulta.

Podemos fazer alguma coisa enquanto nossos filhos moram debaixo do nosso teto que aumente de forma significativa a capacidade deles de entrar na idade adulta com esse amor seguro e maduro no lugar certo. Essa transferência "geral" de amor é fruto de pais que amam seus filhos da maneira que Deus os ama. Isso se chama graça.

NEM TODO AMOR É IGUAL

ANTES DE PROSSEGUIRMOS, precisamos definir o significado da palavra *amor*. Como disse anteriormente, teríamos grande dificuldade para encontrar algum pai ou mãe que não ame seus filhos com bastante ternura. Muitos filhos chegam à idade adulta inseguros a respeito do amor não porque os pais deixaram de amá-los, mas porque esse amor recebido era incompleto.

➔ **Às vezes, nosso amor é incompleto porque nossos filhos sentem que precisam competir o tempo todo por ele.** Dizemos que os amamos e depois eles nos veem tomar decisões quanto à nossa carreira, nossos amigos e nosso lazer que nos impedem de lhes dedicar o tempo exigido pelo amor. Ouvi falar de uma pessoa que sentia que seu pai tratava seus cães de caça melhor do que os filhos. Resumindo o que ouvi falar desse pai:

- Ao voltar do trabalho, ele sempre ia direto do carro para os canis para falar com os cães e cuidar deles. Quando entrava em casa, quase nunca cumprimentava os filhos.

- Costumava levar petiscos para os cães. Falava com eles sempre de um jeito bondoso e cheio de entusiasmo. Seus filhos não se lembram de o pai ter falado de um jeito grosseiro com os cães alguma vez; já em relação aos filhos, ele quase nunca estava disponível para levá-los à sorveteria, mas sempre arranjava tempo para criticá-los.

- Nos fins de semana, o pai passava mais tempo com os cães de caça do que com os filhos. Não era porque os filhos não queriam ir caçar com ele; eles simplesmente não eram convidados.

- Às vezes sentiam que o pai até alimentava os cães melhor do que eles mesmos.

Nossa vida profissional pode criar um sentimento de competição no coração dos nossos filhos. Falhar nessa área pode transmitir um amor incompleto e inseguro que eles levarão para o futuro. Todos temos profissões que exigem muito de nós. Sempre teremos que dedicar boa parte de nossas horas para o nosso sustento, mais do que para qualquer outra coisa ou pessoa. Simplesmente, é assim que a vida profissional funciona, e os filhos entendem, mas também sabem quando escolhemos privá-los de algo de que precisam muito em nome de uma carreira de sucesso. Dessa forma, comunicamos algo que os molda em um amor inseguro. Eles não têm dúvidas de que os amamos; porém, sentem que amamos *mais* outras coisas do que eles. Estamos falando de coisas que massageiam o ego, engordam nosso contracheque ou melhoram nosso estilo de vida. Podemos declarar que *temos* que trabalhar para pagar as contas, mas depois eles nos veem fazendo escolhas financeiras péssimas intencionalmente, que os tornam reféns das consequências.

※

Mas [os filhos] também sabem quando escolhemos privá-los de algo de que precisam muito em nome de uma carreira de sucesso.

→ **Às vezes, nosso amor é incompleto porque nossos filhos sentem que precisam merecê-lo.** Eles percebem que nós os elogiamos e ficamos orgulhosos quando se comportam bem ou facilitam o nosso trabalho de pais. Esses filhos processam muita culpa antes de encontrar aceitação.

Conheço uma moça que agora é uma jovem mãe. Quando criança, sentia que o amor dos adultos em sua família sempre tinha um preço a ser pago. Até mesmo a sua avó cobrava pelo seu amor. Ela se lembra de que, desde que tinha cerca de cinco anos até a adolescência, sua avó tinha uma maneira especial de lhe dizer que ela nunca era boa o suficiente. Por exemplo, toda semana ela visitava a avó e a abraçava ao chegar à sua casa. Porém, quando a avó a abraçava, ela sempre passeava com as mãos pela cintura da jovem e a beliscava, dizendo: "Você está criando barriga, querida. Preste atenção no que anda comendo!"

E essa moça prestou mesmo atenção. A bulimia tomou conta da vida dela por volta dos 13 anos. Depois de cem mil dólares investidos em uma clínica de reabilitação e em vários implantes dentários, a jovem mãe sentia que havia finalmente conseguido controlar esse problema. Ela não sente que superou essa questão, e até a morte sempre achará que a bulimia é uma intrusa toda vez que faz uma refeição, mas agora ela tem uma aparência saudável. Hoje está tentando dar aos filhos uma criação melhor do que aquela que recebeu dos adultos em sua vida.

É fácil culpar a maneira pela qual recebemos amor de nossos pais no passado pelo modo como amamos nossos filhos no presente. Muitos pais hoje em dia acham que não conseguem transferir o tipo de amor seguro que estou descrevendo aqui aos seus filhos porque seus pais fracassaram em fazer isso. Será que isso nos isenta dessa responsabilidade? Qualquer mente equilibrada afirmará que esse não é o caso. Isso não passa de uma explicação, e não pode ser usada como desculpa.

A DEFINIÇÃO DE *AMOR*

O QUE NOS ajuda a reverter esse ciclo de amor incompleto é quando entendemos exatamente o que é o amor e o que ele exige. Com isso em mente, permita-me sugerir uma definição de amor que pode transformar a sua vida de forma radical. Essa definição pode ajudar você a escolher a coisa certa a fazer ao lidar com seus filhos, a tomar decisões difíceis e incentivar quando o preço do amor for alto. Minha definição é a seguinte:

> *O amor é o compromisso da minha vontade com as suas necessidades e o seu bem-estar, não importa o custo.*

Vamos analisar as três partes dessa definição:

1. O amor é o compromisso da minha vontade...

Em outras palavras, o processo do amor pode não surgir naturalmente em você. Talvez você precise reunir coragem, deixar de lado seus medos e questionar seus sentimentos. O amor diz respeito a tomar decisões baseadas na aliança que temos com alguém.

2. ... com as suas necessidades e o seu bem-estar...

Não "com as *minhas* necessidades e o *meu* bem-estar". O amor coloca nossas necessidades em segundo plano em relação ao bem-estar daquele que somos convocados a amar. Não faz parte do bem-estar dos filhos dar tudo o que eles querem, facilitar a vida para eles, apoiá-los quando estão claramente errados ou mesmo afastá-los das consequências de seus próprios pecados. Também não faz parte deixar que eles se tornem reféns de medos irreais, nem lutar todas as batalhas que eles têm de lutar, nem os resgatar de todas as suas escolhas erradas. O amor consiste em suprir todas as necessidades *reais* deles, e não seus interesses mesquinhos.

3. ... não importa o custo.

O amor seguro entende que amar alguém geralmente é inconveniente, e por vezes doloroso. Amar os filhos custa dinheiro, tempo e sono. Pode custar à mãe décadas que estavam destinadas à carreira. Pode custar o seu corpo em forma. Pode impedir que o pai consiga uma promoção. Pode significar renúncia a alguns mimos ou férias luxuosas. Com certeza, isso implica confessar os erros, deixar o orgulho de lado e pedir perdão várias vezes.

Há muitos anos, cortei o cabelo com uma moça chamada Peggy. Ela era uma mulher solteira no auge dos seus vinte anos, mas morava com o namorado. Peggy sempre puxava o assunto para o lado espiritual. Ficou claro que suas inseguranças, bem como as visões distorcidas do amor que geralmente as acompanham, a estavam levando a tomar decisões que não eram tão boas para ela no longo prazo. Apesar de tudo, ela estava sempre disposta a conversar sobre assuntos do coração.

Em seguida, Peggy ficou grávida. Ela estava contente com a ideia de ser mãe, e chegou a me dizer que isso poderia ser o que estava faltando para seu namorado assumir um compromisso e se casar com ela. Durante a gravidez, eu a via a cada três semanas em média. A cada vez que eu ia cortar o cabelo, costumávamos conversar sobre o bebê que estava chegando, sobre opções de criação de filhos e de construir uma família forte.

Enfim, chegou o grande dia! Eu tinha agendado um corte de cabelo com outra cabeleireira. Quando cheguei ao salão, as mulheres que estavam cortando meu cabelo por coincidência estavam falando com Peggy, que estava no hospital. O momento era de crise, porque o bebê estava invertido. O médico recomendava fazer uma cesariana, mas Peggy não queria por causa da cicatriz que a cirurgia deixaria. Pedi para falar com ela. Ela disse que sua maior preocupação era manter a aparência depois que o bebê nascesse. Ela engordou o mínimo possível e tinha certeza de que recuperaria sua aparência de antes da gravidez em pouco tempo. Entretanto, ela me disse que a cicatriz certamente afastaria o namorado dela. Ela tinha medo de ser menos atraente para ele. Disse a ela que estava casado com uma mulher que fez *quatro* cesarianas, e lhe garanti que em todas as vezes minha esposa ficou muito bem. Eu disse que quase não dava para notar a cicatriz, mas essa explicação não adiantou para Peggy. Ela estava preocupada em perder o pouco que tinha: um corpo bonito.

Seu bebezinho foi forçado para trás. Isso causou um trauma grave no lugar em que as pernas se encaixam na pélvis. Ele teve que usar cinta até completar um ano e meio. Desde então, ele já superou esse trauma e anda normalmente, mas quando souber o que realmente aconteceu na sala de parto (esses segredos são quase impossíveis de guardar),[2] terá dificuldades para sentir o tipo de amor "seguro" que um pai pode transmitir. O amor de sua mãe é genuíno, mas é incompleto. Ela tomou uma decisão colocando as necessidades e o bem-estar dela em primeiro lugar. O amor seguro tem um preço que ela não estava disposta a pagar.

Como eu achava que aconteceria, o namorado de Peggy ficou com ela até o bebê nascer, depois foi embora. E ela teve tanto trabalho para evitar uma cicatriz.

AUMENTANDO A SEGURANÇA NO AMOR

Como vocês podem ver, não adianta dizer que amamos nossos filhos, se tomamos atitudes que não comunicam amor. Temos que amá-los do modo como Deus nos ama: quando não temos nada de bom a dizer sobre eles, quando não merecem, quando é inconveniente, quando custa muito caro para nós ou até mesmo quando nos causa dor.

Existem três coisas que, se forem feitas de forma consistente, têm como conceder a seus filhos uma sensação de segurança que não deixará dúvidas. Elas minimizam sua necessidade de procurar o amor superficial que o sistema do mundo oferece. Elas constroem um amor autêntico no coração deles que continua existindo bem depois de termos saído de cena. Isso faz a isca da imitação do amor que Satanás os oferece se tornar bem menos atraente.

1. Os filhos se sentem seguros quando sabem que são aceitos como são.

Permita-me definir isso antes de explicar. Existem atitudes que seus filhos podem desenvolver que você nunca terá de aceitar. Egoísmo, falta de respeito, engano e qualquer outra ação pecaminosa não devem ser aceitos ou tolerados. Do mesmo modo que acontece com o nosso relacionamento com Deus, ele pode nos amar enquanto somos pecadores, mas não ignora nosso pecado. Muito pelo contrário: ele o identifica. Jesus diz em Apocalipse 3:19: "Repreendo e disciplino aqueles que eu amo." Deus sabe que se nossas escolhas pecaminosas não tiverem consequências, elas nos destruirão. Pelo fato de que ele nos ama e não quer que isso aconteça conosco, Deus traz consequências em nossa vida que nos fazem aprender com nossos erros.

A "aceitação" sobre a qual estou falando é para aquilo que faz parte da estrutura pessoal dos filhos. São coisas únicas que fazem deles indivíduos — seu DNA emocional, intelectual e físico. Também não possuem nenhum problema moral associado a elas. Muitos dos nossos filhos fazem coisas que nos irritam, frustram ou envergonham, mas elas não são essencialmente erradas. Toda vez que chamamos a atenção a respeito delas, dizemos aos nossos filhos que eles não têm valor. Isso cria uma base de insegurança dentro deles.

Grita-se muito com os meninos porque eles fazem barulho, bagunça ou porque são agressivos. As meninas costumam ser criticadas por ser muito emotivas, exigentes ou sensíveis além da conta. Algumas crianças são recriminadas por ser lentas, esquecidas, questionadoras demais ou por dizer o que vem à cabeça. Têm dificuldade para sair da cama, têm dificuldade com algumas matérias na escola e geralmente são ridicularizadas por causa de características físicas como os olhos, o nariz, os dentes, o pescoço, os joelhos, os pés, a voz, a textura do cabelo ou por sua expressão facial.

✱

O que é importante em meio a tudo isso é que o pai ou a mãe comunique que aceita as particularidades dos filhos.

Os garotos são criticados por gostarem das meninas, as meninas são criticadas por gostarem dos garotos. Alguns garotos não ligam para esportes, algumas garotas não gostam de brincar de casinha. Os adolescentes precisam ter mais tempo para dormir. Os filhos sempre possuem a sua própria forma de comunicação, o seu próprio estilo de roupa e de cabelo, e gostam de algum tipo de música em particular. Os filhos passam por fases difíceis em que não se consideram atraentes, inteligentes ou interessantes. O que é importante em meio a tudo isso é que o pai ou a mãe comunique que aceita as particularidades dos filhos. Quando eles fazem isso, a criança sente o tipo de aceitação que Deus tem por nós quanto a nossas peculiaridades.

Algumas meninas sabem que o pai queria que tivessem nascido menino. Alguns garotos descobrem que a mãe preferiria ter tido uma menina. Os filhos ouvem quando lamentamos sobre o quanto eles deram trabalho quando crianças. Os adolescentes reviram os olhos quando anunciamos: "Só podiam ser adolescentes." Por outro lado, quando eles ouvem falar que é uma honra tê-los em casa, que somos gratos pela chance de fazer tudo o que precisamos por eles (como levá-los de carro ou gastar muito dinheiro com eles), sentem a aceitação que os faz vivenciar um amor seguro. Não devemos agir como se fosse uma obrigação, mas sim uma honra fazer isso por eles.

Eu estava no restaurante de um hotel em Portland, Oregon. Era um domingo de manhã. Meu avião sairia ao meio-dia, o que me deu o luxo de desfrutar de um café da manhã bem tranquilo. Esse restaurante oferecia um buffet de café da manhã que tinha de tudo, e com um preço mais baixo para as crianças.

Uma mãe chegou com seus dois filhos: um bebê e um garoto de aproximadamente quatro anos. Na mesma hora, observei o garoto. O entusiasmo estava estampado em seu rosto, e ele tagarelava sem parar enquanto contornavam a mesa do buffet para que a mãe desse uma olhada nas opções. Ela segurava o bebê enquanto o garoto a seguia. Ele viu as frutas, a variedade de cereais, as panquecas e os waffles, e a parte em que o chef fazia a omelete que você quisesse. Depois vi seus olhos saltarem quando reparou nas bandejas cheias de "sobremesas" de café da manhã: muffins de mirtilo e outros tipos de doces de confeitaria. Essa rápida oportunidade de observar esse garoto entusiasmado dando uma olhada no buffet de café da manhã rapidamente passou a ser o foco da minha manhã. Eu estava olhando um garoto criado por Deus aproveitando cada segundo daquele momento. Ele estava completamente apaixonado pelo que via. Parecia ter ido para o paraíso das comidas.

A recepcionista colocou a mãe e os dois filhos numa mesa bem de frente à minha. A garçonete encheu o copo deles de água e perguntou se podia trazer café para a mãe ou suco para os filhos. Ela perguntou se eles queriam o buffet de café da manhã.

A mulher respondeu: "Meu marido chegará daqui a pouco. Eu e ele vamos querer o buffet. Pode trazer uma tigela de cereal e um pouco de leite para o meu filho."

O garoto protestou na hora: "Não, mamãe! Eu também quero o buffet!" Com certeza aquele garoto já tinha traçado um plano para participar dele.

Rapidamente, a mãe rebateu: "Você não pode comer toda essa comida. A maior parte disso é açúcar puro. Nem pense nisso!"

"Mas, mãe... eu gosto desse tipo de comida, era tudo o que estava *esperando*! Por favor!!!!", ele pediu.

"Esquece! Você não vai comer o buffet, então fica quieto." Ela deu as costas para o garoto e voltou a atenção para o bebê.

A garçonete fez uma oferta: "Senhora, com apenas mais um dólar e cinquenta em relação ao valor do cereal, ele já pode comer no buffet." Ela percebeu o quanto o garoto estava ansioso.

Despachando a garçonete com um olhar, ela disse: "Não, obrigada. Ele não precisa comer tudo isso."

Enquanto a mulher se ocupava com o bebê, observei o menininho que estava tão contente ficar contrariado. Ele logo começou a chorar. A mãe tinha cortado toda a sua expectativa e todo o seu entusiasmo. Gostei de como ele se comportou. Ele não fez barulho, nem brigou, nem surtou, nem fez cena alguma. Simplesmente ficou ali, sentado e magoado, sem dizer uma palavra.

O pai chegou com o jornal debaixo do braço, avaliou a situação, sentou-se na cadeira e perguntou ao garoto por que ele estava chorando.

"Eu queria comer no buffet, mas mamãe não quer deixar!"

Ele falou com a esposa: "Qual é o problema? Por que ele não pode comer no buffet?"

Ela lhe deu os mesmos argumentos práticos e nutricionais que tinha dado ao garoto alguns minutos antes.

O pai disse: "Olha, nós estamos de férias. Ele nunca teve a chance de fazer isso, e a diferença de preço é mínima. Podemos pagar tranquilamente. Fora que, considerando o que eles costumam fazer, o que não comermos vai direto para o lixo."

Eles se envolveram em uma pequena discussão antes de a mãe se dar por vencida e concordar com a participação do menino no buffet. O rosto do garotinho voltou a ter o mesmo brilho de quando ele estava olhando as mesas de comida. Não deu nem um minuto, e o pai e o filho foram atacar o buffet.

Foi muito divertido assistir ao garoto percorrer as mesas uma a uma para pegar um pouco de tudo. Ele viu as pessoas pedirem torrada, e lá foi ele pedir uma também. Ele mal conseguia alcançar a torradeira, mas uma senhora mais velha o ajudou com prazer. Ele pegou panquecas e um waffle e colocou melaço e chantili por cima. Gostei de como ele ficou na fila das omeletes: esperou sua vez e depois disse ao chef o que queria, que nada mais era do que um pouco de tudo. Suas idas finais foram para a mesa de sobremesas. Eu disse "idas" porque foram duas. Antes de terminar, ele tinha uma amostra de cada uma das pequenas sobremesas que estavam à disposição.

Enquanto isso, a mãe estava alimentando o bebê e o pai se ajeitou para ler o jornal de domingo. Quando o menino pegou tudo o que queria comer, deu início à sua festa particular de café da manhã. Amei assistir àquele garotinho experimentando todas aquelas delícias raras!

Foi nesse momento que a mãe terminou de dar de comer ao bebê e deu uma olhada em todos os pratos de comida na frente do filho.

E ela começou.

"Por que você pegou panquecas *e* waffles, tudo junto? Para que tanto chantili? Vai cair tudinho na sua roupa! O que é isso aí no seu pãozinho? Requeijão? Nunca vi você comer isso! Você tinha noção do quanto estava colocando no prato?"

Ela chamou a atenção do marido: "Dá uma olhada nisso! Ele pegou até omelete!"

Ela voltou a falar com o menino, reclamando: "De onde você tirou a ideia de pedir omelete? Não tem nem espaço na sua barriga para tudo isso!" Apontando para as sobremesas, ela disse: "Escolhe só *uma* dessas sobremesas. Só uma! Diz qual você quer que eu vou levar todas as outras de volta. Para que sobremesa? Estamos só tomando café!"

Enquanto ela prosseguia em sua crítica, a expressão do menino voltou a mudar. Dessa vez, tornou-se uma mistura de desorientação e desânimo. Ele tentou provar todos os pratos que escolheu, mas a mãe o lembrou várias vezes de como tinha sido uma bobagem pegar tanta coisa. Conforme tinha prometido, ela levou de volta todas as sobremesas, exceto a que ele tinha escolhido, e depois gritou com o marido por não a escutar. Depois de ter conseguido estragar a refeição de todos com culpa e condescendência, ela se levantou e foi para a fila do buffet se servir. Fiquei ali sentado observando um menininho comendo seus waffles, com o chantili saindo pelos lados da boca e as lágrimas correndo de seus olhos tão jovens. Quando a mãe voltou, toda a sua alegria tinha ido embora.

Já sei o que vocês estão pensando:

Desperdício.

Nutrição.

Açúcar.

Os filhos não podem ter tudo o que querem.

Ah, e não se esqueça, Tim, ela tinha um bebê. Ela está cansada! Você não sabe como esse garoto tinha se comportado por toda a manhã. Quem sabe ela tenha chegado no limite, e não parece que o marido estava ajudando muito.

Já ouvi tudo isso ao longo dos anos. Sei muito bem como os pais rígidos e nada descontraídos justificam moralmente tudo o que fazem.

Minhas perguntas são estas: Será que isso valeu a pena? Será que Deus nos provoca com coisas boas, nos insulta por se entusiasmar com elas e depois nos repreende por tentar desfrutar delas? Ele é um Deus de graça que prometeu aos filhos de Israel uma terra que mana "leite e mel". Davi se referiu a ele como pastor e disse que ele nos faz deitar em pastos verdejantes e nos leva as águas tranquilas. Se você fosse uma ovelha jovem e vulnerável, consideraria pastos com gramas generosas e córregos calmos um buffet perfeito.

※

Será que Deus nos provoca com coisas boas, nos insulta por se entusiasmar com elas e depois nos repreende por tentar desfrutar delas?

Quando o menininho crescer, vai acabar se afastando. Não tenho dúvidas de que ele sentirá que a mãe o amou, mas se ela não mudar seu modo de agir, ele tem pouca chance de deixar o lar com um amor "seguro", o tipo de amor que registra no seu coração que seus pais gostam dele do jeito que é.

Nossa filha Karis foi uma criança muito curiosa. Ela se distraía facilmente e vivia seus primeiros anos preocupada com tudo o que acontecia ao seu redor. No jardim de infância, costumava tirar os sapatos, pois gostava de ficar com os pés livres e desimpedidos. Quando chegava a hora do almoço ou do recreio, a professora sempre notava que ela estava descalça. Karis era abençoada em ter como professora a sra. Civiliar, porque ela não via esse hábito da minha filha como um defeito. Ela não levou isso para o lado pessoal. Simplesmente via nossa filha como uma daquelas criancinhas que tirava os sapatos porque isso a fazia se sentir mais confortável no seu primeiro ano na escola.

Um dia desses Karis, que agora é uma mulher casada, teve sua primeira filha: uma menina. Ela fez uma visita à sua antiga escola primária, em que a sra. Civiliar ainda é professora no jardim de infância. Sua ex-professora ficou muito contente em ver o bebê, e logo disparou: "Karis, sabe qual é a melhor lembrança que eu tenho de você? É de como gostava de tirar os sapatos, e tinha vezes que eu e toda a classe fazíamos um mutirão para ajudar você a achá-los. Eu achava tudo isso muito engraçado!"

Eu achava tudo isso muito engraçado. É por isso que a sra. Civiliar é uma professora tão maravilhosa. Ela sabe o que se constitui em um problema e o que não tem problema nenhum. Ela não fica caçando defeitos, mas somente parte das nuances de uma criança única e especial. Ela as vê do mesmo modo que Deus nos vê. Conheço lares em que o hábito de Karis de tirar os sapatos teria sido visto como um problema *grave*:

"Você precisa ser mais organizada!"

"Como é que você não consegue se lembrar de uma coisa tão importante como seus sapatos?"

"Isso é pura irresponsabilidade!"

"Não quero ver você tirando o sapato até o fim do dia!"

Atitudes assim não estão alinhadas com o coração de Deus, que é repleto de graça. No que diz respeito a garotinhos que amam buffets e menininhas que se sentem mais confortáveis tirando os sapatos, a questão mais importante é: "Que importância tem isso?"

A graça responde: "Nenhuma!" A atitude da graça é dizer: "Vai fundo!" ou "Amo ver isso!" Dito isso, sei que existem situações em que é preciso dizer aos filhos que eles não podem comer no buffet ou que precisam continuar usando os sapatos, mas isso não deveria ser algo arbitrário. Deveriam ser momentos em que se trata da *única opção viável* ou que faz sentido *para uma vida cristã*, senão não faria sentido algum, especialmente se você está tentando tratar seu filho à maneira de Deus. Filhos em lares nos quais questões sem natureza moral são elevadas a um nível de problema *grave* não chegam a experimentar o tipo de aceitação que faz o coração se sentir amado de forma segura. Em vez disso, eles vivem em um ambiente de crítica exagerada, recebendo repreensões por serem curiosos, ansiosos, entusiasmados, indefesos, descuidados ou distraídos.

Houve uma cena na vida pública de Jesus em que as crianças estavam tentando chegar perto dele. Elas estavam afoitas e barulhentas, como de costume, e os adultos nesse momento faziam o máximo para afastá-las. Jesus viu o que estava acontecendo e impediu que os adultos e os pais afastassem as crianças.

Veja o que ele disse:

Deixem vir a mim as crianças e não as impeçam; pois o Reino dos céus pertence aos que são semelhantes a elas (Mateus 19:14).

Quando acolhemos nossos filhos como eles são, refletimos o tipo de amor que Deus tem por eles. Trata-se do tipo de amor que estará presente com eles nos bons e nos maus momentos no restante de sua vida.

2. Os filhos se sentem seguros quando sabem que fazem parte de uma família que os ama e honra.

Lares que promovem a honra.

Isso pode parecer um sonho impossível para você, mas com certeza está ao alcance daqueles que veem com olhos graciosos as pessoas que fazem parte da família. Os lares de honra consideram o tempo, os dons, a identidade e os sonhos de seus integrantes dons que devem ser cuidados e administrados. Os lares de honra ainda deixam espaço para a rivalidade entre irmãos. Os lares de honra de vez em quando presenciam discussões e decepções, mas na maioria das vezes proporcionam aos filhos uma sensação profunda de que são amados em um ambiente seguro. Todos os filhos são importantes, com suas opiniões e seus interesses. Respeitam-se seu tempo, suas ideias, seu espaço e suas vulnerabilidades. Existe um compromisso com o presente que faz cada dia ser um recurso acrescentado ao dia anterior.

A melhor forma de ver isso se tornar realidade entre os filhos é fazer com que essa seja a maneira que os pais tratam um ao outro. Já vi casais divorciados perceberem como lidar um com o outro em honra e amor mesmo que o casamento não tenha sido da maneira que esperavam. Os lares de honra entendem o valor do perdão, são comprometidos com a virtude e valorizam bastante cada indivíduo dentro de casa.

> O homem justo leva uma vida íntegra; como são felizes os seus filhos! (Provérbios 20:7)

As Escrituras nos fazem lembrar de que a grande consideração que dermos à nossa reputação e a prioridade que dermos a tratar as pessoas próximas de maneira honrada transbordarão como bênçãos para nossos filhos em sua vida mais adiante.

Todos têm passagens preferidas na Bíblia. Uma das que eu mais gosto é a parte final do capítulo 8 de Romanos. Paulo apresenta seu ensino sobre a graça de Deus de forma cada vez mais intensa. Ele fala sobre como a graça nos ajuda em nossa batalha pessoal contra o pecado (Romanos 7:7-25), como podemos ter uma vida vitoriosa mediante o poder do Espírito de Deus (Romanos 8:1-17) e sobre a glória futura que aguarda as pessoas que participaram da graça de Deus (Romanos 8:18-27). Em seguida, como se não pudesse mais se conter, ele transborda com uma das passagens mais entusiasmadas de incentivo para as pessoas que receberam o amor de Deus, que é cheio de graça. Basta ler uma parte desse texto para lembrar do amor seguro que aguarda as pessoas que permitiram que Cristo transformasse sua vida.

> Se Deus é por nós, quem será contra nós? Aquele que não poupou a seu próprio Filho, mas o entregou por todos nós, como não nos dará juntamente com ele, e de graça, todas as coisas? [...] Em todas estas coisas somos mais que vencedores, por meio daquele que nos amou. Pois estou convencido de que nem morte nem vida, nem anjos nem demônios, nem o presente nem o futuro, nem quaisquer poderes, nem altura nem profundidade, nem qualquer outra coisa na criação será capaz de nos separar do amor de Deus que está em Cristo Jesus, nosso Senhor (Romanos 8:31b-32; 37-39).

Filhos que moram numa casa em que a honra um pelo outro tem lugar de destaque crescem com o amor seguro alojado em seu coração.

3. Os filhos se sentem seguros quando recebem demonstrações generosas de afeto com frequência.

Imagine o seguinte: você sente uma coceira no meio das costas. Em um lugar que não consegue alcançar, a não ser que fosse um contorcionista. Você procura um canto da parede ou uma porta para se esfregar e se aliviar um pouco, mas, nesse momento, alguém da família aparece, quem sabe seu cônjuge ou um dos seus filhos.

Eles observam seu dilema. E então, só de sentir alguns dedos nas suas costas, você tem uma sensação plena de alívio!

※

Permita-me contar um segredo para você:
Deus conectou a nossa pele à nossa alma.

Por que é que quando alguém coça suas costas, sempre é mais confortável do que quando é você que faz isso? Permita-me contar um segredo para você: Deus conectou a nossa pele à nossa alma. De alguma maneira, ele achou por bem configurar nossa cobertura exterior como uma das ferramentas mais importantes para transmitir uma sensação de amor seguro.

Todos nós fomos criados para reagir ao afeto. Salvo raras exceções, os filhos geralmente reagem bem ao toque terno e significativo. Os abraços e beijos que recebem dos pais desde que nasceram criam um depósito de segurança em seu coração. Os dois gêneros precisam do toque do pai *e* da mãe. Filhos e filhas vão muito mais longe na vida quando recebem tempo suficiente no colo da mãe *e* do pai. Eles dormem melhor à noite quando seus pais dão uma passada no quarto para dizer o quanto os amam, para orar com eles e dar um beijo de boa-noite.

Esse tipo de amor paterno e materno não deve parar com a chegada da adolescência. É claro que garotos crescidos e meninas maiores podem já não ter o tamanho ideal para se sentar no colo dos pais, e talvez sintam vergonha de receber demonstrações de afeto na frente dos amigos. Alguns até podem passar por uma fase em que se afastam de você quando tenta abraçá-los ou beijá-los, mas eles ainda precisam de um toque afirmativo. Pode ser a mão sobre o ombro, uma batidinha de brincadeira no braço ou alguma brincadeira na piscina. Eles ainda precisam de contato físico e, no fundo do coração, desejam isso. Eles querem saber que existem pessoas que não se envergonham nem têm medo de tocá-los. Trata-se de um presente fundamental que eles precisam numa época da vida em que muitos se sentem sem graça e intocáveis.

Já pensou se alguém famoso visitasse a sua casa quando você era jovem? Agora imagine como deve ser para uma criança ficar na dela caso, por exemplo, o Michael Jordan desse as caras. O jogador mais famoso de basquete não está passando por ali para visitar a criança, mas ela acha que é invisível diante de uma pessoa com uma fama tão imensa. Será que o efeito não seria profundo se, em meio a todas as pessoas, essa celebridade chamasse a criança pelo nome, colocasse-a no colo e a fizesse ser o centro das atenções?

Foi exatamente isso que Jesus fez depois de um dia longo e cansativo. Enquanto viajava para Cafarnaum, seus discípulos estavam discutindo sobre qual deles seria o maior no reino de Deus. Eles tinham se retirado para uma casa, e, depois que se acomodaram, Jesus perguntou o motivo daquela discussão. Depois de terem confessado o motivo, Jesus resolveu mostrar a eles quem realmente é o maior no reino dos céus. Veja como Marcos transmitiu esse relato:

> Tomando uma criança, colocou-a no meio deles. *Pegando-a nos braços*, disse-lhes: "Qualquer um que receber uma criança, *tal como esta*, em meu nome, a mim me recebe [...]" (Marcos 9:36-37 ARA, destaque nosso).

Observe que Jesus tomou a criança nos braços. Essa foi, sem dúvida, a criança mais abençoada de toda a história. Ela se sentou, de fato, no colo de Deus e sentiu os braços dele ao seu redor. Jesus ama as crianças. Elas representam a atitude do céu. Essa criança demonstrou uma obediência imediata e simplesmente estava feliz por ser amada. Para ela, não importava qual discípulo tinha a maior cadeira quando chegassem ao céu. Ela estava desfrutando do toque meigo do Salvador aqui na terra.

Jesus disse que quando acolhemos os filhos do mesmo modo que ele, não se está demonstrando amor somente ao filho, mas sim a Deus, que o criou. Ele disse: "Qualquer um que receber uma criança, *tal qual esta*." O que ele quis dizer com isso? Ele poderia estar falando do modo como acolheu aquele menino *em particular*, mas se foi isso mesmo que aconteceu, as meninas, os filhos de todas as idades e os filhos com características físicas diferentes estariam excluídos. É mais provável que, quando disse "tal qual esta", Jesus estivesse se referindo ao modo terno e afetuoso com que tratava o menino.

Jesus entendia o poder do afeto para comunicar o amor seguro. O toque saudável e significativo em nossos filhos e filhas facilita para eles dar e receber afeto quando adultos. Isso também lhes dá uma noção clara da cópia que tem máscara de afeto. Isso os ajuda a transmitir o legado de amor que recebem de você para a próxima geração da sua árvore genealógica.

DIFÍCIL, MAS NÃO IMPOSSÍVEL

SE FORMASSEM UMA fila para os pais que deixam a desejar e você achasse que deveria estar nela, você teria que ficar atrás de mim. Todos nós falhamos. Podemos não ter feito nenhuma cena como aquela mãe no buffet, mas roubamos a alegria dos filhos sem necessidade mais vezes do que gostaríamos. Transformamos coisas sem importância em crises. Fazemos tempestade em copo d'água. Atingimos o coração dos nossos filhos e damos um beliscão de propósito.

Deus é especialista em perdoar. Ele ama pegar o apagador e limpar o quadro-negro cheio de marcas que se acumularam para o nosso prejuízo. É certo que ele usou sangue em vez de água para lavar os nossos pecados — nada menos que o sangue de seu filho único e amado —, mas tudo valeu a pena porque ele pensou em *você*. Deus ama você de um modo muito acima do seu entendimento. Ele o ama do jeito que você é. Ele quer que você desfrute dessa boa posição na sua Casa de Honra pessoal. Ele quer envolver você em seus braços e colocá-lo perto do seu coração.

Se você for como eu, precisa ouvi-lo dizer: "Está tudo bem. Eu perdoo você. Eu o ajudarei a se recuperar dos erros que cometeu com seus filhos." Peça a Deus que o perdoe. Peça a ele para ajudar você a suprir essa necessidade interna e motivadora do seu filho. Diga a ele o quanto você não quer transmitir a seu filho um amor qualquer, mas um amor seguro que o acompanhará por toda a vida. Ele é um perdoador, e é essa a característica que o define.

*

Se você for como eu, precisa ouvi-lo dizer: "Está tudo bem. Eu perdoo você. Eu o ajudarei a se recuperar dos erros que cometeu com seus filhos."

Quero lhe dizer mais uma coisa: você também pode precisar pedir perdão para os seus filhos. Você precisa deixá-los cientes de que reconhece que errou com eles, que os magoou e que em alguns momentos roubou alegria deles. Seja específico. Mesmo se tiver que voltar alguns anos, faça-os perceber que você sabe que errou. Isso não lhe diminui aos olhos deles. Na verdade, o efeito é justamente o oposto. Em sua contrição humilde, você demonstrará algo de que eles precisam desesperadamente se querem ter um amor seguro: a graça.

Sobretudo, amem-se sinceramente uns aos outros, porque o amor perdoa muitíssimos pecados. Sejam mutuamente hospitaleiros, sem reclamação. Cada um exerça o dom que recebeu para servir aos outros, administrando fielmente a graça de Deus em suas múltiplas formas (1 Pedro 4:8-10).

Além disso, não se admire se surpreender a si mesmo com a necessidade de demonstrar aceitação, afinidade e afeto para seus filhos todo dia. Esses são três dons que continuam a produzir frutos... até bem depois de você partir.

CAPÍTULO 4

UM PROPÓSITO IMPORTANTE

À S VEZES SURGE ALGUMA HISTÓRIA DOS BASTIDORES DE HOLLYWOOD mais instrutiva do que qualquer lição de escola dominical e mais inspiradora do que a pregação mais eloquente. Um exemplo disso é o filme *O céu de outubro*.

A história se passa em 1957, em um lugar chamado de Coalwood, na Virgínia Ocidental. O cenário definiu o dilema. Coalwood era uma cidade voltada para a mineração de carvão que deu seu último suspiro de poeira negra antes de encerrar suas atividades. A mina que havia sustentado gerações de famílias daquela cidade estava começando a se esgotar. Os proprietários da mina estavam tentando obter mais por menos. O sindicato lutava para manter o pouco que tinham. O encarregado do projeto estava no meio do fogo cruzado, tentando evitar que os dois lados desistissem ou destruíssem um ao outro. Coalwood precisava de um toque de graça.

Era uma cidade definida por um buraco negro no chão. Se você fosse um jovem crescendo em Coalwood, partia-se do princípio de que você acabaria trabalhando na mina. Se fosse uma menina, se casaria com um dos mineiros e criaria seus filhos para ser seus sucessores. Como um imã que os atraía, poucos sentiam que tinham a chance de fugir da vida de mineiro de carvão.

No entanto, em uma noite de outono, algo apareceu no céu de outubro que forçou as pessoas de Coalwood a tirar sua atenção do chão para olhar para cima. A União Soviética tinha posto o primeiro satélite em órbita no espaço. A corrida para os recantos mais distantes da gravidade da Terra tinha começado. Durante um dos capítulos mais sombrios da Guerra Fria, um satélite soviético com o nome de *Sputnik* ameaçava pesar na balança da luta pela superioridade política e militar a favor da Rússia. Supunha-se que quem dominasse o espaço acabaria dominando o mundo.

Para o povo da cidade, a luz que tinha atravessado o céu a cerca de quarenta mil quilômetros foi vista com um misto de tristeza e derrota. Com o passar das décadas, aquelas pessoas tinham sido programadas para pensar pequeno. O trabalho na escuridão e o perigo na mina haviam esgotado a capacidade que eles tinham de sonhar. A "esperança" raramente surgia em sua mente com letra maiúscula.

Entretanto, nos bastidores daquele grupo homogêneo de pessoas da cidade, em meio às silhuetas daqueles mineiros fortes, estava um jovem que viu o *Sputnik* como a oportunidade que estava esperando. Homer Hickam tinha visto o que a mina podia fazer com as pessoas. Ele tinha visto o pai se tornar um candidato cada vez mais forte para ter um pulmão preto. Testemunhara como isso prejudicava um casamento e castigava os filhos. Era justamente o pai de Homer aquele encarregado que tentava manter a vida da cidade. Seu pai era um homem bitolado cuja vida era ditada pelas exigências daquele buraco negro.

A mina fez o pai se tornar um homem irritadiço e distante da graça — além de ser, de certo modo, uma pessoa cega. Ele não conseguia ver o que isso estava causando dentro do seu filho. Não conseguia superar sua visão míope do futuro para vislumbrar o potencial que havia no filho para fazer algo diferente — ou mesmo maior. Homer sabia que o pai partia do princípio de que ele um dia tomaria o seu lugar no elevador que descia até as entranhas da terra. O jovem sabia que se esperava dele que renunciasse a todos os seus sonhos em nome do combustível fóssil que mandava na cidade. Pelo fato de ser filho de quem era, havia até mesmo rumores de que ele pudesse herdar a posição do pai como o principal homem da operação. Homer, porém, não queria nada disso. Não porque desprezasse a mina ou por qualquer desrespeito pelo pai; em vez disso, o motivo era a sua crença de que viera ao mundo para outra coisa — para algo estratégico.

Foi isso que levou Homer Hickam a convencer dois amigos e um leitor ávido de livros da escola a ajudá-lo a chegar à lua e partir em busca das estrelas. Esses quatro garotos ficaram obcecados em aprender tudo o que podiam sobre a construção de foguetes. Munidos de recursos limitados e ingenuidade imensa, eles transformaram um depósito de escória próximo em uma plataforma de lançamento para seus vários foguetes. Incentivados por um de seus professores do ensino médio, eles canalizaram seu interesse em uma busca para ganhar uma competição nacional de ciências. Homer também tinha como fonte de inspiração a lenda da Nasa, o dr. Wernher von Braun, e mesmo acumulando fracassos, o desejo desse quarteto exigia que eles não desistissem tão facilmente.

Entretanto, os sonhos de Homer de usar seus dons para fazer descobertas a respeito do espaço desconhecido somente aumentou a distância entre ele e o pai, além de ampliar o conflito entre os dois. A decepção magoou o pai de Homer profundamente, e a sua ausência nos lançamentos de foguetes do filho, mesmo depois de a cidade fazer disso um evento na comunidade, partiu o coração de Homer. Ele ansiava pela graça que aplaudia os sonhos e desenvolvia o potencial.

O público se identifica com *O céu de outubro* porque retrata a dor que muitos filhos vivenciam em busca do seu propósito. Existe um anseio profundo no coração de todo filho de "fazer a diferença". Eles foram preparados por Deus para querer mais do que simplesmente ocupar espaço e consumir ar. Eles não nasceram para ser denominadores comuns nem para ser um rosto em meio à multidão. É por isso que os governos tirânicos obtêm tão pouco de seu povo. Deus não nos criou para ignorarmos nosso potencial ou abandonar os nossos sonhos. Ele quer que sejamos livres, de modo a buscar nosso potencial sem restrições. Os déspotas e a opressão que geralmente os acompanha insultam a Deus quando se recusam a criar um ambiente que incentiva que o potencial crie raízes e cresça.

✼

O *público se identifica com* O céu de outubro *porque retrata a dor que muitos filhos vivenciam em busca do seu propósito.*

As famílias tiranas também reprimem o potencial, do mesmo modo que as famílias preocupadas, indiferentes ou indolentes. Nossos filhos merecem mais do que isso. Deus nos pôs como administradores dos dons e das habilidades dos nossos filhos. Do mesmo modo que Deus nos deu uma chance de preparar nossos filhos para o futuro, ele também nos deu a oportunidade de preparar nossos filhos para o futuro com um propósito importante.

UMA DIVINDADE POR ACASO?

DEUS É UM Deus de intencionalidade. Ele não faz nada por meio de tentativa e erro. Sua criação não foi uma série de acontecimentos ao acaso. Desde o momento em que ele disse "Haja luz" (Gênesis 1:3), tem demonstrado que está cumprindo um Grande Plano. Ele enviou seu Filho com um propósito muito bem definido. As Escrituras dizem:

> Por isso, quando Cristo veio ao mundo, disse: "Sacrifício e oferta não quiseste, mas um corpo me preparaste; de holocaustos e ofertas pelo pecado

não te agradaste." Então eu disse: "Aqui estou, no livro está escrito a meu respeito; vim para fazer a tua vontade, ó Deus" (Hebreus 10:5-7).

Um dos destaques do seu plano foi quando ele disse: "Está consumado" (João 19:30). Isso não somente demonstra o profundo senso de propósito que Deus dá ao seu relacionamento com a humanidade, mas também mostra até que ponto ele está disposto a atingi-lo. Ele se envolveu em cada aspecto da história da humanidade, e deixou um livro chamado Bíblia no qual define seus propósitos e planos para o nosso futuro.[1]

Por toda a linha do tempo da história, Deus usa pessoas com propósito como parceiras do seu Grande Plano. Como consequência de sermos feitos à sua semelhança,[2] temos uma necessidade profunda de significado. Trata-se de uma noção de significado que vem de sermos uma de suas obras de arte. Ele queria que esses propósitos fossem desenvolvidos e realizados. Embora muitas pessoas possam contribuir nesse processo, são os pais de cada ser humano que possuem o maior potencial de influência. Somos aqueles que doaram (na maioria dos casos) os ingredientes básicos do seu DNA. Somos aqueles que receberam os direitos de nomeação. Somos aqueles que investem a maior parte do tempo e dinheiro no que é importante para nossos filhos. Isso faz de nós os melhores candidatos para cultivar a criatividade sem limites que Deus colocou na vida deles, e também nos coloca na posição mais arriscada a ser o único obstáculo mais influente para que nossos filhos desenvolvam um propósito importante.

POR QUE ESTAMOS AQUI?

Há ALGUNS ANOS, trabalhei em uma empresa que tinha um pôster da Via Láctea no refeitório. Bem perto, na parte de baixo e à direita do centro da foto telescópica de milhões de estrelas ficava uma caixinha de texto com uma flecha apontando para uma partícula de pó. Dentro dessa caixa estava escrito: "Você está aqui."

É assim que muitas vezes nos sentimos. Estamos presos no meio de uma grande extensão de vida e gostaríamos de poder isolar nossa localização de forma um pouco melhor. O poder do amor seguro diz onde você está. Você está bem no centro da graça de Deus, cercado de uma família cuidadosa e honrada que o aceita. Eles comunicam esse amor por meio do toque verdadeiro, das palavras de encorajamento e dos sacrifícios.

O que ajuda esse amor seguro a conquistar o "valor de mercado" máximo é quando também podemos responder à pergunta que os filósofos têm feito desde o princípio: "Por que estou aqui?" Essa resposta é o propósito significativo.

DE UM MODO OU DE OUTRO

O INTERESSANTE É o seguinte: se não conseguirmos atender à necessidade de nossos filhos de ter um propósito importante, isso não quer dizer que eles terão uma vida inútil e improdutiva. Na maioria dos casos, nossa falta de intencionalidade em cultivar uma noção de propósito os leva ao futuro com um presságio de falta de utilidade e maior vulnerabilidade diante dos engodos de Satanás.

Entretanto, há exceções, e uma delas é a de Homer Hickam. Ele foi atrás de seus sonhos, embora contra a vontade do pai. Ele estudou e entrou na Nasa para fazer parte da equipe que enviou equipes de astronautas ao espaço por meio do programa de ônibus espaciais. Um fator que o incentivou foi a mudança de atitude que o pai acabou demonstrando em relação ao amor que Homer cultivava pelo espaço. Muitos filhos criados em lares terríveis ainda podem acabar prestando contribuições maravilhosas à sociedade quando chegam à idade adulta. Alguns, no entanto, nunca *sentem* que estão fazendo a diferença ou sentem que têm *permissão* para desfrutar do cumprimento de seus propósitos elevados. O fato é que sem o envolvimento proposital e gracioso dos pais em identificar e desenvolver o potencial dos filhos, eles podem chegar à idade adulta com um propósito mal formulado. Permita-me citar alguns exemplos:

1. Um propósito que não foi desenvolvido em sua plenitude

Sem a graça para ver nossos filhos como jovens com grandes dons, muitos deles partem para a vida adulta com um propósito incerto. Às vezes, trata-se de um propósito que não foi desenvolvido plenamente que nunca chega perto de suas possibilidades. Esses são os filhos que experimentaram várias opções — o esporte, a vida acadêmica, o teatro, o serviço e a igreja —, até que encontraram alguma coisa com a qual se identificaram. Eles buscaram apoio dos pais, encontrando somente preocupação ou falta de interesse. Geralmente esses filhos acabam se tornando adultos que raramente se enquadram nas expectativas dos pais. Independentemente da sua contribuição para a sociedade, esses filhos crescem sentindo que o que fizeram na vida não teve importância.

2. Um propósito vingativo

Quando os pais não conseguem cultivar o senso de propósito nos filhos como deveriam, muitos deles seguem um caminho desenvolvido para acertar as contas com os pais. É uma mistura de "Você me paga" com "Bem feito!". Isso acontece especialmente quando os pais prejudicaram intencionalmente o desenvolvimento desse senso de propósito dos filhos, passando para eles a mensagem de que são estúpidos ou desajeitados, desengonçados demais para alcançar o sucesso em alguma carreira específica.

3. Um propósito desperdiçado

Alguns jovens são preparados pelos pais para perseguir alvos que nunca chegam nem perto de explorar o potencial deles plenamente. Homer Hickam poderia ser um ótimo mineiro de carvão, mas isso seria como usar um avião de caça para pulverizar agrotóxicos. (Ao dizer isso, de forma alguma estou banalizando a função de um minerador de carvão. Nasci no oeste da Pensilvânia e meu pai era minerador de carvão. Trata-se de uma profissão nobre que presta um enorme serviço para a sociedade, mas não exige educação superior, matemática avançada ou muita criatividade.) Muitos homens na cidade de Homer Hickam poderiam ser treinados para extrair o carvão do solo, mas provavelmente só havia um homem em Coalwood que podia ser treinado para enviar homens e mulheres ao espaço sideral. Muitos jovens nunca encontrarão seu lugar porque não têm pais que estejam dispostos a ajudá-los a procurar por ele.

Robert Lewis resume seus argumentos a favor de construir uma "causa transcendente" nos filhos em seu livro *Raising a Modern-Day Knight* [Criando um cavaleiro dos tempos modernos]. Ao explicar a ideia triste de um propósito desperdiçado, ele escreve: "Nada desagrada tanto o espírito de um homem quanto a irrelevância. O conhecimento de que nossos melhores esforços e os nossos atos heroicos não tiveram sentido equivale a uma pílula difícil de engolir."[3]

Isso faz pensar sobre como muitos gols nunca foram marcados, como muitos produtos novos nunca foram inventados, como muitas canções nunca foram escritas, ou como muitas eleições nunca foram vencidas. O potencial que não é explorado nada mais é que um crime contra a humanidade, uma ofensa a Deus, e uma vergonha para o indivíduo. Podemos garantir que isso nunca seja uma consequência para nossos filhos ou uma acusação contra nós.

*

*Muitos jovens nunca encontrarão seu lugar
porque não têm pais que estejam dispostos a
ajudá-los a procurar por ele.*

VOLTEMOS AO CINEMA

GLENN HOLLAND ERA um professor relutante. Ele foi contratado como diretor da banda em uma escola de ensino médio para pagar as contas enquanto compunha sua "obra". Ele se orgulhava de ser compositor, e tinha um desejo profundo de passar o dia todo diante do seu querido piano de cauda desenvolvendo os diferentes movimentos de sua sinfonia. Mas os compositores de primeira viagem têm grande dificuldade para colocar comida na mesa, e foi isso que o levou a ficar à frente de uma sala de músicos distraídos e indisciplinados. O filme *Mr. Holland: adorável professor* consiste em um relato ficcional do que acontece na realidade quando os professores levam o seu trabalho a sério. Esse filme foi a celebração do poder da influência sobre o potencial humano. Glenn Holland, interpretado por Richard Dreyfuss, não via a administração daquilo que ele tinha recebido até deixar de ver seus alunos como um meio de pagar as contas para vê-los como indivíduos que ansiavam ser preparados para um futuro grandioso.

Em uma cena no início do filme somos apresentados a uma moça chamada Gertrude Lang. Ela é um membro do corpo de alunos que não se destaca e que tem dificuldade para tocar clarinete. O sr. Holland se oferece para lhe dar uma atenção individual, mas acaba ficando cada vez mais entediado e impaciente por ela não apresentar sinais de progresso. Os melhores esforços da jovem resultavam em uma série de rangidos. Quando ele a dispensou de forma abrupta, Gertrude viu isso como a avaliação do professor do seu potencial como musicista e desistiu de tentar tocar aquele instrumento tão desafiador. Sua desistência, porém, não veio sem lágrimas. Ela estava esperando encontrar alguma coisa — pelo menos uma — que pudesse fazer com excelência.

Quando o sr. Holland perguntou por que ela estava chorando, Gertrude explicou a dor de ser uma garota medíocre em uma família de pessoas que tiveram grandes conquistas. Ela diz: "Minha irmã ganhou uma bolsa de balé na Juilliard. Meu irmão está indo para Notre Dame porque recebeu uma bolsa por ser um excelente jogador de futebol americano; minha mãe ganhou tantas vezes no concurso de aquarelas na feira estadual que eles retiraram essa categoria da feira; meu pai tem uma voz linda."[4] Quando Glenn Holland finalmente viu quem se encontrava diante dele — um ser humano que anseia desenvolver o seu potencial — ele decidiu se dedicar em fazer com que essa moça fosse uma clarinetista bem-sucedida. Quando chegou a formatura, Gertrude tinha desenvolvido suas habilidades o suficiente para executar um solo rápido enquanto a orquestra tocava para os pais.

Mr. Holland: adorável professor não é só uma história sobre o poder da influência de um professor, mas também um exemplo do impacto pessoal dos pais. Os professores dos nossos filhos desempenham uma função estratégica na vida deles. No entanto, a eficácia deles depende muito mais da nossa influência do que gostaríamos de admitir. Numa perspectiva mais ampla, é mais importante que nossos filhos alcancem o seu potencial do que vejamos nossos próprios sonhos se tornarem realidade. Muitos pais não estão dispostos a fazer esse sacrifício, mas aqueles que estão dispostos a isso descobrem que acabam ganhando muito mais no fim das contas.

A mensagem do filme é justamente essa. Na cena final de *Mr Holland: adorável professor*, Glenn Holland teve de se aposentar por causa dos cortes no orçamento do departamento de música. Enquanto caminhava pelo corredor pela última vez, prestes a sair da escola na qual lecionou por toda a vida, ele percebe uma movimentação no auditório. Quando vai ver o que está acontecendo, encontra o auditório repleto de alunos, da equipe e dos veteranos que tinham se reunido para agradecê-lo por sua contribuição para a vida deles. Sem que ele soubesse, sua esposa tinha feito cópias de sua sinfonia. A orquestra que se reuniu para esse evento era composta de membros atuais e antigos da banda da escola que tinham ensaiado sua sinfonia até chegar à perfeição.

Quem chegou no último minuto com uma entrada triunfal foi a governadora do estado na época, que era nada mais nada menos que Gertrude Lang. Ela subiu ao pódio para dirigir um tributo aos anos de trabalho do sr. Holland, passou a ele uma vara de maestro e tomou o seu lugar no naipe de clarinetes. Foi nesse momento que Glenn Holland, tomado pela emoção, levantou a vara e deu início à condução da orquestra na primeira audição pública de sua sinfonia, na qual tinha trabalhado desde o início de sua carreira como professor da banda. Aquela sinfonia, que ele sentira em seu coração e só ouvira em seus pensamentos, agora enchia os ouvidos das pessoas a que ele tinha servido por toda a sua vida adulta.

Existem muitos subtemas nessa história inspiradora, mas existe um que é fundamental para a nossa discussão sobre estimular um propósito importante em nossos filhos: o que garante a grandeza dos nossos filhos não são tanto as habilidades específicas, mas o que elas possibilitam que eles se tornem. Há controvérsias sobre o fato de Gertrude Lang ter se tornado governadora do estado por causa de sua habilidade como clarinetista, mas foi a sensação de conquista nessa área que a incentivou a alcançar outras coisas, como ser uma grande líder. É assim que acontece com o nosso investimento na vida dos nossos filhos.

CAMADAS DE POTENCIAL

Nossos filhos nasceram com a necessidade de encontrar um propósito na vida, e existem vários níveis nos quais esse propósito precisa ser encontrado:

1. Um propósito geral

Algumas coisas básicas capacitam seus filhos a desempenhar um papel estratégico na família mais ampla que é a humanidade. Ensiná-los o benefício de valorizar as pessoas mais do que a si mesmos os capacita a estender a mão aos pobres e necessitados que encontram a cada dia. As Escrituras dizem: "Nada façam por ambição egoísta ou por vaidade, mas humildemente considerem os outros superiores a si mesmos. Cada um cuide, não somente dos seus interesses, mas também dos interesses dos outros" (Filipenses 2:3-4). Demonstrar a eles o benefício do trabalho árduo os transforma em um recurso humano por toda a vida, não em um peso diário na vida dos outros. Conforme disse Paulo: "Esforcem-se para ter uma vida tranquila, cuidar dos seus próprios negócios e trabalhar com as próprias mãos, como nós os instruímos; a fim de que andem decentemente aos olhos dos que são de fora e não dependam de ninguém" (1 Tessalonicenses 4:11-12).

Um dos grandes propósitos gerais que você pode estimular em seus filhos é o objetivo de ser um *caçador da sabedoria*. A sabedoria raramente está disponível aos jovens, mas ela se torna acessível para eles mais cedo ou mais tarde, quando vemos que parte da nossa função como pais é ensinar nossos filhos a transformar conhecimento em verdades e princípios práticos. Essa é a essência da sabedoria — o conhecimento pronto para ser utilizado de modo eficaz. O pré-requisito para um caça-sabedoria é um temor de Deus que é radical. Embora temer a Deus não nos dê sabedoria, ele nos dá as chaves do corredor que leva a ela.[5] O sociólogo Allan Bloom tem a última palavra sobre essa questão. Leia cuidadosamente o que ele diz:

> Os pais e as mães perderam a noção de que a maior aspiração que podem ter para os filhos é que eles sejam sábios — do mesmo modo que os sacerdotes, os profetas e os filósofos. A competência especializada e o sucesso são tudo o que eles [a maioria dos pais e das mães] podem imaginar.[6]

Deixar o mundo melhor do que o encontrou, ter o compromisso de toda uma vida de aprendizado, dar atenção ao que aprende com sua experiência de vida, de modo a se tornar mais útil para as pessoas, e se empenhar em desenvolver o potencial do máximo de pessoas que puder equivalem a propósitos gerais que são bons para estimular no coração de seus filhos. Quando entram na idade adulta com essas qualidades fazendo parte de seu caráter, eles se sentem importantes. E por falar nisso, não é assim tão difícil estimular esses propósitos em seus filhos.

Basta desenvolver esses propósitos gerais em sua própria vida. Os filhos adotam o exemplo que veem bem mais do que aquilo que se diz a eles. Nosso bom conselho só possui respaldo quando se encaixa no exemplo que damos. Quando nossos filhos observarem essas qualidades maravilhosas em nós, será bem mais fácil se apropriar delas.

2. Um propósito específico

Deus deu a todos alguns talentos e algumas habilidades. Em alguns casos, eles são óbvios. Você pode ser um prodígio musical ou se tornar o próximo Tiger Woods. Com um empurrãozinho, eles descobrem que Deus os capacitou com uma habilidade sofisticada e altamente desenvolvida. Esse tipo de filho apresenta um desafio para os pais. Pelo fato de serem tão bons em um aspecto, é fácil deixar que relaxem nos outros, e isso é um erro. Uma das piores coisas que podemos fazer para os nossos filhos é prepará-los para a idade adulta como seres unidimensionais. Os elogios que eles recebem sobre sua habilidade especial não podem ofuscar a rejeição que receberão em outras áreas importantes da vida que nunca foram desenvolvidas. Muitos atletas e artistas extraordinários encontram dificuldades ao se deparar com esse dilema.

Com uma maior probabilidade, você não terá que lidar com o feliz problema de lidar com um filho prodígio. O desafio-padrão de um pai ou de uma mãe guiado pela graça é ajudar seus filhos a desenvolver uma habilidade administrável na maioria das áreas da vida e uma habilidade altamente disciplinada em sua área de talento. Quando nosso objetivo passa a ser observar o talento deles e depois construir uma estrutura ao seu redor, acabamos preparando nossos filhos para desfrutar um propósito significativo como parte de seu estilo de vida.

3. Um propósito relacional

Deus não criou os seres humanos para viver como uma ilha, desconectados das pessoas e dos lugares ao seu redor. Um propósito significativo supõe um conhecimento administrável daquilo que incentiva os relacionamentos a crescer profundamente. Nesse aspecto, pais sábios ensinam seus filhos como amar, ser incisivos, ser transparentes com os amigos mais chegados, confrontar e perdoar. Dito isso, deve-se acrescentar que construir um propósito significativo em seus filhos invariavelmente garante que algumas pessoas *não gostarão deles*. Pessoas com propósito perturbam, ou até mesmo irritam, aqueles que só querem passear pela vida.

Além disso, um propósito relacional baseado na moralidade absoluta ameaçará pessoas que querem redefinir os princípios morais conforme as circunstâncias. Os filhos precisam saber de antemão que levar uma vida de propósito pode despertar o pior em algumas pessoas na atualidade, mas eles precisam ter a garantia de que os benefícios de tratar as pessoas de forma adequada quase sempre compensam essas reações.

Como disse o escritor Reuben Welch: "Descobri que quando comecei a amar as pessoas, me importar com elas e ter um relacionamento mais profundo, obtive mais alegria, vida, lágrimas, risos, significado e um divertimento bem maior do que jamais tive."[7]

*

Pessoas com propósito perturbam, ou até mesmo irritam, aqueles que só querem passear pela vida.

4. Um propósito espiritual

É incrível como muitos pais chegam a fazer um esforço descomunal durante décadas para desenvolver os propósitos gerais, os propósitos específicos e até mesmo os propósitos relacionais de seus filhos, mas ignoram completamente a dimensão espiritual. É como se eles nem mesmo reconhecessem a sua existência.

É o que de fato acontece com alguns deles.

Ignorar sua existência não os absolve da responsabilidade de lidar com ela, e a negação de sua existência não faz com que ela desapareça de algum modo. A dimensão espiritual do coração humano é tão real e importante como a física, a intelectual e a emocional. Um pai ou uma mãe decente nunca pensaria em negar alimento a seus filhos. As crianças possuem necessidades físicas que exigem uma alimentação física para viver. Um pai ou uma mãe decente nunca pensaria em negar conhecimento ou educação para os filhos. Os filhos têm uma vida intelectual, e impedir que sejam alfabetizados limita o potencial deles. Um pai ou uma mãe decente jamais pensaria em negar incentivo, bondade e afeto aos filhos. Eles possuem uma vida emocional; podem chorar, rir e sentir. Suas emoções exigem cuidado diário para que sejam equilibradas todos os dias.

Do mesmo modo, as crianças *possuem uma vida espiritual*. Sua dimensão espiritual é tão real quanto qualquer outra das três dimensões, mas alguns pais, em seu desconhecimento ou negação da sua existência desse aspecto, deixam os filhos famintos, analfabetos e doentes no que diz respeito às questões espirituais.

O lendário artista Bob Dylan possui um grande talento com as palavras. Quando pega um microfone, ele não somente coloca uma das vozes mais originais do rock em evidência, como também interpreta canções repletas de *páthos*, poesia e força. Ele resumiu essa ideia que estou tentando demonstrar em uma canção que compôs para o álbum *Slow Train Coming* [Um trem chegando devagar].[8] Cada verso guarda uma série de opções que levam à mesma conclusão. Permita-me citar um trecho:

> Você pode ser embaixador da Inglaterra ou da França.
> Você pode gostar de jogos de azar, pode gostar de dançar.
> Você pode ser o campeão do mundo dos pesos pesados.
> Você pode ser uma *socialite* com um imenso colar de pérolas,
> Mas você terá de servir a alguém.
> Sim, você terá de servir a alguém.
> Quer seja ao diabo, ou quer seja ao Senhor,
> Mas você terá de servir a alguém.[9]

Devemos ter a certeza de que entendemos a ideia que Bob Dylan quis passar. Seus filhos têm duas escolhas, *somente* duas. Eles podem dedicar a vida ao Senhor ou se *recusar* a fazer isso. Entretanto, se escolherem a segunda opção, estarão passando essa área para as forças do mal. Não existe opção neutra. Ninguém é capitão do próprio navio ou senhor do próprio destino. Essa é uma das mentiras poéticas que têm recebido crédito há muito tempo. Os pais que querem criar seus filhos com graça precisam partir do princípio de que seus filhos *possuem uma vida espiritual*.

A maior dificuldade é esta: muitos pais que não questionam o fato de que os filhos possuem uma dimensão espiritual acreditam que se trata de algo que o filho precisa descobrir por si mesmo. Esse foi o caso de John Walker Lindh, o "Johnny Jihad". John foi preso no Afeganistão nos primeiros dias do conflito que se seguiu ao ataque às Torres Gêmeas, quando estava lutando com as forças do Talibã. Esse jovem, inteligentíssimo, cresceu em Marin County, Califórnia. Não questiono que seus pais o amavam, mas, como já definimos anteriormente, o amor de alguns pais deixa a desejar. Esse parece ser o caso do propósito *espiritual* de John Walker Lindh.

Um dos seus pais parecia ser católico, e o outro parecia ser budista. Ambos incentivaram a busca relacional e intelectual de John. No que se refere ao atendimento de sua necessidade interna motivadora de propósito, bem como à sua necessidade interna de amor e esperança, ele foi abandonado. O resultado foi trágico. John Walker Lindh ansiava por um propósito espiritual significativo. O islamismo radical preencheu este vazio e lhe ofereceu uma resposta para aquilo que o seu coração desejava.

Depois, os terroristas atacaram o World Trade Center e o Pentágono no dia 11 de setembro. Logo após esse acontecimento terrível, as tropas americanas foram enviadas ao Afeganistão para golpear o núcleo da rede terrorista responsável pelo ataque. Ninguém esperava encontrar um adolescente mal orientado de Marin County lutando com o Talibã. Quando as forças militares americanas capturaram John Walker Lindh, ele se mostrou um exemplo visível daquilo para que a negligência dos pais quanto ao propósito espiritual de um filho pode levar. Seu tempo com o Talibã e seu treino nas mãos de Osama bin Laden o feriram por dentro e por fora. Isso se deve ao fato de que, no que se refere a questões espirituais, todos terão de servir a *alguém*. Pode ser ao diabo ou ao Senhor; ou, como foi o caso de John Lindh, pode ser ao *jihad* islâmico. Na maior parte da vida que John Walker Lindh terá depois disso tudo, ele terá de refletir sobre a sua escolha dentro da cela de uma prisão federal. Que vergonha! As coisas não deveriam ser assim.

Livros inteiros são escritos sobre como desenvolver um propósito espiritual. A ideia deste livro não é esgotar essa questão, mas priorizá-la. Nossos filhos são amados profundamente por Deus. Ele quer ter um relacionamento importante e eterno com eles. Ele quer desenvolver esse relacionamento para capacitá-los a viver uma vida que faz uma diferença espiritual. Permita-me pegar meu "pincel" para passar para você alguns versículos que definem alguns parâmetros de um propósito espiritual significativo:

> Ele mostrou a você, ó homem, o que é bom e o que o Senhor exige: Pratique a justiça, ame a fidelidade e ande humildemente com o seu Deus. (Miqueias 6:8)

Em um mundo tão carente da graça, as pessoas que praticam a justiça, amam a fidelidade e andam humildemente fazem uma diferença enorme! Trata-se de pessoas que acordam todos os dias com um propósito significativo:

> Vocês são o sal da terra [...] Vocês são a luz do mundo [...] Assim brilhe a luz de vocês diante dos homens, para que vejam as suas boas obras e glorifiquem ao Pai de vocês, que está nos céus (Mateus 5:13, 14, 16).

A graça é como o tempero na nossa comida. Um prato sem gosto ganha vida quando adicionamos a quantidade certa de tempero. Da mesma forma, Deus quer que preparemos nossos filhos para o futuro a fim de transmitir esse toque de graça para as pessoas ao seu redor. Ele quer que eles sejam o sal da *terra*. Em outras palavras, Deus quer que capacitemos nossos filhos para que eles saiam de casa com um propósito espiritual claro que possa acrescentar o toque correto para qualquer parte do mundo para onde forem.

A luz é como a graça na escuridão. É incrível como nos sentimos bem mais confortáveis no escuro quando temos luz suficiente para enxergar por onde andamos. Os filhos capacitados para irradiar a graça de Deus proporcionam alívio às pessoas ao seu redor. Além disso, do mesmo modo que o sal, Deus os chamou para ser luzes que iluminam todo o *mundo*. Eles têm a capacidade de fazer isso, só é necessário que inculquemos um propósito espiritual significativo em seu coração.

Uma das maiores provas de que Deus colocou um senso de propósito dentro de nós pode ser extraída da parábola dos talentos contada por Jesus. Nessa história sábia, Jesus fala de três pessoas que receberam quantidades diferentes de dinheiro e foram incentivadas pelo seu senhor a administrá-las bem. É fundamental que entendamos a ideia geral dessa parábola. *Nada* desse dinheiro pertencia a esses servos. Ele pertencia ao seu senhor. Eles simplesmente receberam o dinheiro e foram incentivados a usá-lo com cuidado.

*

Os filhos capacitados para irradiar a graça de Deus proporcionam alívio às pessoas ao seu redor.

Aquele que recebeu a quantia menor não fez nada com o dinheiro. Ele não investiu, nem potencializou seu investimento, nem colocou em um banco onde pelo menos teria recebido alguns juros. Simplesmente enterrou o talento que lhe foi dado. Quando o senhor chegou para o acerto de contas, ficou furioso com esse homem por ele não ter demonstrado nenhum esforço. As consequências para sua indolência em aumentar o potencial daquilo que recebeu foram graves.

Os dois outros servos receberam uma quantia diferente. Com dedicação e esperteza, conseguiram duplicar a quantia com a qual começaram. Eles foram capazes de devolver ao senhor deles bem mais do que tinham recebido no princípio. Veja o que o senhor disse a eles:

Muito bem, servo bom e fiel! Você foi fiel no pouco; eu o porei sobre o muito. Venha e participe da alegria do seu senhor! (Mateus 25:21)

CONSTRUINDO UM PROPÓSITO SIGNIFICATIVO EM SEU FILHO

O Deus de propósitos colocou uma necessidade de importância dentro de cada um de seus filhos. Eles nasceram com ela e desejam que se desenvolva em algo que confere importância à sua vida. Permitam que eu conclua este capítulo apresentando três coisas que você pode fazer para ajudar a inculcar esse propósito significativo em seu filho:

1. Os filhos se sentem importantes quando recebem incentivo.

Existe uma relação de causa e efeito entre o incentivo e a confiança. Filhos que ouvem palavras de encorajamento dos pais no tempo e no lugar certos são convencidos mais facilmente da verdade que a Bíblia diz a respeito de seu valor intrínseco. Davi investiu todo um salmo explicando a realidade desse valor que Deus estimulou em cada um de nós. Ele diz em Salmos 139:

> Eu te louvo porque me fizeste de modo especial e admirável. Tuas obras são maravilhosas! Disso tenho plena certeza (versículo 14).

Quando valorizamos nossos filhos, estamos confirmando essa verdade. Confirmamos, assim, o valor deles de forma positiva ao mesmo tempo que expressamos nossa dedicação a eles como filhos. Precisamos fazer isso de forma coerente em todas as dimensões que acabamos de citar: física, intelectual, emocional e espiritual. Filhos que são criados em um ambiente de elogio legítimo criam uma resistência sólida contra o bombardeio de insultos e desvalorizações que geralmente recebem da cultura.

É fácil, no entanto, se perder e elogiar sem critério. Isso se faz quando os aplaudimos por coisas pelas quais eles não são responsáveis ou quando supervalorizamos sua contribuição em alguma atividade de que participaram. Pais que vibram diante do filho pequeno que simplesmente acabou de descer pelo escorregador podem ter boas intenções, mas é possível que estejam dando a chance para que o filho passe por muitas frustrações no futuro.

Lembro-me de um casal em particular que estava brincando com o filho durante o horário de almoço. Eles tinham ido buscá-lo na creche, e estavam obviamente tentando encaixar vários elogios dentro dos 15 minutos que tinham para brincar com ele. Talvez sentissem alguma culpa. Disso eu não tenho certeza, mas o pai sempre subia a escada do escorregador carregando o filho, o colocava lá em cima e o empurrava para que escorregasse. De lá ele descia para os braços da mãe, que o esperava. Isso estava bom, mas o espetáculo que eles faziam toda vez que isso acontecia me fez pensar se eles não estavam preparando esse filho para se basear em falsos elogios.

Enquanto o pai ficava no topo da escada aplaudindo e assobiando, a mãe levantava o garotinho para seus braços e dizia: "Você é o garotinho que escorrega melhor em todo esse parque. Não conheço ninguém que escorregue tão bem como você. Tenho orgulho da sua coragem. Você é o garoto mais corajoso que eu conheço." E isso não parava! Não duvido de que o garoto gostasse do que ele ouvia, mas nada disso era verdade. Ele não tinha nenhum mérito em escorregar, simplesmente estava sujeito à lei da gravidade. Era o pai que o colocava no topo de uma ladeira de metal polido, íngreme e escorregadio e o empurrava escorregador abaixo. *Qualquer pessoa* nessa situação desceria da mesma forma. Esse garotinho não desenvolveu nenhum ato de bravura. Ele não teve escolha senão descer.

Esse exemplo pode parecer muito corriqueiro para você, mas é o tipo de elogio vazio e desprovido da graça que prepara o filho para ter o coração gravemente partido quando estiver entre outras crianças que receberem algum elogio legítimo. Isso também o faz passar por um conflito interno quando a avaliação mais objetiva das pessoas que fazem parte da sua infância (como professores, treinadores e amigos) não for tão elogiosa. Pais que vivem lançando esses elogios vazios geralmente atacam as pessoas que avaliam seus filhos de forma equilibrada.

Se os pais do garoto tivessem dito algo como: "Uau, sabia que seus olhos ficam lindos enquanto você escorrega? Você está tão animado!" ou "Amo brincar com você! É muito divertido ver você brincando no escorregador", eles estariam fazendo comentários precisos. Eles poderiam elogiar sua coragem se ele estivesse com medo de subir a escada, mas fosse em frente mesmo assim. Entretanto, eles nem deram a oportunidade para que o menino subisse a escada — mesmo se ele quisesse. Eles tinham medo de que a criança caísse (vamos tratar desse problema no próximo capítulo).

As palavras de apoio envolvem as pessoas quando elas fazem a coisa certa. Elas os contemplam quando fazem coisas que você sabe que não são fáceis. Elas os aplaudem quando eles corrigem o que fizeram de errado ou resolvem um problema que eles mesmos criaram (como tirar notas baixas). Elas agradecem por seguirem os seus princípios morais e terem a disposição de lutar por suas próprias convicções.

Existem atitudes nossas capazes de anular todo e qualquer apoio aos nossos filhos. Se os encararmos como um peso, fizermos declarações sobre o quanto eles tornaram a nossa vida mais difícil, ou os lembrarmos do quanto nossa liberdade fica restrita com a presença deles, estaremos de fato dizendo: "Você não tem o menor valor. Você não é importante o bastante para mim."

Outra coisa que realmente prejudica a nossa capacidade de desenvolver um propósito importante neles é repetirmos todos os comentários negativos possíveis sobre os adolescentes. Quando os ridicularizamos, zombamos ou ofendemos, estamos comunicando que eles são terríveis por natureza. Isso acontece justamente numa época em que eles veem a si mesmos dessa maneira. Adolescentes são muito inseguros. Quando alimentamos ainda mais esse sentimento, podemos colocar impressões na mente de nossos filhos que têm o potencial de diminuir sua autopercepção de importância pelo resto da vida. Muitos pais comunicam de modo inconsciente aos filhos adolescentes que esse corredor pelo qual eles estão passando é incômodo e inconveniente.

A adolescência é uma das fases mais entusiasmantes no que diz respeito à criação dos filhos. Quando os pais se acovardam com relação a esse estágio do desenvolvimento dos filhos, isso leva os filhos a uma relutância em confiar nos pais, ou em recorrer a eles quando estão confusos, ou se abrir quando estão carregando algum fardo pesado. Essa também é uma época em que os pais devem dar um acabamento em seus propósitos gerais, específicos, relacionais e espirituais. (Não se preocupe se achar que já pôs tudo a perder — mais adiante neste capítulo veremos que nunca é tarde demais.) Eles precisam saber que têm um pai ou uma mãe com quem podem contar. Isso ajuda imensamente a transmitir a autopercepção de importância que precisam carregar com eles no futuro.

*

A adolescência é uma das fases mais entusiasmantes no que diz respeito à criação dos filhos.

2. Os filhos se sentem importantes quando sabem que têm toda a nossa atenção.

Jesus dava atenção às crianças. Ele era conhecido por olhar por entre os adultos ao seu redor a fim de dar atenção a alguma criança mais afastada. Você o vê fazendo isso no capítulo 18 de Mateus. Ele não somente dá atenção a essa criança, mas apresenta um aviso sério para os adultos que não dão a atenção devida às necessidades dos pequeninos. Veja o que ele diz:

Quem recebe uma destas crianças em meu nome, está me recebendo. Mas se alguém fizer tropeçar um destes pequeninos que creem em mim, melhor lhe seria amarrar uma pedra de moinho no pescoço e se afogar nas profundezas do mar... Cuidado para não desprezar um só destes pequeninos! Pois eu lhes digo que os anjos deles nos céus estão sempre vendo a face de meu Pai celeste (Mateus 18:5-6, 10).

Já que Deus pensa que é importante para os anjos no céu darem atenção aos detalhes da vida dos nossos filhos, ele terá dos pais uma expectativa bem maior. Precisamos ter um conhecimento administrável daquilo que nossos filhos gostam e do que não gostam, dos seus amigos e de seus detratores, das coisas grandes e pequenas que são mais importantes na vida deles.

Há alguns anos, eu me surpreendi tentando mediar um conflito imenso que se desenvolveu entre uma moça de 15 anos e seu pai. Ele despertou de repente para o fato de que era responsável pela formação de uma linda jovem. Só que havia um problema: ele não tinha a mínima afinidade com o gosto da filha com relação às roupas, à música, ou às amizades, e chegou à conclusão de que era uma questão de tempo para os garotos surgirem na área. Quanto mais ele impunha sua vontade sobre a vida dela, menos ela queria se identificar com essa vontade. O que era complicado para a moça era que ela sentia que o pai não tinha se importado muito com ela enquanto crescia. Seus interesses eram diferentes dos dela; suas preocupações eram diversas. De repente, seu desejo de se envolver mais nos detalhes de sua vida a fez considerá-lo um intruso bem incômodo. O maior problema de todos foi exposto em uma conversa que eles tiveram um dia no meu escritório. Enquanto os dois discutiam na minha frente, acabei percebendo o motivo por que o pai tinha tanta dificuldade em se comunicar com a filha. A discussão girava em torno do seguinte:

Filha: Lembra do verão passado quando você veio me buscar no acampamento?
Pai: Claro, o que é que tem?
Filha: Lembra da nossa briga?
Pai: Eu não, que briga?
Filha: A briga que nós tivemos por causa da Sasha!
Pai: Ah, você está falando disso?! Pode ter certeza de que eu me lembro *disso* muito bem! Você me faltou com o devido respeito! (*A essa altura, o pai se virou para mim para me contar os detalhes: de como ele tinha esperado cerca de uma hora no estacionamento da igreja, de como os ônibus se atrasaram, e quando ela finalmente chegou, tinha sido um verdadeiro tumulto — centenas de jovens e centenas de pais.*)

Eu: Qual foi o problema com a Sasha?
Pai: Bem, acabei achando minha filha, juntei as coisas dela e estava carregando a bagagem e o saco de dormir dela para o carro...
Filha (*interrompendo*): Falando o tempo todo pelo caminho sobre como você estava com pressa.
Pai: Que seja! Do nada ela começou a falar algo assim: "Meu Deus, a Sasha! Não posso me esquecer da Sasha!", e voltou correndo para o grupo. Então eu fiquei esperando uns cinco minutos, e ela ficou correndo por todo o lado no meio da multidão procurando essa tal de Sasha! Então fui atrás dela, e ela me fez a maior cara de medo. Fui perguntar para alguns líderes de jovens se eles tinham visto alguma menina chamada Sasha. Eles fizeram a maior cara de paisagem e não me ajudaram em nada! Com o tempo, as pessoas foram minguando. Muitos pais já tinham ido embora. Daí eu achei que os pais da Sasha já tinham ido buscá-la ou que ela tinha arranjado carona com outra pessoa.
Filha: E aí você me mandou entrar no carro e irmos para casa.
Pai: Isso mesmo. Já tínhamos perdido muito tempo lá. Você não tinha achado a menina entre as pessoas, nem lá longe no escritório da igreja você a encontrou. Você chegou a tentar ir atrás dos ônibus enquanto saíam do estacionamento nos fundos, como se eles fossem embora com algum jovem dentro dele. Você parecia uma louca! Não dava para eu ficar lá o dia todo! (*Ele olhou de volta para mim.*) Então ela ficou quieta por todo o caminho de casa e ficou vagando pela casa a noite toda. Aí eu pensei: *Que acampamento maravilhoso, hein?*
Filha: Pai, você já parou para pensar por que eu não quero que você fique bisbilhotando a minha vida?

Ele foi pego de surpresa por essa pergunta vinda do nada.

Filha: Um bom exemplo é a Sasha. Você nem sabe quem ela é.
Pai: Como posso saber o nome de todos os seus amigos?
Filha: Esse é o problema, pai, você *deveria* saber o nome dela. Sasha não é uma moça. É o nome da minha *boneca*! É a boneca com a qual eu dormia todas as noites desde que eu era bebê. Eu a carregava pela casa a minha infância inteira. Provavelmente mencionei o nome dela mil vezes ao alcance dos seus ouvidos. Eu a tinha levado para o acampamento para me fazer companhia à noite, como na minha infância. Eu a tinha colocado na amarração do meu saco de dormir, mas ela escorregou. Eu a tinha perdido, pai, e estava tentando achá-la deses-

peradamente, mas você não tinha a mínima ideia de quem ela era e por que eu estava num pânico tão grande. Você só queria saber de chegar em casa. Se me achasse importante, você ligaria para as coisas que são importantes para mim.

Eu: Você deu uma olhada nos achados e perdidos? Chegou a encontrar a Sasha?

Filha: Que nada! Não a vejo desde que saí do ônibus do acampamento.

É difícil construir algum propósito significativo em pessoas para as quais não damos uma atenção cuidadosa. É a nossa atenção aos menores detalhes que diz a elas o quanto verdadeiramente importam. Nosso Deus gracioso é um Deus de detalhes. Ele sabe quantos fios de cabelo há na nossa cabeça.[10] Ele está interessado em nós porque somos fascinantes para ele. Os filhos que recebem esse mesmo tratamento de seus pais — o mesmo tratamento que os pais recebem de Deus — crescem se sentindo importantes. A autopercepção de importância facilita muito que eles encontrem seu propósito e o vivam em sua vida.

3. Os filhos se sentem importantes quando recebem uma repreensão graciosa.

Regras, diretrizes morais, consequências — tudo isso consiste em ingredientes-padrão dos lares baseados na graça de Deus. Filhos que contam com uma liderança clara e responsável em sua vida são menos suscetíveis a surtos incontroláveis. Obviamente, eles nascem com uma inclinação ao egoísmo, e sem dúvida colocarão seus limites morais à prova. Mas o apelo do pecado perde muita potência quando se cultiva uma vida em que a graça é exemplificada todos os dias no lar.

É claro que eles terão tropeços grandes e pequenos. Quando isso acontecer, vão precisar da nossa resposta firme em vez da nossa reação. O pecado representa um perigo claro e presente para nossos filhos enquanto eles tentam alcançar um propósito significativo. Essa é a razão pela qual precisamos nos dedicar de forma adequada a proteger o coração deles enquanto são pequenos e ensiná-los a guardar o coração quando crescerem. Guardar o coração não é uma habilidade difícil de adquirir se eles estiverem acostumados a ver sua vida como exemplo, e, quando falham, a disciplina e as punições — se aplicadas de forma graciosa — comunicam o valor incrível que você dá a eles.

Veja como o escritor de Hebreus desenvolve essa ideia:

> Suportem as dificuldades, recebendo-as como disciplina; Deus os trata como filhos. Pois, qual o filho que não é disciplinado por seu pai? [...]

Além disso, tínhamos pais humanos que nos disciplinavam, e nós os respeitávamos. Quanto mais devemos submeter-nos ao Pai dos espíritos, para assim vivermos! [...] Nenhuma disciplina parece ser motivo de alegria no momento, mas sim de tristeza. Mais tarde, porém, produz fruto de justiça e paz para aqueles que por ela foram exercitados (12:7, 9, 11).

"Para aqueles que foram *exercitados*..." Captou a mensagem? *Exercitados* por ela. A disciplina é uma das ferramentas principais que Deus nos concedeu para preparar nossos filhos para uma vida de excelência. Quando se evita disciplinar o filho porque isso incomoda, quer dizer que você ama mais os seus interesses do que os do seu filho. Os pais baseados na graça querem ver o "fruto de justiça e paz" crescendo em seus filhos adultos. Este é o momento de plantar a semente, e uma das maneiras de fazer isso consiste na repreensão coerente e graciosa.

MAIS IMPORTANTE DO QUE VOCÊ PENSA

MUITOS PAIS ESTÃO convencidos de que seus filhos não dão a mínima para eles. Isso provavelmente acontece porque desperdiçamos muitas oportunidades para demonstrar o quanto eles são importantes para nós. Ficamos muito ocupados quando eles mais precisam da nossa atenção, somos muito duros quando eles nos decepcionam e muito céticos quando nos permitem saber dos sonhos deles. Os filhos anseiam profundamente ter um propósito significativo, e desejam saber se esse propósito é importante para nós. No entanto, não é tarde demais para demonstrar o valor dos filhos.

Nunca é tarde demais para isso!

John Hickam descobriu essa verdade. Apesar de toda a zombaria que expressou contra seu filho, e do modo relutante pelo qual ofereceu ajuda para a sua carreira na área dos foguetes, a verdade é que ele era tudo para Homer. Os olhos de John se abriram para o lugar importante que ele tinha no coração do filho por meio de uma conversa que tiveram logo depois de Homer chegar em casa de uma viagem para St. Louis, após ter obtido o primeiro lugar em um concurso nacional de ciências.

Homer não tinha percebido que o seu ídolo, Wernher von Braun, tinha realmente comparecido à Feira de Ciências de St. Louis. Depois de ter recebido o prêmio de primeiro lugar, houve uma explosão de adulação com relação a ele. As pessoas se amontoavam para lhe dar um aperto de mão. Uma dessas mãos era do próprio Wernher von Braun, mas ele não soube disso até alguém apontar para o dr. Von Braun sumindo em meio à multidão. O pai de Homer teve que contar essa oportunidade perdida para o filho. Leia a conversa entre eles:

John Hickam: Ouvi falar que você conheceu o seu grande herói... e nem ficou sabendo disso.

✱

Foi nesse momento que Homer Hickam olhou fundo nos olhos do pai e, então, começou a entender: era ele o herói de Homer, merecendo ou não.

Homer Hickam: Olha, eu sei que eu e você não concordamos em algumas coisas. Para falar a verdade, não concordamos em quase nada. Mas, pai, eu passei a ter certeza de que tenho tudo para ser alguém neste mundo, e não é porque eu seja muito diferente de você. É justamente porque sou igualzinho a você. Eu consigo ter a mesma cabeça-dura e a mesma dureza. Só espero ser um homem tão bom quanto você. Queria dizer que admito que o dr. Von Braun é um cientista excelente, mas não é ele o meu herói.[11]

Foi nesse momento que Homer Hickam olhou fundo nos olhos do pai e, então, começou a entender: era *ele* o herói de Homer, merecendo ou não.

Isso quase chega a ser um mistério, mas é verdade. Temos uma importância maior para os nossos filhos do que percebemos. Eles nasceram com a necessidade de fazer a diferença. Bem ou mal, desempenhamos a tarefa mais importante para definir que tipo de diferença eles acabarão fazendo.

Sabemos que Deus age em todas as coisas para o bem daqueles que o amam, dos que foram chamados de acordo com o seu propósito (Romanos 8:28).

CAPÍTULO 5

UMA ESPERANÇA FORTE

ENQUANTO IA DE CARRO PARA A ESCOLA, ESTAVA PENSANDO SOBRE A ÚLTIMA vez que tinha sido chamado para a sala do diretor. Haviam se passado 35 anos. Nessa época, eu nem precisava dirigir. Bastava subir alguns lances de escada e passar por alguns corredores. Bem no meio da palestra do meu professor de educação moral e cívica, um mensageiro do escritório principal chegou com um bilhete. Depois de olhar bem rápido, ele percorreu a sala para me procurar e depois anunciou a todos: "Por algum motivo, o diretor quer falar com o sr. Kimmel."

Dessa vez eu não tinha aprontado. De um modo bem sério, o diretor me informou que o dr. Martin Luther King Jr. tinha sido assassinado em Memphis. Cerca de um terço dos alunos era afrodescendente, e o diretor disse que tinha tomado uma decisão executiva de dispensar todos cedo para casa. Ele disse que usaria o interfone para dar um aviso para toda a escola e depois me passaria o microfone. Ele queria que um dos alunos fizesse uma oração pela família do dr. King e por todo o país.

Quando o diretor mencionou a segunda parte do seu plano, achei que ele tinha me confundido com outra pessoa. Eu era novo na fé, e meus dons espirituais ainda não tinham se desenvolvido tanto assim. Tentei explicar isso a ele, mas ele simplesmente não estava a fim de conversar sobre minhas preocupações.

O dia ficou sombrio quando a nuvem de desesperança que tinha pairado sobre a nação parecia ter descido até a rua, fazendo com que o país todo vagasse sem rumo buscando um sentido para tudo isso. Que época conturbada! O presidente Kennedy tinha sido assassinado, havia protestos em toda parte contra a guerra, as frases de efeito como "faça amor, não faça guerra" tinham se popularizado e agora haviam matado o ícone dos direitos humanos. A voz que representava a esperança para boa parte da população americana havia sido silenciada. Como uma frase interrompida por um ponto-final, as pessoas ficaram pensando sobre o que se passou e o que poderia ter acontecido. As manifestações, os atos de vandalismo, os incêndios e os toques de recolher que se seguiram formaram o cenário para uma era de desespero.

MAIS UM *DÉJÀ-VU*

E LÁ ESTAVA eu, 35 anos depois, a caminho da sala do diretor novamente. Dessa vez me sentei a uma mesa de reunião imensa, ao lado de pastores regionais, padres, rabinos e conselheiros para avaliar o desespero que tomou conta de uma das escolas das redondezas, na qual meu filho mais novo estudava. Dois dias antes, uma aluna tinha se enforcado. Quando ela fez isso, mal tinha se assentado a poeira da sepultura de uma colega de turma que se enforcara algumas semanas antes. O que tornava tudo ainda mais doloroso é que, um ano atrás, um garoto do sétimo ano da mesma escola tinha se suicidado com um tiro. Ele havia feito isso no quintal de casa, bem na frente da mãe.

Quando três alunos do segundo segmento do ensino fundamental tiram a vida num período de dez meses, isso realmente chama a atenção. Os líderes religiosos da nossa comunidade estavam se reunindo para receber um relatório do diretor, obter respostas a algumas perguntas e, assim, tentar descobrir como poderíamos ajudá-lo. É claro que eu acreditava que alguns líderes religiosos presentes naquela reunião tinham respostas melhores para essa questão do que outros, mas havia algo com que todos pareciam concordar: sem esperança, era quase impossível impedir que uma criança acabasse com a própria vida.

※

Quando três alunos do segundo segmento do ensino fundamental tiram a vida num período de dez meses, isso realmente chama a atenção.

ELA É FUNDAMENTAL

NADA VAI ADIANTE quando a *esperança* não está presente. Ela é o equivalente humano do oxigênio no que se refere à capacidade de alguém ter uma vida bem-sucedida. Quando ela desaparece, nada mais faz sentido. Sem esperança é impossível ter uma vida *equilibrada*. E o pior é que, sem esperança, uma pessoa pode desistir cedo demais e morrer muito jovem.

A praga entre os filhos hoje em dia é um sentimento de desespero, uma consequência lógica de uma geração de pais que descartou o senso de permanência do amor e os princípios absolutos da verdade. Sexo antes do casamento, morar junto, divórcio e traição têm passado a mensagem para muitos filhos de que não dá para cultivar nenhuma esperança nos relacionamentos. Seja na dimensão física, emocional, intelectual ou espiritual da vida, a esperança estabelece a nossa base. Dentre as três necessidades internas motivadoras, é a esperança forte que apoia as outras duas.

Podemos explicar isso com um cenário simples. Vamos imaginar, por exemplo, que uma pessoa se encontra em uma situação em que todos ao seu redor não demonstram amor, nem bondade, nem graça. Pelo modo como a tratam, ela acha bem difícil reagir com amor. Entretanto, vamos dizer que essa pessoa tenha uma base sólida de esperança no coração. A realidade é que essa esperança forte pode sustentá-la em meio a toda a solidão e toda a frustração que acompanham um ambiente destituído de amor.

A mesma coisa se aplica à sua necessidade de propósito na vida. Se alguém se encontra em uma situação em que sente que não faz muita diferença em um contexto mais amplo, que toda a sua formação e seus talentos não servem, essa pessoa pode se decepcionar em um piscar de olhos. Entretanto, se ela tiver uma *esperança* forte dentro do coração, essa esperança poderia ajudá-la por anos de perplexidade e ausência de impacto. Se tirarmos a esperança desse contexto, essas circunstâncias a deixarão esgotada — rapidamente. Um bom exemplo são os missionários que moram em uma parte perigosa do mundo que é hostil à sua mensagem. Se não tivessem esperança no Deus que os enviou até lá, eles voltariam para casa depressa, já que é o lugar em que se sentem mais úteis.

O oposto desse cenário também é possível. Mesmo quando somos amados e temos absoluta confiança em nosso propósito, se não há mais esperança, podemos acabar desejando a morte. Isso ficou explícito de forma dolorosa no caso das três crianças que cometeram suicídio na escola do meu filho. A família e os amigos os amavam, eles estavam progredindo na escola, nos esportes e na vida social. No entanto, o que faltava neles era o único ingrediente que dava sentido ao amor e ao propósito.

PAIS BASEADOS NA GRAÇA, FILHOS BASEADOS NA ESPERANÇA

QUALQUER PAI OU mãe que quer criar o filho ou filha para que seja um adulto forte, confiante e resiliente precisa compreender a realidade da necessidade fundamental dos filhos de ter uma esperança sólida. Porém, o simples entendimento dessa verdade não basta. A chave para isso é a graça, porque a graça é fruto da esperança, e a esperança é fruto da graça. Vamos nos lembrar novamente do que é a graça. Em palavras simples, a graça equivale a receber algo que não merecemos, mas que precisamos demais. Quando nossos filhos recebem algo que eles sabem que só vem a um alto custo, tornam-se mais convictos de que existem coisas na vida pelas quais vale a pena esperar. Filhos criados em um ambiente com base na graça possuem uma facilidade maior de ser visionários, de confiar em um futuro melhor e ansiar por um bem maior.

No final das contas, queremos que nossos filhos depositem sua esperança no único Deus verdadeiro. Temos uma chance bem maior de ver isso acontecer sob duas condições. A primeira é que eles precisam observar *pais* que colocam toda a sua confiança no único Deus verdadeiro, Jesus Cristo. Quando dizemos que a nossa esperança vem de Cristo, mas eles percebem falta de alegria e de bondade, muito medo e impaciência para com aqueles que não conhecem a Cristo, enviamos uma mensagem confusa, incoerente com o Evangelho que esperamos que eles adotem. A segunda coisa de que nossos filhos precisam é ser tratados do mesmo modo que Cristo nos trata como pais. Como já vimos, Cristo lida conosco principalmente mediante a sua graça infinita. Pais que se baseiam nessa graça possuem uma maneira excepcional de formar crianças dotadas de uma sólida esperança.

*

A segunda coisa de que nossos filhos precisam é ser tratados do mesmo modo que Cristo nos trata como pais.

O processo de criação de filhos em um ambiente baseado na graça se encaixa perfeitamente na transmissão dessa esperança confiante às camadas mais íntimas do ser deles. Ensina aos filhos que algumas coisas na vida são dignas da confiança dos pais. Infelizmente, a negligência destes — seja consciente ou inconsciente — pode fazer com que o filho tenha conflitos, se desespere e se sinta inadequado *por toda a vida*.

Essa última frase mais parece um cachorro que começa a rosnar de repente. O começo deste capítulo falava sobre o desespero relacionado à morte do dr. Martin Luther King Jr., os três suicídios na escola do meu filho e a função básica que a esperança desempenha na capacidade de um filho para amar e ter propósito. Logo depois, que raiva! Você lê que *você* pode ser o responsável por bagunçar toda a vida dos seus filhos — talvez até ajudando-os a se autodestruir, apenas por causa do seu desconhecimento da função da esperança. Isso é triste, mas é verdade. Já que a maioria das pessoas pode preferir se *sentir* bem a *fazer* o bem, esta é a parte deste livro em que muitos talvez desistam da leitura. Isso fica sempre a seu critério, mas espero que continue conosco. Pais que descobrem como fazer a esperança deixar de ser uma necessidade fundamental em sua própria vida para se tornar um dos princípios que formam a sua base passam a ser pessoas mais contentes e pais bem mais eficientes. E tenho dito!

A NECESSIDADE NATURAL

Uma das coisas que precisamos entender é a função que a necessidade tem de criar uma esperança forte em nossos filhos. A capacidade deles, nos primeiros anos, de confiar em nós nas áreas onde se sentem desesperados para dar conta de suas necessidades pessoais pesa muito em sua capacidade de acabar confiando em Deus depois que fica mais velho.

As crianças nascem completamente dependentes. Se você amarrar um filho de quatro meses em uma cadeira de alimentação e deixá-lo lá, ele não consegue fazer absolutamente *nada* para sair dela. Se uma criança for abandonada por períodos longos dessa maneira, será ensinada que, independentemente do quanto espere por alívio, ele não virá. Se o filho vivenciar vários cenários como esse na primeira infância, pode supor que não existe muito na vida em que valha a pena depositar esperança. Isso o torna vulnerável para adotar os arremedos de abuso, poder e controle de Satanás como substitutos da esperança, e o condiciona a se afastar da noção de que vale a pena *confiar* em Deus. Se a criança não puder confiar nos adultos em sua vida quando precisar de ajuda, por que ela imaginaria que pode confiar em um Deus que não pode ver — ainda mais se essa *confiança* é pregada a ela pelos pais que deixaram de ajudá-la quando mais precisou?

✻

Os filhos desenvolvem a esperança quando têm pais que os amam e que estão dispostos a fazer **sacrifícios** *para atender às suas necessidades mais urgentes.*

Tenho certeza de que, sem intenção, relegamos nossos filhos a uma vida de dificuldades para esperar e confiar no Senhor colocando-os sob um ambiente desfalcado e exausto durante os primeiros anos de vida. Quando suas necessidades urgentes continuam a ser negligenciadas por intervalos longos de tempo, a criança acaba chegando à conclusão de que é assim que a vida se apresenta: de forma desesperadora.

Os filhos desenvolvem a esperança quando têm pais que os amam e que estão dispostos a fazer *sacrifícios* para atender às suas necessidades mais urgentes. Os bebês recém-nascidos não conseguem se alimentar nem arrotar sozinhos, muito menos trocar de roupa ou se locomover. Não podem andar, nem conversar, nem ler. Não podem se levantar e verificar a fonte de um barulho no meio da noite. Eles são completamente dependentes das pessoas ao redor para a sua existência. É durante esse estágio que os pais podem estabelecer uma base sólida para uma esperança forte. Em cada fase da infância — logo que começam a andar, na primeira infância, no primeiro e no segundo segmentos do ensino fundamental, ou até no ensino médio —, os filhos passam por dilemas internos sobre os quais temos pouco ou mesmo nenhum controle. Eles precisam de uma mãe ou de um pai por perto que tenha uma noção sábia de tempo, que coloca ao seu lado o necessário para que encarem cada fase. Eles precisam mais de apoio do que de algum folheto quando estão enfrentando algo cuja proporção é maior do que a que eles podem aguentar.

No reino animal, a maioria dos animais chega a um alto nível de autossuficiência muito rapidamente. Entretanto, isso não acontece com os seres criados por Deus de forma mais sublime. Ele os fez dependentes e os mantém dessa forma não somente para demonstrar sua necessidade interna motivadora de força e suficiência, mas também para nos dar como pais um cenário perfeito para inculcar em nossos filhos uma esperança forte e segura em Deus. Considere a incapacidade deles de conseguir alimento, roupas e abrigo. A maneira como estamos sempre ao lado dos nossos filhos para garantir que recebam a vestimenta adequada, tenham uma cama segura e confortável para dormir todas as noites e nunca precisem se preocupar sobre sua próxima refeição lhes concede uma garantia tranquila de que alguém está cuidando deles. Eles não precisam pensar, nem se preocupar, nem temer.

Nós inculcamos uma esperança forte em nossos filhos quando renunciamos nossas vontades para garantir que as deles sejam supridas. Quando vivemos abaixo do nosso nível de vida e evitamos a tirania das dívidas advindas do consumo excessivo, nos desimpedimos para providenciar o atendimento a essas necessidades físicas e evitamos que eles tenham um sentimento de desespero quanto à escravidão financeira.

Os bebês, conforme mencionei, são completamente dependentes. Podemos condicioná-los a confiar ao Deus da esperança criando um ambiente equilibrado baseado na graça que acolhe nosso desamparo no que diz respeito à necessidade de alimento. Quanto a isso, uma área que precisa desesperadamente de um toque de graça é definição do horário das refeições.

A maioria das crianças tem uma tendência *natural* a seguir uma rotina de alimentação previsível. O pai e a mãe podem ficar bem aptos a prever quando o filho precisará comer. Também é verdade que a atenção cuidadosa a suas exigências naturais na alimentação pode ajudar o pai ou a mãe a saber como satisfazer seu filho nas refeições da tarde e da noite de modo que ele tenha mais facilidade para dormir a noite inteira. Não há nada de errado nisso. Na maioria das vezes, trata-se de senso comum.

*

Uma área que precisa desesperadamente de um toque de graça é a definição do horário das refeições.

Porém, pude notar uma atitude *veemente* que costuma estar está presente na questão do horário da alimentação infantil. Geralmente seus defensores promovem os benefícios tremendos que essa visão exigente traz *para o pai ou para a mãe* — especialmente em relação ao sono. Entretanto, sem um compromisso claro com a graça, as atitudes rígidas e não negociáveis quanto ao horário das refeições podem fazer mais mal do que bem a longo prazo. Na pior das hipóteses, podem levar a problemas de desidratação e desnutrição na criança. Mas, longe desses casos tão sérios, essas atitudes podem acabar contribuindo para detonar a capacidade dos filhos de confiar que os pais atenderão sua situação desesperadora. Isso pode fazer com que a base da esperança que os pais estão construindo para o filho fique abalada ou enfraquecida.

Não aderir a essa forma mais rígida e veemente de estabelecer os horários das refeições que esses francos defensores ensinam equivale a ser culpado de se colocar a mercê dos pedidos ou caprichos desnecessários dos filhos. A culpa ou o medo de cometer erros pode impedir que alguns pais supram a necessidade genuína de alimento da criança, bem como pode prejudicar a capacidade do filho de desenvolver uma esperança forte e sobrenatural em seu coração. Infelizmente, podem surgir problemas graves quando aceitamos o que esses defensores ensinam e aplicamos seus conselhos a nossos filhos de modo veemente e descompromissado.

Eu, particularmente, estou mais inclinado ao campo dos pais que definem um horário razoável de refeições para seus bebês. Geralmente todos no círculo familiar, inclusive o bebê, tende a se adaptar melhor com a estrutura que acompanha esse método de alimentação. Essa deve ser a opção preferida dentre as filosofias de alimentação que levam a um apego exagerado, a uma superdependência ou a uma superproteção, mas é necessário haver um compromisso com a graça que faz parte do plano.

A graça não se encaixa nos modelos mais rígidos de criação de filhos. Ela sempre contradiz planos de criação que querem reduzir as regras em listas de verificação. A criação de filhos baseada na graça consiste em um plano ativado pelo coração que é inspirado por um caminhar diário com Jesus Cristo. Por causa disso, a graça e os manuais rígidos de criação de filhos nunca entrarão em acordo.

VAMOS DANÇAR

CRIAR FILHOS NÃO consiste em uma marcha com um ritmo específico de passos para a direita e para a esquerda. Trata-se de uma dança fluida em que os movimentos mudam o tempo todo. Muitos fatores podem alterar o ritmo da criação de filhos, tais como:

→ As fases pelas quais os filhos passam;

→ Os ciclos pelos quais o casamento dos pais passa;

→ As mudanças;

→ A situação econômica que se transforma;

→ As dificuldades individuais.

Quando insistimos em dissolver nossa função na vida dos filhos em um ritmo previsível — ainda mais em áreas de dependência total —, podemos viver em lares mais tranquilos e dormir mais profundamente à noite, mas também podemos perder a grande oportunidade de capacitar os filhos de forma intensa com a confiança e a esperança. Criar filhos esperançosos não é conveniente, apenas consiste em ser bondoso. Se deixarmos de reagir com graça às mudanças de ritmo — tanto no curto quanto no longo prazo —, nossos filhos podem duvidar se sabemos daquilo que eles não gostam. No que se refere à criação de filhos, pais que se baseiam na graça tendem a dançar em vez de marchar.

ODEIO CITAR NOMES, MAS JESUS DISSE...

Jesus nos dá um excelente exemplo sobre como devemos lidar com as necessidades dos nossos filhos pela maneira que ele lidou com as necessidades das pessoas que encontrava. Por exemplo, todos nascem com sede e fome, tanto física quanto espiritual. Do mesmo modo que o Senhor nos cria, ele ama suprir nossas necessidades espirituais poderosas com a sua graça, que é oportuna e extremamente generosa. Veja como Jesus resumiu tudo isso:

> Eu sou o pão da vida. Aquele que vem a mim *nunca* terá fome; aquele que crê em mim *nunca* terá sede (João 6:35, destaque nosso).

Quando Jesus encontrou uma mulher necessitada de Samaria — escravizada por anos de pecado e desesperada para resolver sua própria sina —, ele disse:

> Se você conhecesse o dom de Deus e quem lhe está pedindo água, você lhe teria pedido e ele lhe teria dado água viva (João 4:10).

Quando Jesus alimentou cinco mil pessoas com o lanche de um único rapaz, podemos perceber a sua generosidade e o seu equilíbrio:

> Então Jesus tomou os pães, deu graças e os repartiu entre os que estavam assentados, *tanto quanto queriam*; e fez *o mesmo* com os peixes. Depois que todos receberam o suficiente para comer, disse aos seus discípulos: "Ajuntem os pedaços que sobraram. *Que nada seja desperdiçado*" (João 6:11-12, destaque nosso).

Deus se aproxima de nós *quando* mais precisamos, não somente no momento que se encaixa em sua agenda. A maneira como atendemos às necessidades dos filhos — especialmente quando eles são incapazes de fazer qualquer coisa para suprir suas necessidades — lhes dá um exemplo vivo do que Deus quer oferecê-los em uma esfera bem mais ampla de sua vida.

No capítulo 6 de Mateus, Jesus está encerrando o seu famoso Sermão do Monte. É uma mensagem que ele não baseia em ideias com rimas vistosas ou poemas tocantes. Pelas primeiras palavras que passaram pelos seus lábios divinos, fica óbvio que ele não floreia seus pensamentos. Jesus dirige sua atenção para o medo dos seus ouvintes dos versículos 25 ao 34.

Note que era um povo ansioso. Eles estavam preocupados com coisas como alimento e roupas. Isso não quer dizer que não tinham comida nem roupa, mas que, naquela época, poderiam perder tudo isso muito rapidamente. Pelo fato de viverem em uma economia agrária, sabiam que não podiam controlar sua capacidade de providenciar alimento para o sustento diário. A fome, as pragas, as tempestades mortíferas e as invasões dos saqueadores poderiam fazer filas para obter comida aparecerem de um dia para o outro. As roupas não eram abundantes nem baratas. As mudanças na economia poderiam deixá-los com roupas quentes demais para o verão ou finas demais para o inverno.

Jesus lidou com as áreas de seu desamparo com esperança. Em primeiro lugar, lembrou-os de que o reino animal e o vegetal eram bem mais vulneráveis que eles, mas tomava providências abundantes para suprir suas necessidades (versículos 26-30). Em segundo lugar, Jesus traçou uma distinção entre eles (as pessoas que sabem que não devem se preocupar com as coisas sobre as quais Deus tem controle) e os pagãos (as pessoas que não tinham nenhuma orientação). Já que eles tinham um Deus gracioso como Pai — um Deus que percebia que eles precisavam de alimento e de roupas —, deviam parar de se preocupar com essas coisas (versículos 31-32).

Por fim, Jesus lhes dá alguns bons conselhos extras. Ele disse: "Busquem, pois, em primeiro lugar o Reino de Deus e a sua justiça, e todas essas coisas lhes serão acrescentadas" (Mateus 6:33). É um grande exemplo para nós como pais. Do mesmo modo que Deus quer que nós estejamos sempre à disposição para atender às necessidades que os filhos são incapazes de suprir por si mesmos, precisamos nos dispor a suprir as necessidades desesperadoras dos nossos filhos. Durante esse processo, eles reúnem forças e descobrem que existe esperança.

Os filhos passam por crises em sua vida emocional em que eles simplesmente não sabem o que fazer. Eles precisam que estejamos por perto, prestando atenção na situação e concedendo-lhes o tipo de ajuda que os fazem superar seu dilema de tal modo que fiquem mais fortes depois que tudo passar.

As crianças também precisam de ajuda no que diz respeito à vida espiritual. Elas não têm nenhuma noção sobre como encontrar o caminho, conhecer a verdade ou obter a vida. Deixá-los tatear sozinhos nessa área tão fundamental da vida equivale a entregá-los pessoalmente nas mãos de Satanás — em uma bandeja. A passividade no que se refere a sua vida espiritual escreve o atestado de óbito deles por antecipação. Poucas pessoas encontram o caminho para Deus sozinhas. Elas precisam de pais amorosos que as *orientem* pelo caminho.

Às vezes, é justamente essa pequena ajuda que faz toda a diferença. Você pode ter um filho que se beneficiaria bastante com uma atenção especial com relação a uma área específica de sua vida acadêmica; ou quem sabe precise que você mostre o que fazer quando ele se encontrar desguarnecido ou sobrecarregado pelo ambiente ao redor; ou pode ser que ele precise de ajuda financeira para realizar seu sonho de fazer faculdade. Existem vozes alardeantes defendendo que os filhos devem resolver seus problemas sozinhos nessas situações. São vozes expressivas que falam com muita arrogância e que baseiam o que dizem com casos pessoais de sucesso — mas deixam de lado a dimensão mais ampla da graça.

É possível encontrar relatos sobre como os filhos resolveram suas dificuldades com a matemática sozinhos, enfrentaram o agressor e acabaram dando uma surra nele ou pagaram cada centavo de seu ensino superior. Entretanto, para cada um que consegue ser bem-sucedido sozinho, existe uma maioria esmagadora que simplesmente desiste. Eles desistem e param de tentar dominar alguma matéria em particular na escola, ou levam uma surra de algum agressor ou nem chegam perto do seu potencial profissional por não ter feito faculdade. Os pais, que poderiam ter ajudado, lhes ensinaram o desespero. A graça poderia ter surgido com um professor de matemática, com algumas aulas de diplomacia ou de boxe, e algum dinheiro para a mensalidade que faria toda a diferença. Mas, de modo mais importante, a graça nessas situações poderia ter fortalecido a confiança dos filhos de que existem pessoas maiores que os seus problemas com as quais poderiam contar para receberem ajuda. Tudo o que precisavam era que os pais os ajudassem em meio a suas necessidades do mesmo modo que Deus nos ajuda.

ELES NÃO FICAM DEPENDENTES PARA SEMPRE

FELIZMENTE, OS FILHOS não ficam dependentes para sempre, e eles acabam se tornando maduros o suficiente para se alimentarem, se vestirem, se comunicarem de forma clara, e até mesmo se defenderem. Sua mente se desenvolve o bastante para pensar de forma indutiva e dedutiva.

Nosso erro está em deixar de renunciar nosso controle sobre essas áreas quando os filhos chegam ao ponto em que podem lidar com elas sozinhos. Pais que vivem a vida de seus filhos por eles e tomam a maior parte das decisões deles desencorajam o pensamento individual. Isso pode prejudicar a capacidade deles de aprender a depender de Deus. Isso também confunde sua escolha final de depositar sua confiança em Deus e poderia dar-lhes também a ideia equivocada de que ele gosta de mantê-los dependentes.

Essa não é a maneira pela qual o nosso Pai celestial gracioso cuida de nós. Ele quer que nós cresçamos e assumamos a responsabilidade por nossas decisões e nossas ações. Ele quer que cheguemos ao ponto em que superamos várias áreas de dependência. Veja como ele descreve esse processo em sua Palavra:

Até que todos alcancemos a unidade da fé e do conhecimento do Filho de Deus, e cheguemos à maturidade, atingindo a medida da plenitude de Cristo. O propósito é que não sejamos mais como crianças, levados de um lado para outro pelas ondas, nem jogados para cá e para lá por todo vento de doutrina e pela astúcia e esperteza de homens que induzem ao erro. Antes, seguindo a verdade em amor, cresçamos em tudo naquele que é a cabeça, Cristo (Efésios 4:13-15).

Deus anseia profundamente nos ver crescer em nosso relacionamento com ele, de modo que as doutrinas falsas e os enganos astuciosos não consigam nos atingir. Lógico que ele poderia imaginar um modo de nos isolar desse tipo de armadilha para sempre. Entretanto, ele prefere nos levar ao ponto em que a nossa maturidade e plenitude nele bastam para viver em um mundo cheio de doutrinas falsas e de engano, mas sem ser nem um pouco influenciado por ele. Essa é uma suficiência que vem da esperança que colocamos em Deus por todo o caminho — isso equivale à boa esperança levada a suas conclusões lógicas.

Considere a mensagem que encontramos no livro de Hebreus, por exemplo. O autor lamenta que as pessoas que deviam ter crescido em algumas áreas não fizeram isso:

Quanto a isso, temos muito que dizer, coisas difíceis de explicar, porque vocês se tornaram lentos para aprender. De fato, embora a esta altura já devessem ser mestres, vocês precisam de alguém que lhes ensine novamente os princípios elementares da palavra de Deus. Estão precisando de leite, e não de alimento sólido! Quem se alimenta de leite ainda é criança, e não tem experiência no ensino da justiça. Mas o alimento sólido é para os adultos, os quais, pelo exercício constante, tornaram-se aptos para discernir tanto o bem quanto o mal (Hebreus 5:11-14).

Deus fica triste quando pessoas que deviam estar fazendo escolhas adultas ainda estão se alimentando de leite. Ele quer que elas sejam maduras.

Imagine se os pais continuassem dando papinha e mingau aos filhos por todos os anos da adolescência? E se os forçassem a dormir em berços até o dia que fossem para a faculdade? O que seria mais triste? O que seria mais desesperador para o filho? No entanto, é exatamente isso que alguns pais que não possuem a graça de Deus fazem com seus filhos. Eles os mantêm incapazes de cuidarem de si, dependentes e vulneráveis bem depois de terem a idade e serem maduros o suficiente para lidar com essas áreas da vida por conta própria.

Não é amoroso manter os filhos fracos ou incapazes. Na verdade, a força (e a suficiência que a acompanha) é uma das conclusões naturais do amor. O capítulo 13 de 1 Coríntios resume bem essa ideia. Paulo encerra esse discurso famoso e poético sobre o amor com estas palavras:

> Quando eu era menino, falava como menino, pensava como menino e raciocinava como menino. Quando me tornei homem, deixei para trás as coisas de menino (1 Coríntios 13:11).

A infância é uma época em que devemos trabalhar para tornar nossos filhos mais independentes de nós e mais dependentes de Deus. Quando eles são jovens, nós os *protegemos* (já que são indefesos). Quando crescem, no entanto, deixamos de protegê-los para começar a *prepará-los*. Um dos modos de prepará-los é darmos mais opções para fazerem escolhas na vida. Quando fazemos isso, temos que partir do princípio de que eles farão algumas escolhas ruins. Por essa razão, alguns pais preferem não dar nenhuma liberdade para que os filhos pensem por si mesmos.

Isso é um erro. Em algum momento, eles terão de caminhar com as próprias pernas. Deus nos dá o período da infância (especialmente nos anos da adolescência) para deixá-los praticar decisões debaixo do nosso teto. A lógica simples diria que se os filhos tiverem dificuldades e fizerem escolhas ruins, é melhor que façam enquanto continuam envolvidos com pais amorosos para ajudá-los nesse processo. Quando os pais não os deixam escolher, os filhos tendem a exagerar na liberdade quando vão para a faculdade ou saem sozinhos e desenvolvem a independência *antes* de passarem a ter a própria vida fora do lar.

✼

Não é amoroso manter os filhos fracos ou incapazes.
Na verdade, a força (e a suficiência que a acompanha)
é uma das conclusões naturais do amor.

Os filhos precisam entender que eles passarão por alguns desafios maiores que sua capacidade de enfrentá-los. Esse é o momento em que precisarão ser incentivados pelo nosso exemplo para que coloquem sua esperança em Deus. Eles precisam nos ver recorrendo a Deus com confiança quando estamos com medo, sem forças, sem ideias ou mesmo sem dinheiro. Eles precisam ver como temos confiado nele para vencer nossas limitações em qualquer situação.

Lembre-se: quando eram jovens, nossos filhos aprendiam sobre a esperança confiando em nós — instrumentos da graça de Deus — para as questões grandes e pequenas da vida. Eles podem aprender uma esperança ainda maior enquanto *nos* observam, ao longo dos anos, confiar em Deus para as coisas grandes e pequenas de *nossa* vida. Quando eles encontram as questões nas quais até nós, seus pais, não conseguimos ajudá-los, nosso exemplo facilita muito para que depositem sua esperança no Senhor.

QUANDO NÃO CONSEGUIMOS O QUE QUEREMOS

ATÉ AGORA, APRENDEMOS que Deus nos capacita a suprir a necessidade fundamental de força que nossos filhos possuem aproximando-se dele em suas limitações com uma graça sacrificial baseada na graça. Em segundo lugar, aprendemos que ajudamos mais ainda a auxiliá-los a suprir a necessidade de força desenvolvendo a esperança mediante o processo de delegar responsabilidades para sua vida em áreas que eles superaram suas incapacidades. Agora existe mais uma área em que Deus quer nos ajudar a construir esperança, que é quando ele escolhe resolver os problemas de nossos filhos de maneiras que não são do agrado deles.

Por exemplo, existem problemas físicos que nossos filhos podem ter que prejudicam sua capacidade de agir no mesmo nível de seus colegas. Às vezes, essa inadequação surge no nível intelectual. Eles descobrem que não importa o quanto se dediquem, têm uma grande dificuldade de se destacar da média dos alunos. Às vezes, trata-se de um dilema relacional que eles não conseguem resolver. Quem sabe trata-se de um técnico, de um professor ou um chefe que simplesmente decide descartá-los por uma razão indefensável. Ou mesmo trata-se de um namorado ou namorada que não se importa mais com eles.

Em cenários assim, eles estão esperando por algum milagre físico, por alguma epifania intelectual ou por uma virada relacional que resolva todas as coisas de repente. O Deus em quem nós confiamos nem sempre lida com esses problemas da forma como esperamos. Às vezes, ele atende aos nossos pedidos com respostas como "não", "espere" ou "mais tarde". Quando faz isso, isso é porque ele está trabalhando para nos tornar pessoas melhores e mais fortes e para nos aproximar dele. Deus tem um plano maior no qual essa dificuldade se encaixa.

Os filhos precisam ter uma esperança no amor de Deus que os capacite a confiar em seu caráter enquanto caminham por esses corredores dolorosos de sua vida. Para o filho que enfrenta essas crises, a graça que o envolve, o amor que ele tem demonstrado e o caráter dos pais que lhe concederam essa graça e esse amor fornecem um impulso natural para que descanse na resposta final de Deus aos seus pedidos. Isso o ajuda a esperar enquanto todas as outras pessoas desistem.

Paulo aprendeu como Deus nos dá uma resposta diferente em alguns momentos quando pediu que o Senhor retirasse um "espinho" de sua carne. Os especialistas bíblicos debatem sobre qual é a natureza desse espinho, mas para os propósitos desse exemplo contextual, basta saber que era algo que "atormentava" Paulo o tempo todo. Do mesmo modo que um espinho se aloja em algum lugar debaixo da superfície da pele, esse problema era constante e doloroso. Paulo desejava que Deus o livrasse disso, mas a resposta que recebeu foi negativa. Deus lhe disse: "Minha graça é suficiente para você, pois o meu poder se aperfeiçoa na fraqueza" (2 Coríntios 12:9).

O que é ótimo a respeito de Paulo é que a esperança *já* depositada em Deus — uma confiança de que ele é bom, amoroso e gracioso — o capacitou a aceitar o fato de que ele devia aprender a passar a vida com esse "espinho". Na verdade, Paulo o transformou em uma bênção inesperada. Veja o que o apóstolo prossegue dizendo:

> Mas ele me disse: "Minha graça é suficiente para você, pois o meu poder se aperfeiçoa na fraqueza". Portanto, eu me gloriarei ainda mais alegremente em minhas fraquezas, para que o poder de Cristo repouse em mim. Por isso, por amor de Cristo, regozijo-me nas fraquezas, nos insultos, nas necessidades, nas perseguições, nas angústias. Pois, quando sou fraco é que sou forte (2 Coríntios 12:9-10).

Os filhos não possuem os anos de experiência de Paulo ou os encontros extraordinários como o que ele teve no caminho de Damasco.[1] No entanto, se eles crescerem com pais baseados na graça, estes passam a ser um ponto de referência ao qual eles recorrem para aprender como confiar em Deus em meio à dor, à confusão ou à rejeição que com certeza os esperam no futuro.

Paulo deu essa aula como exemplo para que a igreja de Roma seguisse. Veja como ele escreveu:

> Nos gloriamos na esperança da glória de Deus. Não só isso, mas também nos gloriamos nas tribulações, porque sabemos que a tribulação produz perseverança; a perseverança, um caráter aprovado; e o caráter aprovado, esperança. E a *esperança não nos decepciona*, porque Deus derramou seu amor em nossos corações, por meio do Espírito Santo que ele nos concedeu (Romanos 5:2b-5, destaque nosso).

Isso é quase como se Paulo tivesse extraído as palavras da boca do profeta Isaías. Ao discutir o efeito do fato de Deus ser incansável e do seu entendimento infinito de pessoas que esgotaram todas as suas respostas, Isaías diz:

> Ele fortalece ao cansado e dá grande vigor ao que está sem forças. Até os jovens se cansam e ficam exaustos, e os moços tropeçam e caem; mas aqueles que esperam no Senhor renovam as suas forças. Voam bem alto como águias; correm e não ficam exaustos, andam e não se cansam (Isaías 40:29-31).

UMA LISTA DE VERIFICAÇÃO PARA CONSTRUIR UMA ESPERANÇA FORTE

COM TUDO O que discutimos até agora neste capítulo, vamos observar as três coisas que ampliam a capacidade dos nossos filhos para suprir a necessidade de esperança de forma sobrenatural.

1. Os filhos desenvolvem uma esperança forte quando sabem que os pais reconhecem suas capacidades e limitações e as transformam em recursos para o seu futuro.

É bem mais fácil para os nossos filhos ansiar por um futuro de esperança se confiam que estamos fazendo o melhor possível, enquanto eles estão sob nossos cuidados, para prepará-los para o futuro. Provavelmente o melhor versículo que aborda esse assunto é justo aquele que muitos pais aplicam de forma equivocada no que se relaciona a preparar os filhos. Estou falando de Provérbios 22:6: "Instrui o menino no caminho em que deve andar, e, até quando envelhecer, não se desviará dele" (ARC).

Alguns pais partem do princípio de que esse versículo está dizendo que se criarmos nossos filhos em um lar cristão, os levarmos à igreja e à escola dominical, os alertarmos das armadilhas do mundo corrupto à sua volta e talvez os colocarmos em algum ambiente seguro (escolas cristãs, com amigos cristãos), eles adotarão, quando tiverem idade, os princípios morais e espirituais que receberam na juventude. Para que haja mais eficácia, os pais precisam garantir que seus filhos memorizem os Dez Mandamentos, frequentem algum acampamento cristão e orem com eles antes de irem para a cama toda noite.

A aplicação superficial desse versículo diz que essas atitudes podem estar certas. O problema é que posso lhe passar milhares de exemplos de filhos que são criados de acordo com os parâmetros que acabei de descrever, mas rejeitaram a formação espiritual de sua juventude quando cresceram. Quando os pais veem isso acontecer, refletem se Deus quebrou a promessa que fez a eles. É claro que não! Várias pessoas escrevem sobre isso que explicarei mais adiante, portanto não existe nada tão sapiencial ou extraordinário sobre minhas observações.[2] O que é mais incrível para mim é a quantidade de pessoas que continuam a aplicar Provérbios 22:6 de forma errada.

O trecho "instrui o menino" tem um uso interessante quando se analisa o texto hebraico. A palavra "instruir" aparece em outros livros hebraicos para descrever a técnica que as antigas parteiras usavam para despertar o impulso de sugar o leite nos bebês. Logo depois que eles nasciam, elas tomavam o suco de uvas ou tâmaras espremidas, colocavam no dedo indicador e massageavam a gengiva e o palato dos bebês. Além de desenvolverem a reação de sugar, isso também limpava a boca do bebê do fluido amniótico.

Ao escrever "instrui o menino" no capítulo 22 de Provérbios, o autor está dizendo que devemos usar a infância como uma oportunidade de incentivar uma sede pura e saudável pela vida que Deus estabeleceu de forma especial para aquela criança. Agora você pode estar pensando de onde eu tirei isso do trecho "instrui...", mas essa não é a fonte desse significado. Esse é o resultado quando você junta "Instrui o menino..." com "no caminho em que deve andar". Algumas versões dizem: "Treine-o no seu caminho", que equivale a uma tradução mais literal da palavra hebraica *dereck*. Um dos sinônimos mais precisos para a palavra *dereck* seria *inclinação*. É assim que essa mesma palavra é traduzida em Salmos 11 se referindo a armar um arco.

Se você tivesse de montar um arco a partir do tronco de uma árvore, precisaria primeiro estudar esse tronco a fim de descobrir qual é a sua "inclinação" natural, e só depois você colocaria a corda. Se não fizer isso, ao puxar o arco para trás, ele estalaria porque a corda teria sido colocada mais de maneira oposta à sua inclinação natural do que de acordo com ela. Do mesmo modo, devemos instruir nossos filhos de acordo com a sua inclinação natural. Isso significa abordá-los com um plano para ajudar a alavancar seus dons e habilidades *naturais* e *singulares* para que se tornem os recursos com os quais possam contar no futuro.

"No caminho em que deve andar" também significa que devemos observá-los o suficiente para conhecer entre as inclinações naturais que eles têm, quais são as que os levam à direção errada. Eles podem ter dificuldades com uma porção grande de medo, timidez, teimosia, argumentatividade, dependência, independência, impulso sexual ou a necessidade de correr grandes riscos. Não podemos fazer essas limitações desaparecerem, mas devemos criar os filhos de tal maneira que possamos ser responsáveis por eles e providenciar ferramentas que o ajudem a lidar com elas de forma adequada.

Percebo que acabei dizendo muita informação. A maioria dos pais ouve uma lista como essa e pergunta: "Como é que eu faço tudo isso?" Na verdade, não é tão difícil assim. O primeiro passo é garantir que você tenha um plano em progresso para o desenvolvimento pessoal de *seus próprios* recursos e limitações. Seu exemplo ensinará seus filhos a ir muito além do que toda a saliva que você gastar. A segunda coisa que você precisa fazer é ter a mesma atitude com relação às inclinações dos seus filhos. Deus fez seus filhos e depois quebrou a forma. Ele os criou com grandes dons e também com fraquezas que exigem que eles dependam muito dele para alcançar poder e auxílio.

Precisamos ter ânimo para ajudá-los a desenvolver disciplinas com relação a seus dons e habilidades. Isso exigirá que demonstremos graça porque os dons e talentos de nossos filhos podem coincidir com as nossas áreas naturais de fraqueza. Se você for uma mãe que não é atleta, mas seus filhos a veem fazendo hora extra para levá-los a treinos, jogos e campeonatos, eles verão o amor em ação. Se você odeia visitar museus, mas suas filhas veem como você sai da zona de conforto para levá-las a uma exposição do Monet, elas sentirão nisso uma demonstração de graça. Esses esforços os enchem de esperança. Eles descansam, sabendo que estão sendo criados por pais que reconhecem o seu valor intrínseco. Eles obtêm esperança quando percebem que seus pais não estão tentando fazer deles uma espécie de pequenos clones de si mesmos ou tentando recriá-los longe do esquema que Deus preparou para eles.

Nós precisamos de graça especialmente quando lidamos com suas limitações ou fraquezas. Elas testam a nossa paciência e nossa sanidade mental. Os filhos precisam ver pais que abordam seus fracassos sem malícia ou condescendência. Quando encontram pais que têm prazer em fortalecer habilidades dentro deles que compensam suas deficiências, os filhos desenvolvem um senso forte de esperança para o futuro.[3] Eles percebem que alguém na sua vida os ama de forma superior e deseja o melhor para eles.

2. Os filhos desenvolvem uma esperança forte quando seus pais os conduzem e incentivam a viver uma grande aventura espiritual.

Você pode não querer ouvir isso, mas criar *filhos cristãos seguros* é, desde o começo, um desastre espiritual. Seu esforço produzirá uma fé superficial e cristãos bem fracos. Filhos criados em um ambiente que destaca a segurança estão fadados a se tornarem evangélicos permissivos. Ou eles terão a tendência de se tornarem grandes críticos do sistema mundano, a ponto de desejarem não ter nada a ver com as *pessoas* do sistema mundial — uma ideia que vem direto da cartilha de Satanás —, ou serão ingênuos a respeito do sistema mundano, o que faz com que se tornem joguetes na mão do diabo. Satanás devora completamente esses tipos de pessoa, como se fossem nuggets espirituais. Quando enfrentam a pressão total do sistema mundano na vida adulta, poucos sabem fazer dessa experiência uma oportunidade para um impacto espiritual.

✻

Você pode não querer ouvir isso, mas criar* filhos cristãos seguros *é, desde o começo, um desastre espiritual.

Um cristianismo seguro é um paradoxo. Viver uma vida como servo de Jesus Cristo nunca foi uma forma de desfrutar de uma vida *segura*. Pode até ser um modo de ter uma vida *boa*, mas nunca de ter uma vida segura. Isso porque nem sempre é seguro andar com Jesus, mas sempre é bom![4] Dentro da sua bondade (leia-se: graça), ele oferece um refúgio seguro para uma vida perigosa diante de nós. É isso que o lar baseado na graça pode oferecer: um pai, uma mãe e irmãos com os quais um filho pode tomar decisões que o transformam radicalmente em alguém que terá controle da própria vida.

Lares assim possuem famílias que descansam na confiança de que Deus ama seus filhos. O melhor momento para se construir esse tipo de confiança em nossos filhos é quando Deus os concede como bebês. Eles precisam passar os primeiros anos de vida observando seus pais ao vivo nas linhas de frente da cultura. Entretanto, quando crescem, é preciso deixá-los experimentar dilemas espirituais que os capacitem a crer em Cristo e fortaleçam a esperança em sua bondade.

Os riscos *existem*. Temos que colocar nossa confiança em um Deus que não traria nada de desagradável à vida de nossos filhos, *exceto* as coisas que ele deseja usar propositalmente para moldá-los à sua imagem. Essa certeza predominante deve nos orientar enquanto tomamos decisões sobre como fazer com que a esperança de nossos filhos cresça forte.[5] Essa é a ideia que o escritor aos hebreus define em Hebreus 11:1: "Ora, a fé é a certeza daquilo que esperamos e a prova das coisas que não vemos." O autor prossegue promovendo a ideia de um Deus digno de confiança em nossa vida diária dois versos à frente, nos recordando que esse é o mesmo Deus que criou todo o universo do nada: "Pela fé entendemos que o universo foi formado pela palavra de Deus, de modo que o que se vê não foi feito do que é visível" (Hebreus 11:3). O interessante sobre o Deus da criação é que toda vez que ele cria alguma coisa, ele comenta que ela é "boa".[6] Mas observe: Deus nunca sugeriu que o que ele criou era "seguro". Passe um dia no mar em meio a uma tempestade terrível e perceberá o quanto o universo pode ser arriscado.

O que chama atenção no capítulo 11 de Hebreus, o famoso capítulo da "fé", é que ele nada mais é que um passeio pela lista de heróis da fé. Ele relaciona o currículo de alguns dos mais respeitados servos que Deus teve em seu serviço:

> Que mais direi? Não tenho tempo para falar de Gideão, Baraque, Sansão, Jefté, Davi, Samuel e os profetas, os quais pela fé conquistaram reinos, praticaram a justiça, alcançaram o cumprimento de promessas, fecharam a boca de leões, apagaram o poder do fogo e escaparam do fio da espada [...] (Hebreus 11:32-34a).

Tudo isso é agitado demais para o cristianismo seguro. Ao prosseguir, o autor diz:

> [...] da fraqueza tiraram força, tornaram-se poderosos na batalha e puseram em fuga exércitos estrangeiros. Houve mulheres que, pela ressurreição, tiveram de volta os seus mortos. Alguns foram torturados e recusaram ser libertados, para poderem alcançar uma ressurreição superior. Outros enfrentaram zombaria e açoites, outros ainda foram acorrentados e colocados na prisão, apedrejados, serrados ao meio, postos à prova, mortos ao fio da espada. Andaram errantes, vestidos de pele de ovelhas e de cabras, necessitados, afligidos e maltratados. O mundo não era digno deles. Vagaram pelos desertos e montes, pelas cavernas e grutas. Todos estes receberam bom testemunho por meio da fé; no entanto, nenhum deles recebeu o que havia sido prometido. Deus havia planejado algo melhor para nós, para que conosco fossem eles aperfeiçoados (Hebreus 11:34b-40).

Esses versículos não passam a ideia de que, quando você tem um compromisso com Cristo, isso ajude a nos despedirmos dos males do mundo ou das tribulações que acompanham os relacionamentos próximos. Aqueles que pensam que o jeito mais sábio de preparar um filho para a maturidade espiritual consiste em isolá-lo do sistema corrompido e perverso do mundo ou pintar sua realidade infantil de cor-de-rosa de modo que só deixe passar para ele as coisas boas e nunca o ensine como processar as más (ou falsas) relegarão a criança a uma vida de mediocridade na melhor das hipóteses e de aniquilação espiritual na pior delas. Basta pensar sobre como as nossas forças armadas se tornariam ineficazes se não a treinássemos em ambientes simulados que refletem a *verdadeira natureza* dos desafios que eles acabarão enfrentando no campo de batalha. Eles não passariam de bucha de canhão se não criássemos um regime perigoso, mas bem pensado, que os trouxesse cuidadosamente à velocidade necessária para sobreviver diante dos seus inimigos.

Infelizmente, quanto a suprir a necessidade interna motivadora de força, é fácil querer inculcar uma esperança em nossos filhos com destaque na *segurança* em vez de ser *forte*. Isso se deve ao fato de que existem muitas coisas a respeito da criação de filhos na cultura de hoje que podem ser assustadoras. Entretanto, precisamos nos lembrar de que não existe nada de gracioso ou bom em deixar que os medos que nos desafiam como pais determinem a nossa pauta — ainda mais no que diz respeito aos nossos filhos. Enquanto converso com os pais sobre a razão de criar seus filhos nesses ambientes cristãos hermeticamente fechados, escuto com certa frequência uma explicação mais ou menos assim: "Meu filho é muito vulnerável e frágil [isso é um fato], e o mundo está muito perverso e corrompido [outra verdade], e que Satanás é cruel e destrutivo [o que também é verdade], *portanto* fazemos essas escolhas para *proteger* nosso filho e mantê-lo seguro."

Enquanto escuto essa trilogia de justificativas-padrão, sempre penso a mesma coisa: "Você se esqueceu de algo muitíssimo importante para a capacidade do seu filho de desenvolver uma esperança e uma confiança fortes no Senhor. É bem verdade que seu filho é vulnerável, que o mundo é cruel e que Satanás é destrutivo, mas existe outra ideia que passa por cima de todas essas preocupações: Deus é poderoso! Ele tem poder! Ele tem a primeira palavra ('Eu sou o Alfa') e terá a última ('e o Ômega')."[7]

Colocar a segurança como uma prioridade diz aos nossos filhos que achamos que Deus é incapaz de fazer o que ele disse que faria com os filhos dele. Lógico que Deus quer que criemos nossos filhos de modo inteligente dentro de um sistema mundano corrupto, tendo cuidado para garantir que eles não tenham de processar dificuldades que sejam grandes demais para eles. Muitos pais supõem que *todas* as pressões do mundo corrompido são grandes demais para seus filhos. O fato é que sem o poder de Deus operando em nós, ninguém, seja criança ou adulto, pode enfrentar o sistema mundano. Entretanto, quando depositamos nossa confiança no poder de Deus em vez de nas redes de segurança que colocamos ao redor dos nossos filhos, descobrimos que até mesmo eles podem aprender a confiar que a presença irresistível de Deus os protegerá e os capacitará a prosperar em meio ao sistema deste mundo.

É isso mesmo! Estou dizendo que as famílias cristãs tirariam muito mais proveito da criação de seus filhos em ambientes onde eles podem correr alguns riscos espirituais, mas isso não significa que estou sugerindo que os pais devem criar seus filhos de forma irresponsável. Uma família cristã irresponsável é aquela na qual os filhos são criados no mundo, mas não são ensinados a tomar posse do poder de Deus para viver de forma diferente do modo de pensar mundano. Existem muitos pais que partem do princípio de que é impossível criar filhos em meio ao sistema corrupto do mundo. É óbvio que eles nunca deram uma olhada na história da igreja.

Se tivessem feito isso, perceberiam que não chegamos até aqui vivendo de forma segura longe da frente de batalha espiritual.

*

Colocar a segurança como uma prioridade diz aos nossos filhos que achamos que Deus é incapaz de fazer o que ele disse que faria com os filhos dele.

Encarar a palavra *risco* partindo do princípio de que se trata de algo "irresponsável" nada mais é que uma desculpa para viver em círculos cristãos seguros baseados no medo. Isso se deve ao fato de que eles sabem muito bem que para criar os filhos de modo eficaz nas linhas de frente do sistema do mundo exigira um pai ou uma mãe bem mais experiente. Não se pode deixar nossos filhos na porta dos educadores ou dos profissionais religiosos e achar que cumpriu o dever. Não podemos empurrá-los para clubes evangélicos ou programações de jovens que os ocupem em várias batalhas bíblicas e achar que eles estão preparados de algum modo. Você pode ter que orientá-los por si mesmo em meio ao campo de batalha. Não se trata de uma forma mais fácil de criação de filhos — mas com certeza ela é melhor. No final das contas, esse caminho produz filhos sadios e espiritualmente fortes.

Criar filhos em esconderijos evangélicos e criar uma Disneylândia espiritual se opõe diretamente a um relacionamento capacitador com Jesus Cristo. Antes de mais nada, o cristianismo seguro não se traduz em um relacionamento com Cristo; trata-se de um relacionamento com uma caricatura que a classe média ocidental faz dele. Essa é uma opção que a maioria dos pais cristãos ao redor do mundo (especialmente em países empobrecidos) nem chegariam a pensar para seus filhos, porque não há a mínima possibilidade para isso. Essa criação de filhos cristãos seguros acaba sendo mais um produto da riqueza da classe média e rica. De modo mais franco, a razão pela qual os pais escolhem criar seus filhos em redutos espirituais muito protegidos é porque isso *está no alcance de sua renda*. A história tem demonstrado, no entanto, que o Deus Espírito Santo sempre providenciou uma proteção maior do que a conta bancária dos pais pode proporcionar.

Esses ambientes protegidos não permitem que o sistema de anticorpos espirituais surja no caráter da criança. Isso produz uma geração de pessoas que *têm que permanecer dentro* de uma bolha espiritual para poder prosperar. Trata-se de sistemas ótimos que produzem bons filhos que vão para igrejas ótimas com bons amigos de pensamento parecido. Enquanto isso, as pessoas perdidas no mundo ao seu redor continuam em sua condição de condenação. Nesses ambientes, existe pouca aventura espiritual. Deus é bom, Jesus passa a ser um bichinho de pelúcia que abraçamos e nós nos tornamos irrelevantes.

Wayne e Kit são amigos meus que escolheram criar seus filhos nas partes mais difíceis do centro de Phoenix e mostraram a seus filhos como fazer de sua casa um farol de luz para o pessoal ferido ao seu redor. Depois que a sua filha Heather se formou no ensino médio, eles a enviaram a uma das principais universidades evangélicas dos Estados Unidos — uma escola que se orgulha em treinar e capacitar a próxima geração de missionários para outros povos.

Heather se inscreveu, com outros colegas, para passar suas férias de verão trabalhando em um orfanato no Haiti. A ideia era construir uma ponte relacional com os missionários locais e, depois, retornar no próximo verão por um tempo mais prolongado para servir as crianças. Tudo ia muito bem — até que se fez uma ligação telefônica para o departamento de missões dessa universidade. Pelo visto, uma das mães de um membro da equipe tinha lido o alerta de viagem do Departamento de Estado dos Estados Unidos para as pessoas que vão para o Haiti. Devido à instabilidade daquela região, o departamento avisou aos norte-americanos que se dirigiam a esse país que visitar aquela região poderia ser perigoso.

A mãe do aluno queria saber se a escola estava ciente do conselho do Departamento de Estado. O líder do departamento de missões lhe disse que a escola estava a par da situação. Na verdade, ele mencionou que muitas das regiões ao redor do mundo que mais precisam do evangelho apareciam no radar do Departamento de Estado de forma consistente. Então, a mãe perguntou se a universidade estava preparada para assegurar a segurança de sua filha. A escola explicou que as devidas precauções estavam sendo tomadas com dedicação, e que eles tinham motivos suficientes para acreditar que os alunos que fossem teriam uma experiência missionária razoavelmente segura. Ele disse: "Ninguém pode garantir que nada vai acontecer. Sempre existem perigos quando levamos o evangelho a partes necessitadas do mundo, mas confiamos no Senhor que ele cuidará de nós e não permitirá que passemos por *nada* ruim." Essa foi uma boa resposta — que por sinal também foi bíblica.

Mas foi nesse instante que a mãe declarou que processaria a universidade se alguma coisa acontecesse com sua filha. Isso fez soar o alarme. Nesse momento, essa universidade cristã importante, uma instituição de ensino superior que se orgulha de preparar a próxima geração de missionários mundiais, decidiu deixar os advogados decidirem em quem deviam confiar. Esses advogados, cujo trabalho é zelar pelos melhores interesses financeiros da instituição, sentiram que a escola seria mais bem servida se não permitissem que os estudantes viajassem para uma região perigosa como o Haiti. Uma pesquisa demonstrou que outra faculdade cristã tinha perdido um processo para os pais de um aluno que se feriu em uma viagem missionária para o exterior. A escola se posicionou ao lado dos advogados, um caso típico de inversão de valores, e a viagem missionária foi cancelada.

Eu faria a seguinte pergunta: "Se queremos formar uma esperança forte em nossos filhos — uma confiança poderosa no Deus do *universo* —, por que não deixamos que ele decida onde devemos ir?" Minha experiência tem confirmado que Deus é infinitamente capaz. Essa é a razão pela qual não hesitamos em viajar para áreas problemáticas do mundo *e também* enviar nossos filhos a esses lugares (sem a nossa companhia). Eu e minha esposa trabalhamos em locais perigosos na África, em Israel e no Egito. Já passei por alguns becos na Indonésia, em Papua Nova Guiné e na China. Nossos filhos serviram em países atingidos pela miséria por toda a América Central e na velha Europa. Nós até deixamos nosso filho viajar sozinho para a Índia para servir durante o primeiro ano do ensino médio. Não quer dizer que não devemos fazer nosso dever de casa e tomar as devidas precauções, mas isso de fato indica que demonstramos ter confiança de que Deus está no controle e sabemos contra o que estamos lutando.

Sou grato porque os discípulos da Igreja Primitiva não consultavam seus advogados antes de levar sua família e seus filhos em idade escolar com eles para as várias cidades pagãs que enchiam os mapas da Antiguidade. Se eles tivessem pensado "primeiro na segurança", não haveria igreja, nem redenção, nem graça, nem esperança.

Para terminar essa história, Heather acabou resgatando a passagem do departamento de missões da escola e foi ao Haiti *por conta própria*. Já que a escola já tinha combinado de levar caixas de suprimentos médicos e ferramentas educacionais para aquele país, eles concordaram em deixar que Heather levasse esses itens com ela. Essa pequena aluna da faculdade voou para Porto Príncipe com toda a confiança no Deus que enviou seu único Filho para morrer pelo povo do Haiti. Deus a usou de uma forma tremenda! A viagem impactou Heather como nenhuma outra viagem anterior a essa, e pelo fato de ter feito essa viagem na primavera, ela pôde retornar no verão seguinte para servir em uma viagem de missões mais prolongada. Heather agora se casou. Ela e o seu marido depositam uma confiança imbatível no poder de Deus na vida deles.

✶

Outra analogia relacionada à criação de filhos segura e tradicional é que ela é como um navio poderoso, que foi cuidadosamente construído e lançado de forma maravilhosa, mas nunca sai do porto.

Para muitos pais cristãos, a ideia de desenvolver a fé dos filhos é como ensiná-los a nadar no tapete da sala. Esses pais não querem que eles aprendam a nadar na água porque poderiam se afogar. Portanto, os filhos não aprendem de fato a viver uma fé forte e corajosa; eles só sabem agir de forma mecânica.

Outra analogia relacionada à criação de filhos segura e tradicional é que ela é como um navio poderoso, que foi cuidadosamente construído e lançado de forma maravilhosa, mas nunca sai do porto. A tripulação jovem estuda navegação, mas nunca se aventura em águas profundas, fora do alcance da visão da costa, nem abre suas velas.

É tentador, por exemplo, enviar nossos filhos para destinos missionários que mais parecem viagens de férias. Além disso, no que diz respeito a servir perto de casa, qual é a aventura espiritual quando nossos filhos viajam com o coral para cantar em escolas cristãs, grupos de jovens e cultos noturnos de domingo em igrejas seguras? Os lugares que mais precisam de Cristo são perigosos. É nesses lugares que se vive a aventura, que se cresce a esperança e que exercita a força. Na verdade, nossos filhos geralmente se saem bem melhor levando sua fé às pessoas feridas e perdidas que estão em "situação de rua". Essas situações não lhes dão o luxo de acionar o piloto automático espiritual. Eles têm de confiar em Deus para serem bem-sucedidos.

Os filhos de Israel que fugiram do Egito durante o Êxodo tinham que aprender a depositar sua confiança no Deus Jeová. Seus inimigos eram ameaçadores, tinham um grande número e eram poderosos. Mas o povo de Deus aprendeu a confiar no *Senhor* para obter a vitória enquanto eles o observavam superar esses inimigos poderosos. Entretanto, no final do livro de Josué, a geração que conquistou a Terra Prometida estava começando a se estabelecer na terra e desfrutando da sua vitória.

Mas veja o que aconteceu com a sua descendência. A paz relativa e a segurança de uma terra conquistada desenvolveram a acomodação, a mediocridade e a indiferença. Os primeiros versículos do capítulo 3 do livro de Juízes nos trazem uma visão poderosa para construir uma esperança forte em nossos filhos: "São estas as nações que o Senhor deixou para pôr à prova todos os israelitas que não tinham visto nenhuma das guerras em Canaã (fez isso apenas para treinar na guerra os descendentes dos israelitas, pois não tinham tido experiência anterior de combate)" (Juízes 3:1-2).

Pais que se baseiam na graça não têm como objetivo criar filhos seguros. Em vez disso, querem criar filhos *fortes*. Filhos espiritualmente seguros quase nunca conseguem enxergar o quanto o seu Deus realmente é maravilhoso e poderoso. A segurança espiritual é a receita para a impotência nessa área. A boa notícia sobre criar filhos fortes é que nesse processo se forjam filhos seguros por dentro. Eles conhecem o amor de Deus, testemunham o seu agir e entendem como se apropriarem do seu poder.

3. Os filhos desenvolvem uma esperança forte quando seus pais os ajudam a transformar sua infância em uma série de realizações positivas.

A necessidade interna dos nossos filhos de ter uma esperança forte tem uma chance melhor de ser desenvolvida se eles forem rodeados por pais que planejem fazer com que eles sejam bem-sucedidos na vida adulta. Precisamos fazer algumas previsões básicas que antecipem o que nossos filhos têm a maior chance de precisar para ter sucesso no futuro, e usar a infância deles para colocar os ingredientes básicos no lugar certo em sua vida.

Nossos filhos terão de saber como trabalhar duro, lidar com pessoas difíceis, resolver problemas que causam perplexidade, lidar com o dinheiro, se arrepender, perdoar, cuidar bem do corpo, da mente e do espírito, temer muito a Deus, não temer tanto os colegas, rir e chorar na hora certa e despertar o melhor das pessoas mais próximas a eles. Isso não acontece por acidente. A infância dos nossos filhos proporciona tempo suficiente para nós, pais, construirmos certezas dentro deles de que eles receberam tudo o que precisam para adentrar a vida adulta com confiança.

UM BOM EXEMPLO — E UM BOM EMPURRÃOZINHO

A GRAÇA TEM a boa função de transformar seus filhos em vencedores. A conquista possui tanto uma dimensão positiva quanto negativa. Por um lado, a maioria dos filhos nasce com uma tendência preguiçosa, que os leva a traçar objetivos muito baixos no que se refere ao desenvolvimento pessoal. Andar no caminho do mínimo esforço parece ser algo natural.

Infelizmente, se esses filhos quiserem ter qualquer esperança como adultos, terão de aproveitar o seu potencial, disciplinar os desejos, arregimentar as forças e enfrentar as fraquezas com coragem. É bem mais fácil para eles seguir o nosso exemplo com relação a essas questões do que ouvir nossos conselhos. Eles precisam nos ver disciplinando nossas vontades financeiras, nossos apetites físicos e nossas fraquezas emocionais para que saibam como fazê-lo. Quando nossos filhos passam a infância nos assistindo crescer intelectual e espiritualmente, isso faz com que esses objetivos tenham uma participação maior na segunda natureza deles.

Nosso exemplo consiste em uma maneira poderosa pela qual podemos ajudar nossos filhos a se comprometer com a conquista pessoal, mas não é suficiente. Isso se deve à "tendência preguiçosa" que mencionei anteriormente. Temos que aliar ao nosso exemplo um compromisso diário de orientar nossos filhos sobre como eles podem superar sua inclinação ao fracasso. Pais que desejam construir qualquer sentimento de esperança no futuro de seus filhos precisam aprender a graciosa arte de "empurrar delicadamente", estabelecendo padrões realistas e depois encaminhando com cuidado para a direção certa.

É fácil que os pais bem-intencionados se iludam com relação a tornar seus filhos vencedores. Entre outras coisas, as conquistas podem ser obtidas à custa do caráter. Existem ocasiões em que os trapaceiros vencem. As pessoas unidimensionais geralmente acabam com mais dinheiro. O egoísmo, a astúcia e a traição costumam ser as trilhas mais rápidas para a fama.

A graça ordena que mantenhamos os objetivos das conquistas no contexto da função maior dos filhos como membros do povo escolhido de Deus. Eles precisam ver o compromisso com o sucesso como uma maneira de glorificar a Deus, bem como uma maneira de torná-los mais úteis para o próximo. A graça nos ajuda a manter o sucesso no lugar certo, como um meio para se alcançar um determinado fim.

Ela também nos impede que, sem percebermos, façamos com que nossos filhos sejam exagerados no sucesso. Em quase todos os casos, o sucesso que supera a expectativa é realizado à custa de algo maior do que se alcança. Seja nos esportes, na vida acadêmica, no entretenimento, na música ou até na vida espiritual, precisamos demonstrar graça ao estabelecer um ritmo razoável, objetivos realistas e uma disposição para reconhecer quando se alcança o suficiente.

Muitas disciplinas que os pais constroem na vida dos filhos não fazem deles pessoas melhores; elas simplesmente os fazem mais proficientes do que os outros. Lembro-me de ter lido sobre um pai que se sacrificou para educar os filhos em casa. Eles se tornaram alunos excepcionais com um currículo acadêmico excelente e uma ótima ortografia. Logo o filho mais velho sagrou-se campeão regional e finalista do estado na olimpíada de soletrar, e pouco tempo depois foi a vez do segundo filho. Não passou muito tempo para que a família desse homem dominasse essa olimpíada a nível nacional.

Em algum ponto do caminho, para desenvolver uma boa habilidade na vida dos filhos, o pai perdeu a noção do propósito maior quando eles não soletravam uma palavra de forma correta. Ele os castigava fisicamente se perdessem, e transformou a conquista em pesadelo. Seu orgulho exigia que os filhos estivessem no círculo dos vencedores, não importa o preço que eles viessem a pagar. As pessoas de fora conseguiam perceber facilmente que soletrar palavras que quase ninguém usa não faz necessariamente a pessoa ser inteligente, mas apenas uma pessoa que soletra com maior eficácia. Mas esse pai tornou-se tão violento que ninguém se surpreendeu quando o serviço social interferiu e lhe tirou a guarda dos filhos.

Ser o melhor violinista, o melhor estudante de matemática da escola ou o melhor jogador do time não agrega nenhum grande valor aos seus filhos como pessoas. Nem mesmo fará o futuro deles ser mais brilhante. É óbvio que não há nada de errado em seus filhos alcançarem essas vitórias se elas fizerem parte do desenvolvimento razoável dos dons que lhe foram dados por Deus, mas a maioria das pessoas no mundo chega em segundo, terceiro lugar ou fica no meio da multidão. Os filhos precisam saber que seu valor intrínseco não tem nada a ver com o lugar que eles recebem na corrida da vida e que isso não deve se constituir em uma declaração do quanto eles têm de esperança.

APRENDENDO COM AS PERDAS

TAMBÉM DAMOS ESPERANÇA a nossos filhos quando mostramos a eles como transformar os fracassos em conquistas. Às vezes, isso se resume a ajudá-los a lidar com o resultado de um placar, de uma nota ou de uma decisão que não teve o resultado esperado. Em outras vezes, trata-se de ajudá-los com os desafios sempre presentes de possuir fraquezas e inadequações próprias. Precisamos ter paciência com isso. É bem mais fácil destacar o objetivo a longo prazo de construir uma esperança forte. Queremos que nossos filhos tenham razões para acreditar que, apesar das derrotas, muitas coisas boas o esperam no futuro.

Às vezes, os fracassos dos nossos filhos são sintomas de problemas maiores. Se eles costumam ir bem na escola e de repente trazem um boletim ruim, é bem mais provável que seus problemas não sejam acadêmicos. A esperança deles cresce quando você não entra em pânico e exercita a graça para lidar com o que quer que esteja causando o problema. Quando respondemos a eles com uma atitude que comunica: "Estou aqui com você, e nós passaremos por isso juntos", fortalecemos a esperança deles. Todo mundo passa por obstáculos, comete erros, e às vezes faz coisas que são fruto da sua insensatez. Isso não é nenhum fim de mundo; as coisas simplesmente aparentam ser assim. Nosso envolvimento gracioso na vida de nossos filhos não somente os ajudará nesses tempos difíceis, mas também nos ajudará a transformar os fracassos deles em uma das melhores lições que aprenderão.

*

A esperança deles cresce quando você não entra em pânico e exercita a graça para lidar com o que quer que esteja causando o problema.

A RECEITA DE BOLO DA ESPERANÇA FORTE

Eu só fiz dois bolos em minha vida. Os dois foram para o aniversário de minha esposa. O primeiro foi quando ela ainda era adolescente e eu estava tentando conquistá-la. O segundo foi no início do casamento, antes de eu perceber que os confeiteiros profissionais da internet poderiam fazê-lo para mim e decorar de acordo com as minhas especificações. O primeiro estava duro e o segundo estava seco. Eu imagino que se eu me dedicar, posso descobrir na prática como assar um bolo razoavelmente bom, mas isso exigiria que eu prestasse atenção na receita. A lista de ingredientes e das quantidades recomendadas não são sugeridas por acaso. Quando se segue cuidadosamente o plano, chega-se a um grande resultado no final.

O mesmo vale para construir uma esperança forte na vida dos filhos. Eles precisam de pais que *personalizem* um plano para transformar suas capacidades únicas dadas por Deus em recursos, que não tenham medo de seguir em frente para viver uma grande aventura espiritual e que trabalhem para transformar tanto as vitórias como os fracassos em uma série de conquistas.

Capacidades, aventura e conquista — eis a receita para uma esperança forte. E como a esperança pronta não está disponível à venda na confeitaria mais próxima, sua primeira tentativa pode solar o bolo e a segunda pode deixá-lo um pouco seco, mas você ficará bom nisso se não desistir.

> Não se deixem enganar: de Deus não se zomba. Pois o que o homem semear, isso também colherá. Quem semeia para a sua carne, da carne colherá destruição; mas quem semeia para o Espírito, do Espírito colherá a vida eterna. E não nos cansemos de fazer o bem, pois no tempo próprio colheremos, se não desanimarmos (Gálatas 6:7-9).

CAPÍTULO 6

UM SISTEMA DE ENTREGA PARA A GRAÇA

UMA GRAÇA QUE CRESCE EM CASA SEM O MÍNIMO ESFORÇO. É ela que você serve em porções generosas durante as horas do dia em que está descansado e com vontade de compartilhar alguma coisa. Trata-se de uma misericórdia feita em casa que facilmente flui de famílias cujos filhos são fáceis de criar.

Eu, particularmente, não faço a mínima ideia de como é essa graça.

Não existe nada a respeito da graça que me venha naturalmente. Minha gratidão por esse dom maravilhoso surgiu das milhares de maneiras que o recebi em vez dos casos isolados em que pude concedê-lo.

Fui criado, quando pequeno, por uma mãe e um pai que estavam tentando desesperadamente alcançar a graça de Deus. Eles iam para a igreja procurando por ela, mas tudo o que recebiam era a graça que levava à salvação. Eles aprenderam sobre a graça que os perdoaria de seus pecados e lhes daria um cartão que os livrasse do inferno.

Infelizmente, a igreja dos meus pais os dava a impressão de que a graça que os levou aos pés da cruz ficava por isso mesmo. Já que eles tinham entrado na família de Deus, o destaque passava a ser o que eles deviam fazer para compensá-la.

Durante o culto nessa igreja, cantávamos alegremente a respeito da maravilhosa graça de Jesus, mas, quando o pastor chegava no púlpito, passávamos a ser oito membros da família Kimmel nas mãos de um Deus irado. Nunca aprendemos que o que Deus pretendia com a graça também era a misericórdia gentil que nos ajudava a atravessar as dificuldades do dia a dia. Ninguém nunca explicou que Deus queria reformular o nosso coração pela sua graça salvadora, de modo que pudéssemos ser embaixadores dessa mesma graça para as pessoas ao nosso redor.

O relacionamento inicial da minha família com Jesus focava menos no amor dele por nós e mais na sua decepção conosco. É claro que essa ideia levou minha família à crise do legalismo.

Por um lado, o legalismo é a igreja do preguiçoso. É uma ação dominical sem sentido que não exige muito relacionamento pessoal com Deus. Não exige nem que se pense muito. Você sempre memoriza a lista de exigências que os bons cristãos devem cumprir e depois tenta fazer tudo o que puder durante a semana. Você também estuda uma lista bem maior de coisas que os cristãos *não* podem fazer. É preciso trabalhar o dobro para evitar fazer essas coisas, enquanto, ao mesmo tempo, também evita as pessoas que as fazem.

Meus pais caíram no papo do legalismo e acharam sua previsibilidade bem relaxante. Nossa família não era espiritualmente arrogante, nem fazia parte de nenhum segmento cristão elitista. Integrávamos um grupo de cristianismo conservador bem no centro do movimento evangélico.

Dois acontecimentos mudaram tudo para mim: Deus enviou a década de 1960 para a igreja de legalistas sonâmbulos e encaminhou minha família para outra congregação. Os anos turbulentos daquela década deram um golpe mortal no cristianismo legalista, e não foi algo inesperado. O legalismo não somente viu seus dias serem contados, mas fez com que eles fossem assim. A fé barulhenta que imitava os fariseus da antiguidade demonstrava pouco amor e trazia pouca esperança para o mundo descrente. Os anos rebeldes — aquela década famosa de Elvis Presley, dos Beatles, dos hippies, do movimento de liberação feminina, da multidão protestando contra a guerra e do movimento do amor livre — foram um chamado para despertar para a previsibilidade segura da fé destituída de graça. A cultura popular rejeitou a Deus tão rápido quanto o povo de Deus rejeitou a cultura popular.

Felizmente, Deus estava acendendo um novo espírito nas pessoas que não tinham medo de permitir que seu amor brilhasse através de sua vida. O Movimento de Jesus do início dos anos 1970 promoveu um novo fervor entre o povo de Deus. Deus levantou muitas igrejas e pastores corajosos que construíram centros de adoração que personificavam sua graça de baixo para cima e de cima para baixo. Entretanto, essas igrejas ainda eram a exceção em vez da regra, especialmente no que se refere a ajudar os pais a criar filhos bem-sucedidos. O comportamento pessoal continuou sendo a prova de fogo, e esse desdobramento ainda assombra muitas pessoas dentro da igreja evangélica tradicional da atualidade.

Voltando à história da minha família, eu, meus irmãos e minha irmã chegamos à adolescência durante os anos 1960. Meus pais não sabiam como lidar conosco. As fórmulas rígidas e pequenas que reduziam a fé a uma lista de "pode" e "não pode" simplesmente não estavam funcionando. No passar do tempo, nós nos mudamos para outro estado e nos tornamos membros de uma igreja evangélica próxima. Dois anos depois, a igreja trouxe um homem com ideias novas que tinha acabado de se formar no seminário para ser o nosso pastor. Esse jovem veio com um entendimento profundo da graça de Deus, e compartilhava essa mensagem sempre que podia.

Esse gigante agradável da graça de Deus usou sua função pastoral para fazer nossos cálices transbordarem com a água viva. Ele nos deu sanduíches preparados com o pão da vida toda vez que ia ao púlpito. Ele ajudou os pais a perceber a sabedoria de ouvir em vez de dar sermões, de dar respostas em vez de reagir, de envolver em vez de espantar, de orar em vez de julgar. Não posso dizer que meus pais aplicaram tudo o que aprenderam, mas repito que nós, os filhos, não facilitamos nada para eles. Entretanto, quando finalmente tiramos a última folhinha do calendário daquela década tão patética, nós todos estávamos bem melhores do que quando começamos.

GRAÇA RENOVADA

A GRAÇA NOS ensinou que Deus se importava mais com o tamanho do caráter de um filho que com o tamanho do seu cabelo. Ela também nos ensinou que Deus estava bem mais preocupado com a canção no coração do filho que com a música que vem do seu aparelho de som. Senti a graça crescer no meu coração quando estava terminando o ensino médio e entrando na vida adulta.

Pensando agora, eu até gostaria de dizer que tinha cortado meus laços com o legalismo de uma vez por todas. Infelizmente, esse é um conceito difícil de largar. É como nos filmes de terror de Freddie Krueger em *A hora do pesadelo*: justamente quando a pessoa acha que matou seu torturador, ele reaparece mais feio e mais sinistro do que nunca. Na maioria das vezes, sentia que precisava fazer algumas coisas porque de algum modo isso faria com que Deus me apreciasse um pouco mais. Que piada! Como um Deus que já me amou infinitamente e de modo supremo poderia me amar mais ainda?

✱

*A graça nos ensinou que Deus se importava
mais com o tamanho do caráter de um filho
que com o tamanho do seu cabelo.*

O legalismo também me atormentava sempre que eu olhava para o chão e dava uma olhada honesta para meus pés de barro. Por causa de alguns vícios na minha formação nos primeiros anos da minha fé, era difícil sentir a alegria e a aprovação de Deus, especialmente quando eu experimentava contatos imediatos com a minha humanidade corrompida. Levei um tempo para demonstrar graça quando lidava com minha inclinação ao orgulho, à teimosia, à malícia ou à ira. Como uma ferida antiga que dá o ar da sua graça quando a temperatura espiritual muda, eu sentia que o meu relacionamento com Deus era prejudicado toda vez que caía nas várias armadilhas que Satanás arma para os insensatos.

NEM SEMPRE É PRECISO VIVENCIAR PARA CONHECER

PARA QUE VOCÊ não ache que ser criado em igrejas barulhentas e legalistas é um pré-requisito para uma vida adulta de legalismo, a verdade é que o legalismo consiste no caminho escolhido por muitas pessoas que chegam a conhecer a Cristo pessoalmente, e não me surpreenderia se fosse pela maioria delas. Há algo de instintivo em transformar um sistema de crenças em uma lista de verificação e fazer com que a fé vire uma fórmula. Também é fácil dissolver as crenças em programações e rituais que substituem uma intimidade verdadeira com Deus. Quando o Senhor nos dá filhos, a tendência é ir à igreja para ver se alguém tem algumas respostas em um plano empacotado e previsível para fazer com que eles sejam filhos fortes.

Para um recém-convertido ou uma pessoa que não dispõe de bons modelos nos quais se inspirar, é natural querer que alguém diga o que se espera dele. É fácil se sentar e ouvir um pastor ditar a maneira como os pais cristãos devem lidar com o lazer, a educação, as modinhas e as atividades da igreja em vez de adotar a opção de "andar pela fé" à qual a Bíblia se refere. Na verdade, os pastores de igrejas podem ser valiosos aliados na criação de filhos maravilhosos, contanto que não confundam o limite entre assuntos que não são negociáveis e boas sugestões. Mesmo quando eles são cuidadosos para não cometer esse erro, muitos pais ainda escolhem transformar essas sugestões em leis, e isso incentiva a adoção de uma lista de permissões e proibições em vez de se confiar em Deus. Esse estilo de criação frustra os filhos, especialmente quando não existe nada de errado do ponto de vista bíblico com o modo de eles exercerem sua personalidade.

O clima pode ficar bem desagradável para os filhos no lar cristão quando o plano para a formação eficaz dos filhos é estreito e limitado na visão deles. Quando se lança um pouco de sentimento de culpa nessa mistura, o legalismo pode surgir do dia para a noite como o dirigente da casa.

OS BENEFÍCIOS DO MATRIMÔNIO
E DA MATERNIDADE

Duas coisas maravilhosas aconteceram para que a graça se tornasse uma grande motivadora em minha vida pessoal. A primeira é que me casei com uma linda jovem que não tinha vivido à sombra do legalismo enquanto crescia. Darcy veio de uma família desigrejada. Foi maravilhosa a maneira pela qual ela me ensinou a desfrutar do amor incondicional de Deus. A segunda coisa que aconteceu foi Deus ter nos dado filhos. Já estava me libertando da tirania do legalismo pouco a pouco, mas ter filhos me ajudou a dar o salto final para os braços de Deus.

Eu só sabia de uma coisa: não queria que meus filhos crescessem em um lar onde sentissem que o prazer de Deus seria determinado por seu comportamento. Nem queria que eles sentissem que não havia limites no modo como vivessem as várias nuances de suas personalidades. As fórmulas de criação barulhentas têm o péssimo hábito de usar moldes espirituais para criar filhos com aparência, palavras e ações de cristão. Eu não estava interessado nelas. Não há nada nesse tipo de plano de criação de filhos que incentive um relacionamento criativo com Deus, muito menos filhos criativos. Não quero que meus filhos se tornem pequenos capachos da fé do pai e da mãe.

Isso não quer dizer que eu e minha esposa tínhamos o desejo de criar nossos filhos sem limites morais claros, nem expectativas espirituais. Não há nada de gracioso em uma vida de licenciosidade. Antes de mais nada, uma vida indisciplinada é o atalho que as pessoas tomam se realmente querem acelerar a ruína pessoal delas. Os limites da nossa vida marcam a fronteira entre o sucesso e o fracasso. Do mesmo modo que os limites de uma propriedade, ou as linhas de um campo de futebol, ou as barreiras que nos separam dos carros nas rodovias, sabemos que um estilo de criação de filhos baseado na graça também exige limites evidentes para a vida física, intelectual, emocional e espiritual deles. Nós simplesmente não queremos barreiras arbitrárias baseadas em opiniões cristãs sem nenhum respaldo. Queremos confiar nos limites que a Bíblia traçou de forma clara para depois confiar que Deus nos ajudará a tomar decisões equilibradas quando enfrentar os eventos corriqueiros que acontecem com os pais.

Percebo que muitos terão vontade de criticar os princípios básicos da criação de filhos segundo a graça porque ela retira as bases que sustentam os ensinos que dizem que é possível criar filhos cristãos ótimos apenas os colocando no ambiente certo e programando as informações certas na mente deles. No entanto, saiba que isso é inviável.

Pelo fato de que a criação de filhos baseada na graça não destaca minúcias nem exalta aquilo que não é essencial, ela se torna alvo fácil da crítica das pessoas que medem o sucesso de uma família cristã por sua aparência, seu modo de agir, pelo modo como frequenta a igreja ou por como ela se diferencia de qualquer coisa que se pareça com o "mundo".

Pode até haver livros para se opor ao que sugiro nestas linhas. Consigo até imaginar os títulos: *A graça irresponsável de Tim Kimmel*, ou *A graça exagerada: o modelo de Tim Kimmel*. O que estou sugerindo não tem nada de irresponsável, e a última coisa que quero é criar filhos que adotem a *mentalidade* do mundo. A criação de filhos com base na graça não parte do princípio de que existe algum tipo de receita que pode ser seguida para fazer filhos cristãos fortes. Essa criação trabalha *de dentro para fora*. A criação de filhos baseada no medo opera *de fora para dentro*. É por isso que acho que muitas varas de medir da criação de filhos calcada no medo são tão insensatas — ou até destrutivas para o relacionamento de nossos filhos com Deus (isto é, quantos versículos eles decoraram, o quanto eles se vestem de modo conservador, a questão de que se ouça somente música gospel etc.).

Quanto às tendências superficiais e arbitrárias de roupas ditadas pela moda, não é que eu esteja especialmente preocupado com a aparência exterior dos meus filhos, e também não acho que Deus esteja tão preocupado com essas coisas quanto as pessoas pensam. Ele está mais preocupado com o que se passa no coração dos nossos filhos. Ao longo dos anos, descobri que se alinharmos o coração dos nossos filhos com Deus, então podemos passar para Deus a decisão de que roupa ou estilo eles devem usar. Se eles estão vivendo uma vida cheia de alegria com Cristo, e se o Espírito Santo não os está incomodando a respeito da aparência exterior deles, então não sei se nós devêssemos nos incomodar. À medida que nossos filhos crescem e amadurecem em seu relacionamento com Jesus Cristo, as coisas que precisam ser ajustadas na vida deles acontecem de uma maneira bem mais fácil quando recebem uma orientação do Espírito Santo do que quando são coagidos pelos pais.

Quando eu e minha esposa Darcy avaliamos nossas opções de criação de filhos, tínhamos a vontade de levar em conta a personalidade distinta, a natureza frágil e a inclinação pessoal de cada um deles, o mundo corrupto que os rodeia e as peregrinações individuais nas quais Deus os levaria. Queríamos que o nosso método fosse fortalecido pela nossa confiança em Deus, em vez das nossas preocupações sobre o mundo bagunçado no qual estávamos criando nossos filhos, e isso não quer dizer que ficamos livres de preocupações. É claro que tivemos preocupações, mas elas eram minimizadas pelo poder infinito de Deus para vencê-las. O sucesso do nosso plano de criação de filhos se baseou bem mais em nosso relacionamento diário e pessoal com Cristo do que em qualquer outro fator. Nós simplesmente queríamos garantir que o lar dos nossos filhos refletisse o espírito do relacionamento que Deus mantém conosco: a graça.

CRIAÇÃO DE FILHOS BASEADA NA GRAÇA PARA LEIGOS

TENHO UMA DIFICULDADE enorme de manter mais do que três ou quatro coisas na cabeça ao mesmo tempo. Essa é a razão pela qual fiquei aliviado quando soube que o conceito que Deus criou a respeito da criação de filhos segundo a graça não era tão difícil de implementar. Existem quatro coisas básicas que você precisa fazer para manter um ambiente baseado na graça para os seus filhos. Se mantiver essas quatro coisas funcionando, então os desafios da criação de filhos parecerão encontrar soluções naturais e razoáveis. Esses quatro itens funcionarão como um sistema de filtros que capacitarão você a processar os dilemas do dia a dia que são atrelados à criação de filhos. Elas ajudarão você a discernir como entregar a graça a qualquer momento. Quando providenciamos essas quatro coisas tendo como alvo as três necessidades interiores de um amor seguro, um propósito significativo e uma esperança forte, os filhos passam a experimentar a graça de Deus de forma equilibrada. Esse sistema de entrega com quatro princípios facilita muito a demonstração para seus filhos de como é possível encontrar o amor, o propósito e a esperança em Jesus Cristo.

Famílias baseadas na graça são lares em que os filhos recebem:

1. A liberdade de serem diferentes;
2. A liberdade de serem vulneráveis;
3. A liberdade de serem sinceros;
4. A liberdade de cometer erros.

Não há nada de mágico sobre essa matriz, já que ela simplesmente consiste no resumo de como Deus lida conosco mediante a sua graça. Ele nos criou com uma necessidade profunda de segurança, importância e força. Ele nos ajuda a suprir a nossa necessidade de segurança encontrando um amor seguro nele. Ele nos ajuda a suprir a nossa necessidade de importância encontrando um propósito importante nele. Ele nos ajuda a suprir nossa necessidade de força encontrando uma esperança forte nele. A maneira pela qual sentimos sua graça a cada dia é mediante a graça que ele nos concede para ser diferente, pela sua graça que ele estende a nós quando estamos vulneráveis, pela graça que ele derrama sobre nós quando cometemos erros.

UMA MATRIZ PARA PAIS BASEADOS NA GRAÇA

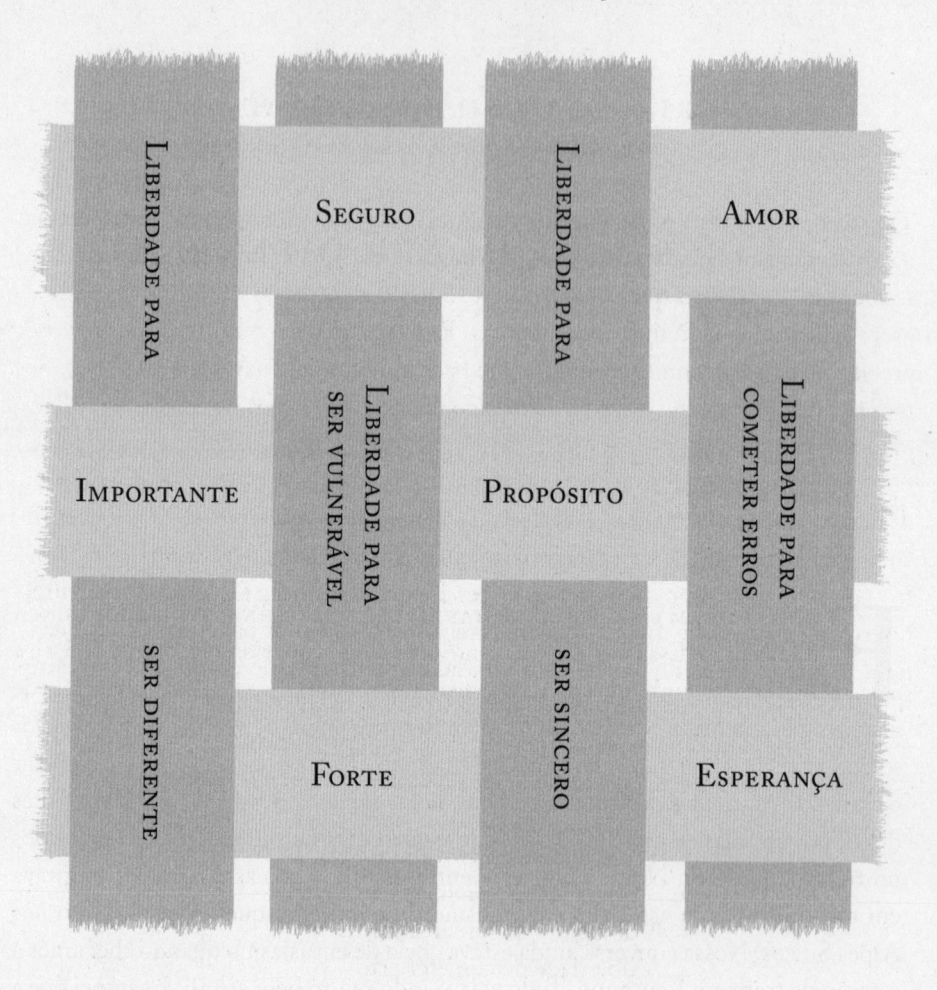

LIBERDADE PARA	SEGURO	LIBERDADE PARA	AMOR
IMPORTANTE	LIBERDADE PARA SER VULNERÁVEL	PROPÓSITO	LIBERDADE PARA COMETER ERROS
SER DIFERENTE	FORTE	SER SINCERO	ESPERANÇA

CAPÍTULO 7

A LIBERDADE DE SER DIFERENTE

ESTÁVAMOS EM UMA DESSAS FÉRIAS EM FAMÍLIA QUE NOSSOS FILHOS NUNCA esquecerão. Essa viagem marcante teve como cenários a França, a Suíça e a Inglaterra. Tínhamos passado uma semana em Paris, a Cidade Luz, além de visitar rapidamente a Normandia, onde refletimos sobre os sacrifícios feitos pelos soldados norte-americanos em sua costa sagrada. Estávamos ansiosos para cruzar o Canal da Mancha e desfrutar das vistas de Londres, Oxford e Cambridge. Antes disso, porém, planejamos um passeio de quatro dias na Suíça. Quando entramos no trem na Gare du Nord, a conversa entre os filhos do casal Kimmel só girava em torno do voo de asa-delta e o ciclismo de montanha que nos esperavam nos Alpes Suíços. Nossa conversa ainda estava cheia de entusiasmo quando chegamos à estação de trem em Lausanne. Tudo estava indo muito bem até ali. Imaginei que a nossa estadia na Suíça seria da mesma forma. Ainda não sabíamos que aquele seria o lugar em que encontraríamos um desafio importante em nosso compromisso com a criação de filhos segundo a graça.

Ao chegarmos em Lausanne, passamos algumas horas visitando a sede dos Jogos Olímpicos e o museu da cidade. Foi nesse momento em que nos encontramos com uma senhora maravilhosa chamada Ruth que tinha um chalé pitoresco em uma vila alpina longínqua. Ela era amiga da família de Darcy há muito tempo, mas eu tinha acabado de conhecê-la. Ruth nos hospedaria e seria nosso guia turístico pelos próximos dias, e logo ficamos sabendo que ela era uma mulher admirável com um intelecto incrível. Ela podia passar do francês para o alemão, e então para o italiano, depois para o espanhol e para o inglês com facilidade. Nossos filhos ficaram impressionados ao observá-la trocar de idioma como se fosse uma transmissão linguística automática.

Aluguei uma van da Volkswagen para que perecêssemos mais locais do que os peixes fora d'água norte-americanos que éramos. Darcy e as meninas entraram no carro de Ruth, enquanto eu e os meninos a seguimos com a van. Como eu não tinha nenhum mapa, disse a Ruth que faria o melhor possível para segui-la. Ela mencionou que passaríamos por várias cidades pequenas no caminho do chalé e que seria fácil para nós nos separarmos, mas prometeu que andaria devagar o suficiente para nos manter juntos.

Uma pessoa sensata teria sugerido que eu anotasse o endereço e o número do telefone dela, e quem sabe também pedisse um mapa. Entretanto, isso seria a coisa lógica a fazer. Eu imaginava que aquele seria um dia para se viver perigosamente, e também notei que havia uma maneira bem mais fácil (e segura) de resolver esse problema. Portanto, disse algo assim para Ruth: "Farei o máximo para seguir você, mas, se eu acabar perdendo você de vista, não vou continuar para tentar encontrá-la. Vou simplesmente estacionar à beira da estrada. Só peça que uma das meninas fique de olho em nós na retaguarda de vez em quando. Se perceberem que se perderam da gente, retornem pelo caminho por onde vieram, e estaremos lá esperando por vocês."

A MISTERIOSA VIAGEM MÁGICA

Faltavam ainda três horas para chegarmos lá, o mesmo tempo que Gilligan e seus amigos tinham reservado para sua aventura de barco. Depois de 45 minutos na estrada, perdi Ruth em uma das pequenas vilas pelas quais ela disse que passaríamos. Um pouco antes de a perdermos de vista, percebi que todas as pessoas dentro do carro dela estavam em uma conversa animada. Não vi ninguém olhando para trás para verificar se nós ainda as estávamos seguindo, nem imaginei que fariam isso tão cedo.

Estacionei a van cor de madeira à beira da estrada para começar a nossa espera e abaixamos os vidros das janelas. O cenário parecia o dos livros repletos de fotos que folheamos antes da viagem: uma vila pitoresca, um rio calmo correndo no meio da cidade e os Alpes Suíços subindo ao céu. Eu e os garotos nos viramos em nossos assentos para ficarmos mais confortáveis. Eu disse que havia uma boa chance de ficarmos ali sentados por um bom tempo, mas eles pareciam gostar da ideia. Ninguém reclamou nem lamentou ou ficou perplexo. Tínhamos aproveitado tudo o que os dias de férias tinham a oferecer, e imaginamos que Deus havia reservado uma parte daquele dia para que os homens da família Kimmel ficassem sentados em uma van da Volkswagen à beira da estrada no meio de uma vila alpina pitoresca.

Ficamos envolvidos no mais profundo silêncio até que soltei aquilo que pensava ser uma pergunta tranquila: "E então, sobre o que gostariam de falar?" Foi isso o que perguntei, e percebo que a pergunta supunha que meus filhos *teriam* alguma vontade de falar, mas, como eu conhecia a personalidade deles, sabia que estariam bem conversando ou não, isso não faria a menor diferença para eles. Achei que uma boa conversa podia fazer o tempo passar mais depressa e impediria que eles pensassem na realidade da situação, que nada mais era senão que estávamos perdidos, abandonados e sem a mínima ideia do que aconteceria. Houve uma pausa bem longa.

"Pai, queria falar sobre descolorir o meu cabelo."

Quem tomou a palavra foi Cody. Ele era nosso segundo filho, o primeiro menino da família, tinha 13 anos na época e estava quase entrando no sétimo ano. Será que ele estava preocupado pensando se veríamos novamente sua mãe ou suas irmãs? Que nada! Ele queria falar sobre a cor do cabelo. Colt, seu irmão menor, de repente ficou muito atento.

Vamos voltar um pouco a cena para que você entenda melhor: essa era uma boa oportunidade para demonstrar graça. Naquela época, descolorir o cabelo era uma novidade, não era como hoje. Era a moda do momento. Dava para contar com os dedos de uma das mãos o número de garotos que tinham feito aquilo. Era um visual que tinha sido lançado pelos membros de gangues de rua (sempre fico admirado do quanto eles lançam modas). A etimologia dessas modas geralmente se constitui na razão pela qual muitos cristãos conservadores partem do princípio de que essa ideia é realmente *infeliz* (leia-se: horrível). Por que deixar que os filhos se pareçam como os filhos do inferno? O que dizer de um garoto que queira se identificar com um estilo popular para pessoas que depenariam seu carro quando você não estivesse olhando? Daí vem a maior pergunta de todas: como isso se refletiria para mim como pai se meus amigos da igreja vissem meu filho com esse cabelo patético?

Esses são os tipos de pergunta que passam pela mente dos pais cristãos quando os filhos pedem permissão para experimentar qualquer tendência. Essas também são as mesmas perguntas que levam esses mesmos pais a responder de forma sucinta: "Sinto muito, mas não dá. Nem tem como fazer isso." Essa é a razão pela qual Cody estava pedindo permissão para fazer uma coisa que faria com que ele fosse alvo de preconceito, e não necessariamente para o bem. Ele também estava pedindo a minha permissão para fazer algo que afetaria o modo como seu grupo de colegas o veria — uma mudança que ele achava que seria para melhor.

Mais uma vez, essas são as razões concretas pelas quais a maioria dos pais supõe que a resposta deve ser: "Isso está absolutamente fora de questão." Em geral, só o fato de os colegas acharem legal clarear o cabelo seria motivo suficiente para ir na direção oposta. Esses colegas são imaturos, indignos de confiança, inconstantes e reféns daquilo que causa impacto — o que quase nunca se constitui em uma base para determinar padrões.

ESPAÇO PARA SER DIFERENTE

Vamos apertar o botão de pausa para explicar o primeiro princípio a respeito do sistema de entrega da graça. Não dá para limitar a graça a um conceito abstrato do qual você fala em casa. Ela precisa se transformar em uma ação em tempo real que acaba sendo inculcada no coração dos seus filhos. Portanto, a graça precisa ser quantificável. Falar e cantar sobre a graça, bem como fazer seus filhos memorizarem versículos sobre ela sem que se concedam dons específicos da graça, acaba prejudicando a obra de graça no coração deles. Graça não significa somente que Deus ama nossos filhos mesmo eles sendo pecadores, mas que ele os ama de forma única e especial.

*

Não dá para limitar a graça a um conceito abstrato do qual você fala em casa.

O modo principal de conceder graça aos filhos é concedê-la em vez de nossas preferências egoístas. Eles recebem graça quando escolhemos não pecar contra o coração deles quando nossa natureza humana sugerir que seria o certo a se fazer. Na verdade, a maior graça que os filhos recebem acontece quando podemos até *ver* os pecados que eles tendem a cometer contra o próprio coração seguido pela nossa disposição de se opor aos nossos desejos egoístas. Portanto, muita graça é roubada por nosso egoísmo no calor do momento. Os filhos querem, precisam e dizem algumas coisas que podem nos incomodar, envergonhar ou nos magoar. Entretanto, às vezes, a razão pela qual nos magoamos é estarmos sendo imaturos, inseguros ou indiferentes. Consideramos coisas importantíssimas para os filhos como irrelevantes, ou pegamos questões minúsculas e as ampliamos de forma desproporcional. Quanto à questão de Cody descolorir o cabelo, eu poderia ter desconsiderado o quanto isso era importante para ele recusando a ideia logo de cara, ou poderia ter feito disso uma questão maior do que realmente era.

O que eu e minha esposa temos aprendido com o passar dos anos é que os lares baseados na graça precisam ser lugares em que os filhos possam ter a opção de ser quem Deus os criou para ser. **Portanto, a primeira característica de um**

lar baseado na graça é ser um lugar que concede ao filho a liberdade de ser diferente. As duas palavras-chave nesse conceito são "livre" e "diferente". Um lar deixa de ser baseado na graça quando os pais permitem que seus filhos sejam livres, mas depois os castiguem por serem diferentes. Se você tem um filho diferente e vive falando do sacrifício que fez para se adaptar às suas esquisitices, está muito longe do contexto da graça. É o que acontecia com frequência durante o movimento hippie dos anos 1960. Alguns pais cristãos permitiam que seus filhos deixassem o cabelo crescer, mas depois diziam todo o tempo que estavam envergonhados. Esses filhos não sentiram o amor, o orgulho ou a graça da parte de seus pais. Pais baseados na graça dão espaço para as diferenças de seus filhos com alegria.

O DESTAQUE AOS SÍMBOLOS
SOBRE A ESSÊNCIA

O PROCEDIMENTO DE proibir que seus filhos façam coisas inocentes, porém diferentes, nada mais é que a consequência lógica de um sistema de crenças que destaca os símbolos da fé em vez da sua essência. Essa religião superficial mede o sucesso mais pela imagem que pela sua autenticidade. Isso me faz lembrar da reformulação de um ditado antigo: "Não importa se você perde ou ganha, o que importa é como você aparece no retrato da equipe." Infelizmente, isso não passa de um ladrão de alegria gigante e desnecessário para os filhos nesses tipos de lar.

Uma vez, quando eu era relativamente jovem, tive o desprazer de ouvir um pai dando bronca na filha no estacionamento da igreja por ela ter esquecido a Bíblia em casa. Aos gritos, ele a ofendeu e disse o quanto estava chateado por ela ter se esquecido da "preciosa palavra de Deus". A garota pediu desculpas e disse que, na pressa de se arrumar para ir à igreja, acabou esquecendo a Bíblia. Ela prometeu que nunca mais faria isso, mas ele a empurrou para trás da porta aberta do carro e lhe deu umas palmadas no bumbum. Ele a deixou chorando na classe de escola dominical. Mesmo sendo bem novo, eu já sabia que aquele homem não passava muito tempo lendo o livro pelo qual ficou tão aborrecido por sua filha ter esquecido.

Esse tipo de mentalidade é bem mais comum nas famílias cristãs do que gostaríamos de admitir. Algumas pessoas podem não se comportar de forma tão hedionda assim, mas podem ser igualmente terríveis. Quando promovemos um comportamento cristão arbitrário (como levar a Bíblia para a igreja) acima dos melhores interesses do coração de um filho, com certeza perdemos a razão. Não há outra explicação para isso.

O QUE SIGNIFICA SER *DIFERENTE*

Permita-me listar alguns sinônimos da palavra "diferente" para que você possa entender bem a que me refiro. Estou falando sobre "único", "estranho", "bizarro", "patético" e "excêntrico". O lar baseado na graça de Deus deve proporcionar um refúgio seguro para esse tipo de filho. Já que ser mal interpretado é um risco da profissão dos escritores cristãos, preciso identificar o que *não* quero dizer nesse contexto. Não estou dizendo que o lar baseado na graça deve tolerar o pecado, ou o mal, ou qualquer coisa que se oponha aos *preceitos afirmados explicitamente* na Bíblia. Por exemplo, uma filha que interrompe os professores, fala de forma desrespeitosa com as autoridades da sua vida ou tece críticas mordazes a seus irmãos não tem como se esconder atrás dos sinônimos que acabei de relacionar como um modo de se eximir da responsabilidade por suas ações. Não dá para ela explicar o comportamento desrespeitoso com uma desculpa qualquer como: "Escute, eu sou mesmo pateta! Por que você não me aceita como sou?" A resposta é simples: a Bíblia afirma de forma clara que o modo como ela interage com seus professores, com as autoridades na sua vida, ou com seus irmãos, é inaceitável.

Entretanto, aqueles que só são *diferentes* ou fazem coisas patéticas não estão necessariamente errados. Eles apenas são *diferentes*. Pelo fato de o visual ou o comportamento deles ser inusitado ou envergonhar os pais, geralmente se supõe que não se deve tolerar nada que eles fazem (ou querem fazer). Isso dificulta a vida dos filhos que são criados por Deus para ser um pouco diferentes e traz limitações para que sejamos instrumentos de graça para eles.

Defendo o direito dos filhos a serem diferentes por nenhuma outra razão senão o fato de eles serem *crianças*. Eles são novos. O coração deles se desperta com um senso de admiração milagroso. A mente jovem e imaginativa viaja longe e às vezes cria fantasias loucas. Deus os fez exatamente assim. Ele escolheu colocar essas características à frente de sua vida. É obvio que Deus conta com os pais para ajudá-los a desenvolver a maturidade e as habilidades para chegar à idade adulta, mas não à custa de suas características distintas. Essa é uma época incrível da vida deles. Quando a nossa tarefa de orientá-los termina, o senso de admiração ainda deve existir, mas dessa vez um pouco mais sofisticado. Declarar guerra contra suas diferenças só porque não gostamos delas é uma boa maneira de extinguir o senso de alegria e de admiração por toda uma vida.

Toda vez que leio artigos ótimos e interessantes em alguma revista, guardo para ler depois. Nunca me esquecerei do impacto que um desses textos teve sobre a minha paternidade.

Era um daqueles artigos que dizem "Se eu pudesse fazer tudo de novo...", no qual o escritor relatava a experiência de ser pai. Ele mencionou várias coisas que teria feito diferente na criação de seus filhos caso pudesse voltar no tempo. Uma delas era mais ou menos assim: "Se eu pudesse fazer tudo de novo, não criaria caso pelo meu filho querer dormir com uma cadeira em cima da cama." Com essa declaração veio uma explicação. Aparentemente, o menino (que tinha entre três e quatro anos de idade na época) gostava muito da cadeira do seu quarto. Toda noite, ele queria que o pai ou a mãe colocasse essa cadeira sobre a cama, perto dos seus pés em cima da coberta. Quando os pais perguntavam o motivo, ele dizia algo como: "Gosto muito disso" ou "Gosto de dormir com ela aqui". Quando eles perguntaram qual era o problema de a cadeira continuar em seu devido lugar, já que ela estava tão perto, a criança explicava o quanto preferia ter sua cadeira em cima da coberta quando ele caía no sono. Quando os pais não queriam fazer isso, seus olhos marejavam ou ele começava a chorar. Seus pais costumavam repreendê-lo, e isso agravava sua crise de choro, mas quando eles atendiam ao estranho pedido, o menino sempre demonstrava enorme gratidão. O mais incrível nessas noites era a facilidade com que ele pegava no sono.

Na maior parte das vezes, no entanto, os pais (especialmente o pai) faziam uma cena a respeito do pedido do menino, o que sempre levava a choros e gritos. Nas noites em que o deixavam dormir com a cadeira em cima da cama, quando passavam pelo quarto do filho antes de dormirem, encontravam cadeira derrubada no chão pelos movimentos do menino durante o sono. Então, eles colocavam a cadeira de volta à escrivaninha, desejavam bons sonhos para o filho e fechavam a porta; e na manhã seguinte, estava tudo bem com a criança.

Quando o pai olhou para trás e pensou naqueles meses em cujas noites seu filho gritou até dormir porque eles se recusaram a atender a um pedido tão simples, ficava tomado de remorso. Embora o pedido de seu filho fosse incomum, bizarro, estranho, patético e excêntrico, não havia *maldade* nele. Nenhuma questão moral estava em jogo, e qualquer pai que tentasse insinuar alguma coisa simplesmente não estaria disposto a constatar o óbvio. Esse pai, auxiliado pelo tempo e pela sabedoria que tinha recebido mediante anos de decisões insensatas, imaginou por que motivo ele não tinha levantado com alegria a cadeirinha e colocado com cuidado aos pés da criança, sem criar nenhum caso com isso.

Para a informação de todos, o garoto não cresceu com nenhum tipo de fetiche esquisito por móveis. Ele se tornou um adulto tão normal quanto a criança que tinha sido. Aquele menino só queria algo inocente, que seus pais transformaram em uma tempestade em um copo d'água. Apesar de, a princípio, eu ter rido com o modo sagaz com que esse escritor descreveu o pedido esquisito de seu filho, gostei muito da ideia dele. Tratava-se de um pai que desejava poder voltar no tempo para demonstrar mais graça sobre a vida do filho.

ENQUANTO ISSO, NA SUÍÇA...

Isso nos leva de volta ao meu filho. Eu estava em uma situação parecida com a do pai cujo filho queria dormir com a cadeira de sua mesinha. Meu garoto estava pedindo permissão para fazer algo com o cabelo que poderia fazer os adultos pensarem que ele era rebelde. Você até sabe o que eles iriam comentar: "Ele tem problemas com autoridade." "Ele deve ter algum rancor guardado." "É um desses garotos preguiçosos sem rumo na vida."

Esses são os comentários que adultos, que deveriam ser mais bem-resolvidos, costumam fazer a respeito de crianças que não se encaixam nos moldes tradicionais. Essas conclusões quase nunca se baseiam no conhecimento real da criança, mas, em vez disso, revelam uma falta de visão ou uma completa ignorância. Meu filho não tinha nenhum problema com autoridade. Antes de mais nada, seu pedido para conversar sobre o assunto demonstrava o quanto ele é respeitoso. Se ele não respeitasse os pais, poderia ter feito o que muitos filhos fazem nessa situação: ter descolorido o cabelo escondido e depois forçado esse comportamento sobre nós. Cody não guardava nenhum rancor. Era um garoto cheio de alegria, entusiasmo e espírito de aventura. Um garoto que era sempre útil dentro de casa. Ele apenas ficou apaixonado por essa moda de descolorir o cabelo e queria fazer isso também.

Quando passam por uma conversa como essa, os pais geralmente se perguntam: "O que meus amigos vão pensar?" Esse fator exerce um poder incrível sobre como reagimos às esquisitices dos nossos filhos. Por causa do medo que sentem do que os parentes, amigos ou aqueles em autoridade possam dizer, muitos pais reagem às tendências dos filhos de serem diferentes de um modo que fecha a mente deles. Quando isso acontece, pode ser para sempre.

Felizmente, eu e Darcy temos muitos amigos baseados na graça. Temos amigos que veem a infância como um tempo que Deus reservou às crianças para que explorassem suas excentricidades. Meu conselho aos pais cujos amigos os criticam por ter filhos diferentes é: *arranje outros amigos. É mais fácil do que tentar mudar os filhos. Além do mais, será melhor para você.*

MODINHAS, TENDÊNCIAS E ESTILOS

Quanto à questão das *modinhas* relacionadas a roupa, joias, música e hobbies, será que deveríamos permitir que nossos filhos as sigam? Como se cria um indivíduo se cedermos sempre ao desejo do filho de seguir a próxima moda que surgir? Será que os filhos que adotam visuais ou comportamentos estranhos são atraídos pelo modo de pensar do mundo? Vamos responder a cada uma dessas perguntas.

Pode ser que uma aulinha de marketing ajude nessa hora. Existem modinhas e existem tendências. Um exemplo de modinha é usar um par de tênis verde-limão com cadarço roxo e uma sola que acende uma luzinha a cada passo. Já tendência é usar tênis. A modinha é ter um celular que brilha no escuro e que toca a música "I Feel Good", do James Brown, toda vez que alguém recebe uma ligação. Tendência é usar celular. É fácil ter uma reação exagerada ao que pensamos ser uma modinha quando, na realidade, se trata de uma tendência. Por fim, até o pai mais firme e conservador adotará uma tendência e não verá problema algum.

A primeira coisa que o pai precisa fazer quando estiver pensando sobre alguma modinha é verificar se existe algum preceito bíblico que fala especificamente dela. Por exemplo, no que diz respeito à moda, um dos princípios mais importantes que a Bíblia promove tanto para o homem quanto para a mulher é a modéstia — um desafio para as meninas e para as moças atualmente. Tente comprar algo modesto em qualquer loja de roupas e perceberá a dificuldade. Infelizmente, muitos pais usam isso como desculpa para relaxar e baixar seus padrões de modéstia. Além de se tratar de uma criação preguiçosa de filhos e da antítese da liderança baseada na graça, isso também prejudica a proteção moral dos filhos em um momento importante do desenvolvimento deles. As roupas modestas sempre existem se você estiver disposto a procurar um pouco mais e fizer compras para eles de um modo mais habilidoso. Se tudo o mais falhar, você pode ter de colocar a máquina de costura em ação ou fazer com que sua filha use alguma camiseta por baixo ou camiseta larga para cobrir as áreas expostas pelo top muito decotado.

Supondo que não existam preceitos bíblicos que lidam especificamente com a modinha que eles desejam, existe toda a questão do preço delas, bem como os valores que você está ensinando a seus filhos se ceder a todos os seus desejos. Voltemos à questão dos tênis para demonstrar isso. Vamos supor que o seu filho queria ter o último lançamento de tênis da era espacial que custa 150 dólares e é patrocinado por alguma estrela da NBA. Uma maneira prática de lidar com a situação é informá-lo de que você está disposto a financiar tendências, mas não financia modinhas. Se ele quiser tanto assim o tênis do Shaq, do Michael ou de seja lá quem for, então ele precisa ganhar o próprio dinheiro para fazer desse desejo uma realidade. Essa geralmente é a cura para filhos muito suscetíveis a modinhas.

A mesma coisa vale para a música. As bandas vêm e vão. Parte de suas músicas passa mensagens nitidamente contrárias à Bíblia. Se seus filhos adoram certo estilo de música — provavelmente um que tira você do sério —, é preciso reagir *com cuidado* ao pedido deles. Quando os filhos crescem e passamos para a fase de preparação, o pai sábio se senta com eles e escuta as músicas de que gostam. Esse é um ato maravilhoso de graça que não desvaloriza as preferências dos filhos, e sim os ajuda a aprender como processar e filtrar as músicas com maturidade. Às vezes, você pode ter que desencorajar (ou até proibir) de comprar um determinado álbum.

O que dizer então da questão de criar indivíduos? Se nossos filhos possuem a tendência de seguir todas as modinhas que aparecem, como isso os incentiva a agir sozinhos? Precisamos ter em mente que a individualidade não diz respeito à aparência dos seus filhos, mas implica mais na profundidade do seu caráter. Pessoas jovens sempre desenvolveram sua identidade dentro de um grupo da mesma faixa etária ou mediante objetivos e interesses comuns. Nesse agrupamento, pode haver a tendência de adotar as características ou os rituais externos do grupo. Até aí, tudo bem. Quando você vê um pelotão de soldados perfilados em posição de sentido, seus uniformes e sua postura podem parecer os mesmos, mas existe uma plaquinha que indica o nome sobre o peito de cada um, e a mesma analogia se aplica a um time de beisebol ou a uma torcida. Eles podem funcionar como uma unidade coesa, mas cada um continua sendo um indivíduo.

Criar caso porque seu filho deseja seguir uma modinha, ainda mais se ela não fere nenhum preceito bíblico ou moral, pode impedi-lo de ter um relacionamento mais significativo com ele. Seu filho pode achar que você está desatento ou não está disposto a ouvi-lo. Devemos reconhecer que alguns estilos parecem tolos. Mesmo assim, a graça permite que haja espaço para que eles sejam diferentes. Acho que se os garotos começassem a usar calcinhas com meias de seda, com camisas e punhos cheios de babados, lenços saindo dos bolsos, perucas longas e maquiagem carregada, provavelmente pensaríamos que eles estão loucos. Esse, porém, era o visual daqueles que escreveram a Constituição norte-americana, os pais fundadores dos Estados Unidos.

✽

Criar caso porque seu filho deseja seguir uma modinha, ainda mais se ela não fere nenhum preceito bíblico ou moral, pode impedi-lo de ter um relacionamento mais significativo com ele.

Modas e modinhas vão e vêm, então é melhor não se importar tanto com elas. Uma vez participei de um evento em uma empresa no qual vários adultos de terno e vestido conversavam sobre assuntos amenos. Um dos subordinados entrou na sala com seu filho, que estudava no ensino médio. O garoto aparentemente não havia recebido o memorando, pois usava uma camisa de futebol, calças largas de seda, sandálias e não fazia a barba há uns três dias. Tinha o cabelo na altura dos ombros, cheio de tranças. Mesmo assim ele manteve a pose, olhava as pessoas nos olhos, se envolvia em conversas inteligentes e demonstrou ter boas maneiras. Eu sabia a razão pela qual ele se comportava com tanta pose: o orgulho óbvio que o pai tinha dele. Seu pai passeou com ele pelo evento, apresentando-o a todos e contando sobre suas atividades atuais, explicando com orgulho ao filho quem eram as várias pessoas que estavam ali e o que elas faziam. Eu imaginava quantas daquelas pessoas de terno e de vestido em início de carreira se sentiriam à vontade para trazer seus filhos autênticos para um cenário assim. Para ser honesto, se eu fosse o presidente da empresa, esse pai seria o tipo de homem que eu chamaria para servir de inspiração para minha equipe.

Os estilos são efêmeros. Eles estão em movimento constante. Até certo ponto, isso reflete o fato de que somos criados à imagem de um Deus que ama a variedade. Na sua maior parte, as modas e as modinhas são pequenos corredores que o povo atravessa que não são dignos de condenação. Existem momentos na vida dos filhos em que o estilo significa mais para eles do que em outros. Nessas épocas, faz sentido pedir a Deus que o ajude a demonstrar graça e entendimento.

A OUTRA PERGUNTA

TAMBÉM OUÇO COM bastante frequência esta pergunta: "Será que os filhos que promovem esses visuais ou comportamentos estranhos estão envolvidos no modo de pensar do mundo?" Lógico, isso precisa de uma consideração séria para aqueles cujo lar é baseado na graça, que dão aos filhos a liberdade de serem diferentes. Precisamos começar com um entendimento claro a respeito do mundanismo e terminar com um entendimento claro sobre a idolatria.

Quando criança, ouvi a palavra "mundano" ser usada no púlpito da nossa igreja para descrever praticamente todas as coisas novas e diferentes que surgissem. A televisão era mundana, os filmes eram mundanos, as garotas que dirigiam conversíveis pela cidade de biquíni eram mundanas. Passei minha primeira infância no oeste da Pensilvânia, no país amish. Os amish achavam que coisas como botões, bolsos e presilhas para cinto eram mundanos. Algo que pode ser dito com certeza a respeito dos amish é que eles se constituem no melhor exemplo da natureza ilógica e irracional do simbolismo sobre a essência. Eles eram legalistas ao extremo. Se você chamasse a atenção deles e rogasse que lhe dessem uma explicação para suas conclusões, eles acabariam citando alguma condenação bíblica que sentiam que se aplicava aos botões, aos bolsos ou às presilhas de cinto. Se você estivesse procurando por um sistema de crenças baseado na graça, você não encontraria nada disso no "Paraíso Amish" que estava ao nosso redor.

A passagem-padrão das Escrituras à qual os amish — e alguns pais — recorrem para explicar aos filhos o motivo pelo qual eles não podem fazer uma atividade em particular, ouvir certo tipo de música ou se vestir de alguma maneira está em 1 João 2:15-17. Ela diz:

> Não amem o mundo nem o que nele há. Se alguém amar o mundo, o amor do Pai não está nele. Pois tudo o que há no mundo — a cobiça da carne, a cobiça dos olhos e a ostentação dos bens — não provém do Pai, mas do mundo. O mundo e a sua cobiça passam, mas aquele que faz a vontade de Deus permanece para sempre.

Os substantivos só podem se referir a pessoas, lugares ou coisas, e a palavra "mundo" ou "mundano" é um substantivo. Portanto, qual dessas três opções ela retrata? Ela é uma pessoa, um lugar ou uma coisa? A resposta mais óbvia diria que se trata de um *lugar*. Entretanto, esse não pode ser o uso da palavra nessa passagem, já que existimos dentro deste mundo. Se estivéssemos em outro planeta, olhássemos na direção do planeta Terra e disséssemos: "Acho que vou explorar aquele *mundo* ali", então esse uso funcionaria. Mas é óbvio que não é dessa forma que essa palavra está sendo usada na passagem. Portanto, já que ela não se refere a um lugar, então a próxima suposição é que esteja se referindo a uma *coisa*.

Existem usos óbvios da palavra "mundo" nos quais ela claramente se refere a uma coisa, mas não é dessa forma que ela está sendo usada na passagem. De outro modo, teríamos que partir do pressuposto de que não seria possível apreciar nem ter algum afeto profundo por nenhuma "coisa" que está no mundo — ou seja, nosso trabalho, o lugar onde passamos as férias, o templo da nossa igreja ou qualquer *pessoa* que viva no mundo. Agora só nos resta uma opção: o sistema mundial consiste em uma pessoa (ou, pelo menos, ele tem um caráter *pessoal*). Pensar sobre a palavra "mundo" nessa passagem como um organismo vivo (embora seja invisível) nos ajuda a deixar de aplicar esse versículo de forma errada para prejudicar nossos filhos.

Nessa passagem, a palavra "mundo" se refere ao sistema moralmente ruim que se opõe a tudo o que Deus é e a tudo o que ele preza. Nesse sentido, o mundo é o sistema *satânico* que se opõe ao reino de Cristo nesta terra.[1] O "mundo" consiste em uma força pessoal completamente contra a vontade de Deus, sendo capaz de usar *qualquer coisa* para operar seus planos desonestos em nosso coração. Por causa disso, prejudicamos nossa função como autoridades espirituais na vida de nossos filhos quando aplicamos a palavra "mundano" para coisas específicas das quais geralmente não gostamos, como cortes estranhos de cabelo, piercing no umbigo, carros detonados e músicas, danças ou tatuagens agressivas. O que determina se alguma dessas coisas é mundana não é a sua *existência*, mas, em vez disso, *se* (ou *como*) Satanás escolhe utilizá-las para seus propósitos sinistros na vida dos seus filhos.

Se você quiser entender como o "mundo" se manifesta, não observe *coisas* ou *gestos*; em vez disso, olhe para as *atitudes*: a concupiscência da carne (o desejo de prazer sensual), a concupiscência dos olhos (a cobiça ou o materialismo) e a soberba da vida (o orgulho sobre sua posição no mundo). Isso significa que praticamente tudo pode ter uma aplicação mundana ou redentora dependendo de quem está ganhando destaque em nosso coração.

Para uma pessoa, *Vênus de Milo* pode ser uma linda obra de arte. Para outra, pode ser alguma bonitona sem braço da Itália, enquanto uma terceira pessoa talvez a veja como uma mendiga que precisa colocar *alguma* roupa, como uma blusa. O interessante nessa analogia é que muitas vezes é o cristão que vê mal as *coisas*; é bem provável que ele veria a *Vênus de Milo* com malícia. Essa é a conclusão lógica de atribuir um poder malicioso (ou mesmo um poder qualquer) a uma escultura de marfim. Na verdade, é a aplicação equivocada do poder do mal a coisas (ou gestos) que de fato permite que Satanás construa uma fortaleza incrível dentro de muitos cristãos.

Quando você convence seus filhos de que as coisas são más em vez de Satanás e do seu sistema corrupto, você os prepara para serem facilmente manipulados por ele. Conheci uma senhora que buscava os filhos na escola durante a última semana de outubro para que eles não precisassem passar pelas abóboras que as pessoas colocavam na frente de suas casas. Ela disse que tinha medo do que poderia acontecer com seus filhos, mas tudo o que fez foi transferir o medo que tinha das abóboras do Halloween para eles, que tinham um medo terrível delas. Essa mãe atribuiu um poder maligno a uma escultura em um vegetal (ou seria uma fruta?). Quando mostrei para ela o que ela estava fazendo, fui repreendido com veemência. Fiquei um tempão ouvindo falar sobre os druidas (dos quais ela desconhecia), sobre a festa de Satanás (que eu achava que os seguidores de Jesus deveriam destruir), sobre os poderes da escuridão (sobre os quais eu achava que os seguidores de Jesus deviam levar a Luz do Mundo), e todas as coisas ímpias que poderiam acontecer no dia 31 de outubro (como se Satanás ficasse de férias nos outros 364 dias do ano). Ao escolher algo inanimado e lhe atribuir um poder maligno dinâmico, ela acabou ensinando a seus filhos como criar um ídolo. O seu medo da abóbora do Halloween estava concedendo a uma escultura feita de um vegetal morto um poder que ele não possuía.

Deus falou claramente quando nos ordenou para que não fizéssemos imagens de escultura. Ele não rabiscou suas preocupações em uma Lousa Mágica, mas esculpiu em tábuas de pedra, como um memorial. Ele declarou isso da seguinte forma:

Não farás para ti nenhum ídolo, nenhuma imagem de qualquer coisa no céu, na terra, ou nas águas debaixo da terra. Não te prostrarás diante deles nem lhes prestarás culto, porque eu, o Senhor teu Deus, sou Deus zeloso, que castigo os filhos pelos pecados de seus pais até a terceira e quarta geração daqueles que me desprezam, mas trato com bondade até mil gerações aos que me amam e guardam os meus mandamentos (Êxodo 20:4-6).

A idolatria consiste em atribuir um poder maligno a coisas ou gestos que não passam do que realmente são: coisas e gestos (cortes de cabelo, shows de rock, roupas, danças, namoro etc.). O que determina o mal é a maneira pela qual Satanás está usando essa coisa ou esse gesto na vida da pessoa. O que determina a bondade é como Deus está operando por meio dessa coisa ou desse gesto na vida de alguém. O que determina a ação dessa coisa nessa equação é o *indivíduo* (eu, você ou o filho).

O RESTANTE DA HISTÓRIA

QUANDO MEU FILHO abordou o assunto do cabelo à beira da estrada nas montanhas da Suíça, ele estava pedindo que seus pais o vissem como indivíduo. Ao dizer que queria que eu e a mãe dele pensássemos em deixá-lo descolorir o cabelo, algo acendeu dentro de mim. Não quero dizer que ouvi a voz de Deus. Até gostaria de ter ouvido, mas isso nunca me aconteceu. Entretanto, senti o Espírito Santo trabalhar dentro de mim — uma sensação bem clara de que Deus estava me fazendo escutar o que ia pelo coração do meu filho. Portanto, nós conversamos. Ele me contou o motivo pelo qual queria descolorir o cabelo (razões comuns e superficiais: os amigos estavam fazendo a mesma coisa e era "legal"). Nós falamos sobre alguns estereótipos que as pessoas atribuem a isso.

Enquanto eu o escutava, pensei sobre todas as provas de que Deus estava bem vivo e trabalhando no coração dele. A atitude, a fala, o tratamento respeitoso dispensado a seus pais e irmãos, o amor pelo Espírito Santo — tudo apontava para um garoto cujo coração estava alinhado com Deus. Com base nisso, e no fato de que o que ele queria fazer era temporário e não tinha vínculo com nenhum problema moral, eu disse: "Cody, para mim está tudo bem você descolorir o cabelo, mas antes preciso conversar com a sua mãe. Se por algum motivo ela não aprovar, então vou concordar com ela, o que significa que quero que você obedeça a nossa vontade sem tristeza." Ele concordou com esses termos.

Pouco tempo depois de Cody e eu conversarmos sobre ele clarear o cabelo, um carro deu meia-volta e retornou para nos encontrar. Era Ruth e Darcy com as meninas. Elas tinham dirigido por vinte minutos sem olhar para trás, mas quando perceberam que não as estávamos seguindo, voltaram em nosso encalço. Foi ótimo ver seus rostos preocupados, e fiquei contente em continuar a viagem para o chalé nos Alpes.

Por fim, quando consegui contar para Darcy sobre a conversa que tive com Cody, ela disse que não via problemas nisso. Cody ficou contente quando soube que poderia clarear o cabelo, e isso coincidiu com o fato de que a filha de Ruth era uma loira platinada. Ela já tinha até clareado o cabelo de todos os homens da seleção suíça de futebol. Ela tinha tudo pronto para descolorir o cabelo naquela noite. A família toda estava reunida para assistir a tudo e tirar fotos.

Na manhã seguinte, andamos de asa-delta em uma das montanhas da região. Cody saltou um pouco antes de mim. Dava para ver seu cabelo loiro saindo do capacete. Ele estava esperando por mim quando pousei, com o capacete na mão, o cabelo loiro bem claro na cabeça e um sorriso de orelha a orelha. Ele era um garoto bacana, desfrutando da liberdade de ter o cabelo brilhando nos Alpes Suíços.

SOMENTE DUAS COISAS A ACRESCENTAR...

NESSA DISCUSSÃO A respeito de deixar nossos filhos terem a liberdade de serem diferentes, duas outras questões surgem. A primeira tem a ver com os estilos e as modinhas que causam um impacto mais permanente sobre nossos filhos, e a segunda tem a ver com as várias esquisitices que trazem uma atenção negativa para eles.

Tenho certeza de que você notou como as tatuagens e os piercings se tornaram mais populares. Todos nós sabemos que os filhos têm feito coisas patéticas por séculos. Às vezes é para chamar a atenção de pais que não lhes dão a atenção devida. Às vezes, estão espelhando coisas que veem nos próprios pais. Às vezes, há algum problema grave acontecendo dentro do jovem, e essas coisas que eles fazem não passam de expressões exteriores ou sintomas desse problema interno. Às vezes eles simplesmente querem ser um pouco diferentes e excêntricos, mesmo com tudo estando bem dentro deles. O que devemos fazer nesses casos?

A primeira coisa que precisamos fazer é um inventário de suas três necessidades internas. Lembre-se: os filhos precisam estar seguros, sentir que são importantes e fortes. Nossa tarefa é ajudá-los a suprir essas necessidades com amor, propósito e esperança. A maneira final para alcançar isso é encontrando no relacionamento íntimo e autêntico com Jesus Cristo um amor seguro, um propósito importante e uma esperança sólida. Essa é a parte mais importante do nosso papel na vida dos filhos. Quando fazemos isso com eficácia, as chances de questões externas mais perturbadoras surgirem são cada vez menores.

O próximo passo é avaliar o que eles querem fazer diante daquilo que as Escrituras dizem. A Bíblia contém preceitos gerais sobre a modéstia, a humildade e o cuidar mais dos outros do que de si mesmos. Isso pode fornecer orientações a respeito da "razão" pela qual nossos filhos querem fazer algo em particular.

*

Temos que ter muito cuidado para não usar a Bíblia para colocar palavras na boca de Deus.

Mas me permita dar um aviso importante. Temos que ter muito cuidado para não usar a Bíblia para colocar palavras na boca de Deus. Um exemplo excelente disso é a questão das tatuagens. Muitas pessoas tratam logo de se referir a Levítico 19:28 para dizer a seus filhos que eles não podem se tatuar. O texto diz o seguinte:

Não façam cortes em seus corpos por causa dos mortos nem tatuagem em si mesmos. Eu sou o Senhor.

Está bem explicado — isto é, se acreditarmos que podemos usar um versículo bíblico sem nenhuma consideração ao contexto em que ele aparece. Muitas pessoas usam versículos fora do contexto para vencer discussões e justificar seus desejos de forma egoísta. Usar a Palavra de Deus fora de contexto para vencer uma discussão é uma variante de tomar o nome de Deus em vão, algo terminantemente proibido nos Dez Mandamentos. É óbvio que uma pessoa que respeita a Palavra de Deus tem o desejo de usá-la de maneira adequada, ainda mais quando tenta orientar uma criança em meio ao labirinto da infância.

Se estudarmos Levítico 19:28 em seu contexto, veremos que ele não está falando de tatuagens em geral, mas daquelas que identificam a pessoa com algum outro deus ou alguma prática pagã. Dois versículos antes, ela proíbe a ingestão de carne com sangue. Será que isso quer dizer que você não pode comer bife malpassado? Claro que não! O trecho está falando especificamente sobre a carne que era oferecida como sacrifício pelo pecado, e não em um jantar em um restaurante. O versículo anterior ao das tatuagens condena os homens que cortam o cabelo do lado da cabeça ou que aparam a barba. Os pagãos aparavam o lado da cabeça de tal modo que os identificavam com um determinado deus pagão ou com uma prática pagã específica. Quando os homens cortam o cabelo, eles não acendem velas para algum deus sombrio — pelo menos não no meu barbeiro. Eles podem até acender um charuto, mas não há nada nesse processo que seja uma reverência a alguma divindade pagã. Portanto, esse versículo não está proibindo de cortar o cabelo ou aparar a barba.

Isso nos leva de volta a Levítico 19:28. Essa passagem nos diz, em primeiro lugar, que nós não devemos "fazer cortes no corpo por causa dos mortos". Isso se refere às marcas no rosto que qualquer pessoa que olhasse saberia que faziam parte de algum ritual pagão. Deus não queria que eles dessem crédito a nenhuma crença falsa que atribuía poder ou influência aos mortos. Na parte posterior, esse versículo diz: "nem tatuagem em si mesmos. Eu sou o Senhor." Seguindo a trama do contexto, Moisés está se referindo às tatuagens que identificavam uma pessoa como seguidor de alguma divindade pagã em particular. Ele escreveu que o povo devia se guardar de fazer em si mesmo marcas permanentes (cortando e escrevendo) que venham a dar crédito a algum ritual pagão ou a algum deus específico.

Será que esse texto está dizendo que você não pode tatuar "mãe" no seu braço? Claro que não. O que ele está dizendo é que você não pode tatuar o nome da sua mãe se ela for algum tipo de deus pagão. Ao contrário do que se pensa, esse versículo não proíbe a tatuagem. O erro de interpretação está em dizer que ele proíbe todos os tipos de tatuagem quando, na verdade, está falando apenas de um tipo específico que era utilizado para deuses pagãos. Se o seu filho tatuar um pentagrama satânico no braço, esse versículo está falando disso. Se ele quiser tatuar "João 3:16", esse versículo não o proíbe.

Precisamos nos lembrar de que as tatuagens não são uma novidade da era moderna. Elas são tão antigas quanto a humanidade e eram tão populares na época de Jesus quanto na nossa. Por causa do caráter cosmopolita da capital Jerusalém, muitas pessoas que encontravam Jesus certamente tinham tatuagens no corpo. Existe uma possibilidade de que o caráter braçal do trabalho dos discípulos fazia com que alguns dele também tivessem tatuagens (quem sabe?). O interessante é que com todas essas tatuagens ao seu redor, era possível pensar que se elas fossem algum tipo de anátema para Deus, Jesus teria mencionado alguma coisa sobre elas. Mas ele permaneceu em silêncio sobre essa questão. Quem sabe isso não seja tão importante para ele como é para alguns de nós. É o homem que vê o exterior, mas Deus olha para o coração (1 Samuel 16:7).

Existem duas outras referências possíveis a tatuagens na Bíblia — pelo menos parecem se referir a isso. Existe a "marca da besta" em Apocalipse 13:16 (com certeza essa tatuagem você não gostaria de usar). A outra referência possível à tatuagem pode ser encontrada em Apocalipse 19:16. Jesus é descrito como voltando para a terra montado em um cavalo branco. Ele está usando uma veste de linho fino e possui uma espada em sua boca. O versículo 16 diz: "Em seu manto e em *sua coxa* está escrito este nome: REI DOS REIS E SENHOR DOS SENHORES [destaque nosso]."

Não fica claro se Jesus está usando uma calça de linho ou se esses dizeres majestosos estão realmente inscritos sobre sua pele. Temos que esperar um pouco para saber com precisão. Entretanto, já que as calças não faziam parte das vestimentas comuns quando as Escrituras foram redigidas — e certamente não fez parte das roupas que Jesus usou quando esteve na terra —, existe uma possibilidade real de que seu maravilhoso nome estivesse tatuado em sua perna.

A razão pela qual estou esmiuçando essa questão da tatuagem é porque ela só se torna uma questão se você estiver usando a Bíblia fora de contexto. Esse é o caso em que devemos apelar para a graça de Deus quanto a essa questão. Precisamos pedir sabedoria a ele para ajudar nossos filhos a fazer escolhas sábias.

Permita-me dizer, para título de informação, que eu não tenho tatuagem, nem minha esposa, nem nenhum de meus filhos... ainda. Não estou escrevendo isso para justificar as minhas ações. A questão que temos diante de nós é como evitar desvios desnecessários da graça enquanto ainda permitimos que nossos filhos tenham a liberdade de serem diferentes. Pelo fato de eles quererem ser diferentes de maneiras que às vezes deixam alguma marca permanente, precisamos nos entregar a Deus para que ele nos dê sabedoria.

Eu, particularmente, tenho desencorajado — bem, basicamente tenho proibido — os meus filhos a fazer tatuagens. Se está achando que Cody levantou a questão, você está absolutamente certo. Uma das minhas filhas também fez isso. Nessas duas vezes, segui o caminho prático, que *pode* se basear na Bíblia. Meu pequeno discurso foi: "Fico feliz em falar sobre tatuagens, porque hoje elas são muito populares. Entretanto, não passam de uma modinha. Por isso, e porque elas têm que ser aplicadas de forma dolorosa, deixam uma marca permanente e só podem ser tiradas com um procedimento caro e doloroso, eu preferiria que vocês não fizessem. Existe um grande princípio que diz: 'Nunca sacrifique o que é permanente no altar do que é imediato.' O que hoje parece ser uma ideia ótima pode não parecer mais tão legal assim em alguns anos — ou daqui a vinte anos —, mas vocês estarão presos a isso. Além do mais, a tatuagem pode atrapalhar alguns tipos de opções de carreira, tanto no curto quanto no longo prazo, e a questão maior é que a Bíblia diz que quando você se casa, o seu corpo não pertence a você, mas é propriedade do seu cônjuge, conforme está escrito em 1 Coríntios 7:4. Já que existe uma boa probabilidade de vocês se casarem um dia, é preciso esperar para ver se o seu cônjuge aprova que tenham uma tatuagem. Independentemente de todas essas questões, eu e a sua mãe temos a responsabilidade financeira da manutenção do corpo de vocês. Até o momento que vocês se sustentarem, preferimos que deixem seus desejos com relação a isso para depois. Quando vocês viverem por conta própria, se quiserem ter o mapa de Phoenix tatuado no rosto, isso é com vocês."

O nível de aceitação desse tipo de conversa depende muito da profundidade do seu relacionamento com seus filhos. Se você tem trabalhado para fortalecer as três necessidades interiores e reagir a elas com graça por toda a infância deles, a probabilidade de que eles aceitarão seus desejos crescerá muito.

Se você observa o coração dos seus filhos e não vê razão alguma para questionar o relacionamento que eles têm com Cristo ou o juízo pessoal que fazem a respeito dessas questões mais emocionais, você tem a liberdade bíblica de fazer o que achar melhor. Se, depois de ter terminado toda a preparação, você se sente confortável com Deus, parece que a Bíblia lhe concede graça para deixar seus filhos adolescentes e jovens fazerem o que quiserem.

Algumas coisas que nossos filhos fazem para se expressarem de fato indicam problemas de foro íntimo. Entretanto, se nos preocuparmos em brigar com eles por causa dessas expressões exteriores, poderemos simplesmente agravar o que se passa dentro deles. É muito sábio ignorar ou atravessar o problema externo e lidar com o problema interno diretamente. Reagir com graça de forma proposital aos problemas internos de pecado, culpa, solidão, vergonha, desespero, raiva ou medo pode ter um efeito bem maior do que qualquer coisa que podemos fazer.

UMA VIDA LIVRE PARA SE EXPRESSAR

CONVERSAMOS SOBRE QUESTÕES específicas pelas quais os filhos demonstram interesse e que os fazem parecer diferentes. O que dizer então da forma como eles expressam a própria personalidade? A verdade é que muitos filhos são bem esquisitos. Às vezes, são um tanto quanto excêntricos e fazem coisas que, embora tenham tudo a ver com a personalidade deles, por alguma razão nos envergonham. Como lidar com isso com base na graça? A solução é simples: se eles não estão pecando e tratam as pessoas ao redor com respeito, apenas deixe que eles tenham a oportunidade de se expressar.

Certa noite, Bill e Amy vieram me procurar após a aula da escola dominical (a congregação da qual fazemos parte se encontra no domingo à noite). Eles queriam perguntar sobre o filho deles de cinco anos. Aparentemente, eles tinham passado a tarde com vários outros casais da idade deles. Todos tinham filhos pequenos, desde bebês até seis anos de idade. No processo de reunir o equipamento para o piquenique, um dos pais tinha pegado todo o gelo dos isopores e empilhou no canto do jardim. Quando as crianças viram aquilo, elas tiraram o sapato e começaram a andar em volta do gelo. As meninas agiram de forma mais delicada, e os poucos garotos no piquenique começaram a dar seus risinhos enquanto andavam com cuidado em meio aos cubos de gelo.

O filho do Bill e da Amy, porém, não se contentou em ficar rindo e se equilibrando em volta do gelo. Ele convenceu as crianças a deixar o caminho livre para que ele pudesse correr pela grama e pular direto no gelo, dando um grito bem alto nesse processo. As crianças riram e aplaudiram, o que o incentivou a fazer isso várias vezes. Sua roupa dele ficou toda molhada. Ele tinha até grama no cabelo. Bill e Amy notaram o que ele estava fazendo. Enquanto os outros pais olhavam a cena, ficou bem claro que o menino estava bem empolgado, mas seus pais estavam preocupados se seus amigos achariam que seu filho estava fora de controle e que eles não tinham muita habilidade em criá-lo. Tenho certeza de que alguns dos outros pais podem ter achado que o garotinho estava exagerando, mas eles eram do tipo de pais que acha que as crianças devem ficar quietas e se comportar com gentileza e passividade.

Bill e Amy decidiram interferir. Bill chamou o filho num canto e disse que não gostou do que ele estava fazendo. Proibiu o garoto de escorregar no gelo e disse que, como castigo, ele iria para a igreja com a roupa molhada. O que esse pai queria saber de mim, como alguém de fora da situação, era se eles deviam desincentivar o filho de brincar com tanta vontade — ainda mais com outras crianças por perto.

"O filho de vocês tratou mal os colegas ou não os deixou brincar no gelo?", perguntei.

Bill respondeu que ele não tinha feito isso.

"Havia alguma questão moral ou relacional que ele estava deixando de levar em consideração? Em outras palavras, havia algo de errado com o que ele estava fazendo? Vocês tinham dito antes a ele que não devia fazer aquilo?"

A essa altura, Amy interveio: "Não, ele não fez nada de errado, só molhou a roupa toda."

Os pais balançaram a cabeça, concordando.

"O filho de vocês se envolve bastante nas brincadeiras?"

"Com certeza, ele faz barulho, é agitado e não tem medo de contato corporal", respondeu o pai.

"Ele aceita desafios?"

"Sempre", disse a mãe.

"Será que a personalidade dele é do tipo de que faz as pessoas rirem?"

Os dois concordaram: "Com certeza!"

"Ele nem ligou de vocês fazerem ele ir à igreja com a roupa molhada, não é?"

Bill disse: "Nem um pouco. Ele poderia ir à igreja limpo, sujo, molhado, seco... Para ele, não faz a menor diferença!"

"Então ele estava agindo de acordo com a personalidade dele, mas vocês não gostaram porque são pessoas mais quietas e reservadas, e acharam que isso depunha contra vocês, mesmo sem ele ter feito nada errado?"

Bill acenou com a cabeça dizendo: "Isso mesmo!"

"Então por que vocês ficaram preocupados com o que fizeram?"

"Porque eu dei bronca nele, mas não tinha como dizer que ele estava fazendo algo errado", disse o pai.

"E porque ele chorou quando nós demos a bronca", complementou Amy. "Senti pena dele, acho que pegamos pesado."

"Bem-vindos ao clube! Sempre fazemos isso como pais. Vocês têm um ótimo filho, mas ele não nasceu do mesmo jeito que vocês. Ele tem uma personalidade marcante e impositiva, e gosta de fazer as pessoas rirem. Todas essas qualidades são maravilhosas e, se forem desenvolvidas com o passar do tempo, ajudarão muito no futuro de seu filho. É nesse contexto que a graça faz uma diferença bem grande!"

Você pode ter filhos que animam uma festa, ou que sejam líderes natos, tímidos, questionadores, que falam de forma delicada, ou que são barulhentos, são manteiga derretida, ou são teimosos, se distraem facilmente ou são muito sérios. A graça pode ser uma das melhores ferramentas à sua disposição para ajudá-los a expressar seus traços de personalidade de forma equilibrada.

PALAVRAS FINAIS

SEI QUE AS pessoas podem facilmente me entender de forma equivocada quanto a esse assunto. Pais que querem criar os filhos em um ambiente seguro e altamente controlado podem muito bem pensar que toda essa história de fazer concessões às atitudes esquisitas que eles demonstram parece ser permissiva demais. Não estou defendendo a criação de filhos exagerados e descontrolados, mas penso que dentro dos limites do respeito e da honra existe espaço para nossos filhos serem os indivíduos criativos que Deus propôs criar. É assim que Jesus nos cria como filhos. Tenho muita confiança no seu exemplo.

Algumas semanas antes de nosso filho Cody sair para a faculdade, eu e ele passamos um tempo no quintal conversando sobre vários assuntos, e mencionei o quanto ele estava bonito. O que me surpreendeu foi que ele mencionou o cabelo dele. Cody perguntou: "O que você achou da cor do meu cabelo?"

Olhei para o cabelo castanho, a cor *natural* dele. Bem, tenho que admitir que antes ele esteve bem mais claro, porém, nos dois últimos anos do ensino médio, ele deixou o cabelo crescer na cor natural.

"Eu gosto dele! Fica muito bem em você", respondi. Foi nesse momento que Cody disse uma coisa que me fez lembrar de que a graça possui uma grande recompensa.

"Sabe, pai, eu te dou o maior valor por você não ter feito nenhum escândalo quando eu quis descolorir meu cabelo na Suíça", disse ele.

"Que legal você dizer isso, Cody!"

"É, eu não quero mais nada disso. Agora que vou para a faculdade, cheguei à conclusão de que está na hora de eu parar com essas coisas de uma vez."

Bravo! Parabéns!

CAPÍTULO 8

A LIBERDADE DE SER VULNERÁVEL

O ESTADO DE ESPÍRITO DE UM FILHO PEDE UM TOQUE CARINHOSO. ÀS vezes, trata-se de um espírito perdido, confuso e importunado pelo medo, ou de um coração partido que deseja se recuperar no conforto profundo e acolhedor de alguém que o entenda e seja gentil com ele. Muitas vezes, trata-se de uma esperança muito boa para ser buscada por aí e bem delicada para se buscar de forma solitária. Na linha de frente de cada vida sempre há um menino ou uma menina em um estado frágil de tensão.

Como adultos, sabemos que aqueles que seguem o caminho bem batido para os pés da cruz encontram um espaço amplo para um coração pesado e feridas que não parecem sarar. Trata-se de uma graça maravilhosa que não banaliza a natureza instável da nossa personalidade. Não existe nenhuma condescendência que espera para se opor às tendências de ficar envergonhado facilmente. Não existem palestras que anseiam corrigir a insensatez do nosso pensamento. Não existe uma crítica dos nossos pensamentos incertos — somente um Salvador generoso com um coração manso que sabe como costumamos nos sentir inseguros dentro de nós.

Deus não "barra" ninguém que procure a graça dele. Você não encontrará nenhuma restrição de idade para aqueles que querem andar por seu caminho. Jesus disse: "Deixem vir a mim as crianças e não as impeçam; pois o Reino dos céus pertence aos que são semelhantes a elas" (Mateus 19:14). No entanto, alguns caminhos ficam mais fáceis quando andamos de mãos dadas com alguém mais velho e sábio.

OS PORTEIROS DA SUA GRAÇA

UMA DAS COISAS maravilhosas a respeito da graça de Deus consiste no abrigo seguro que ela oferece para um coração transparente. O Senhor não exige máscaras na sua sala do trono. Sou testemunha disso!

Jesus faz as pessoas se sentirem à vontade mesmo quando as encontra sem maquiagem. Quando as circunstâncias retiram as camadas da sua autoconfiança, e suas deficiências levam a base de sua justiça própria, Jesus não se espanta com as manchas que encontra por baixo dela. Não existe pecado tão ruim, nem uma dúvida tão grande, nem uma pergunta tão difícil, nem um coração tão despedaçado que a sua graça não possa tratar.

Essas são exatamente as coisas de que os filhos precisam bem cedo na vida, e Deus deu aos pais a responsabilidade de ser porteiros da sua graça. É a resposta atenta a essas questões frágeis que exercem o papel principal sobre se seus filhos estarão dispostos a prosseguir pelo caminho da graça de Deus. Além disso, ver sua caminhada até a graça pela ótica de *suas próprias* vulnerabilidades pessoais facilita que os filhos confiem em você quando os pega pelas mãos para mostrar a direção.

✳

*Deus deu aos pais a responsabilidade
de ser porteiros da sua graça.*

Eu me lembro de quando Claudette, uma amiga próxima de uma de nossas filhas, estava no ensino fundamental. Uma descarga de hormônios precoce a fez "florescer" antes do tempo. Já pelo quinto ano, Claudette parecia que estava quase se formando no ensino médio. Era uma garota com intelecto do quinto ano, corpo de universitária e a maturidade emocional de uma menina de dez anos. Quando soube que seus pais eram seguidores de Jesus, fiquei mais aliviado. A vida já é vulnerável o bastante para uma garotinha sem o peso extra de estar presa no corpo de uma mulher madura. É bem mais fácil quando as emoções, o intelecto e o corpo *amadurecem* ao mesmo tempo.

Havia o problema óbvio de ter o corpo muito mais desenvolvido do que todas as garotas da turma. Ela não se sentia incluída nos grupinhos, e sim mais como uma atração de um show de aberrações. As garotas da sua turma a viam como uma concorrente e como uma *outsider* do grupinho de amigas delas. Somente poucas meninas a tratavam de igual para igual.

Os garotos da turma se dividiam em duas categorias. Aqueles que estavam chegando na puberdade faziam comentários cheios de insinuações sexuais, enquanto outros a provocavam abertamente ou falavam gracinhas a seu respeito — que Claudette ficava sabendo por outras pessoas. Outra categoria de garotos simplesmente não sabia como conviver com uma menina da quinta série que tinha o físico da mãe deles. O maior desafio, no entanto, era os garotos do ensino médio. Eles não só reparavam na garota, mas também viam nela uma ingenuidade que podia ser explorada. Rejeitada pelo seu círculo social, Claudette poderia ser facilmente manipulada e abusada por aqueles que eram quatro ou cinco anos mais velhos.

Esse é um momento para que o pai e a mãe exercitem a capacidade perspicaz de identificar o *óbvio*. Claudette estava vulnerável para desenvolver uma visão equivocada dos seus colegas de sala, dos garotos mais velhos que ela achava tão interessantes e de si mesma. Ela precisava especialmente de um pai ou uma mãe que pudesse ver sua imaturidade emocional e interferisse em seu favor. Também precisava ter o tipo de afirmação costumeira de um pai que impede a filha de sentir a necessidade do tipo errado de atenção.

Infelizmente, seus pais não viam as coisas dessa forma, ou sequer chegavam a perceber a situação. Em vez de associar uma coisa com a outra e deduzir o óbvio, eles ignoraram o dilema da filha. Não era que Claudette estivesse escondendo isso dos pais. Ela contou a eles do distanciamento das meninas da escola e também da chacota dos meninos. Além disso, eles podiam ver por si mesmos o interesse que os garotos mais velhos do bairro demonstravam ter por ela. Mas seus pais a tratavam como se *ela* fosse o problema, e não como aquela que *tinha* um problema.

Encontrei o pai de Claudette e conversei com ele sobre alguns dos desafios gerais que todos nós temos na criação dos filhos. Foi nesse momento que percebi que a menina tinha sido abandonada. O pai era um homem teimoso e crítico, com pouca lógica para embasar suas opiniões. Quando falei com ele sobre assuntos espirituais, parecia que ele conhecia a Deus, mas também parecia que não o tinha convidado para tomar o controle de suas atitudes. Foi com arrogância que ele falou sobre como as garotas deviam agir, mas o que não entendia é que os filhos geralmente passam por situações em que é difícil até para eles *ter a mínima ideia* do que fazer. Eles não só se sentem extremamente confusos, mas também aterrorizados. Esse é um momento para demonstrar graça, que observa a situação que nossos filhos estão passando e se aproxima deles com a intenção sincera de ajudá-los.

O pai de Claudette, que me contou como havia se decepcionado com as escolhas que as filhas mais velhas tinham feito com relação aos garotos, não acreditava muito que ela faria escolhas inteligentes.

Eu também não acreditaria, mas minhas razões não tinham nada a ver com a menina. Claudette tinha um desafio incomum diante de si que pedia uma graça extraordinária de pais que não estavam dispostos a demonstrar graça nenhuma. Não fiquei nada surpreso quando soube das perdas trágicas de dignidade que Claudette sofreu ao passar da adolescência para a juventude.

Dá para imaginar como essa história terminou. Depois do ensino médio, Claudette morou com um rapaz por um tempo, ficou grávida, mas acabou sozinha. Enquanto escrevo estas linhas, ela já está com 23 anos. A maior parte desses anos foi cruel e desesperadora para ela. Um lar baseado na graça poderia ter lhe proporcionado uma situação bem diferente.

A SEGUNDA CARACTERÍSTICA DE UM LAR BASEADO NA GRAÇA

No CAPÍTULO ANTERIOR, aprendemos que a família baseada na graça concede aos filhos a liberdade de ser diferente. *Não é crime ser um indivíduo num lar como esse. Agora, permita-me apresentar a segunda característica do lar baseado na graça: ele é um lar que dá aos filhos a liberdade de serem vulneráveis.* Os filhos nascem com uma série de emoções simples. Não é que suas emoções ainda não se desenvolveram. É que eles apenas não tiveram o tempo de equilibrá-las com as provas severas da vida diária. As emoções imaturas podem se mostrar instáveis para as situações nas quais elas se encontram. Os filhos estão sujeitos a várias mudanças de estado de ânimo, a imaginações vãs e a medos incontroláveis. Eles precisam estar em um lar em que os pais não reajam de forma exagerada, nem de forma tímida, nem as ignorem.

É fácil acabar sendo enquadrado nessas três categorias. Quando nossos filhos têm uma queda por alguém, fazemos pouco caso e dizemos que é só uma "paixonite de adolescente". Quando eles ficam com medo dos novos desafios propostos em sala de aula, dizemos que isso "não é nada de mais". Quando ficam magoados porque sentem que ninguém gosta deles na escola, dizemos a eles que provavelmente estão "imaginando coisas". Falamos essas coisas não porque não ligamos para nossos filhos, mas sim porque, ao nos distanciarmos e colocarmos a situação em um contexto maior, nossa reação pode ser de fato adequada. Nossos filhos não estão tão apaixonados quanto acham estar, nem correm tantos apuros na escola quanto supõem, e podem ser mais populares do que imaginam. Em outras palavras, trata-se *mesmo* de uma paixonite, de fato *não é nada de mais*, e eles estão *realmente* imaginando coisas. Mas o que nossos filhos precisam nesses momentos de fraqueza não é de uma avaliação instantânea (não importa o quanto ela seja exata), e sim de um pouco de compreensão e carinho. Digo isso por duas razões:

1. Precisamos tratar nossos filhos do modo como Deus nos trata.

A Bíblia diz: "Lancem sobre ele toda a sua ansiedade, porque ele tem cuidado de vocês" (1 Pedro 5:7). É incrível como a palavra "toda" é inclusiva. Ela não indica que devamos somente lançar nossa ansiedade *legítima* sobre Deus. Para ser honesto, eu não ficaria com inveja de Deus se ele *tivesse* dito isso. Embora ele seja um Deus ocupado com muitas responsabilidades, também é um Deus onipotente, então nunca fica cansado de todo o trabalho. Mesmo assim, parece razoável, pelo menos de uma perspectiva humana, não perturbá-lo com coisas que surgem da imaturidade dos nossos filhos. Felizmente, o Senhor é um Deus de graça. Ele ama nos conceder coisas que não necessariamente merecemos, mas de que precisamos muito. Ele sabe que, em geral, não temos a perspectiva correta, mas isso não o impede de nos convidar para nos aproximarmos do seu coração.

Não é somente o ato gigantesco de graça que Jesus demonstrou morrendo na cruz por nossos pecados que é um bom exemplo da graça de Deus, mas também os pequenos atos que ele demonstrou *durante* a sua crucificação. Acho que a maioria das pessoas — inclusive os críticos mais ferrenhos do cristianismo — teria que concordar que, se houve algum momento na vida terrena de Jesus que ele de fato tinha o direito de pensar em si mesmo, foi quando estava pendurado na cruz. O ser humano ainda não concebeu uma tortura tão horrível quanto pregar uma pessoa na cruz e observá-la em uma morte lenta, agonizante e solitária. No meio dessa agonia, todo o destaque da dor na mente humana dificultaria que se pensasse em qualquer outra coisa.

Mas Jesus conseguiu pensar. Havia alguns indivíduos no Calvário que precisavam de um toque pessoal da sua graça. Para a maioria dessas pessoas, elas precisavam da graça por causa do quanto a crucificação de Cristo lhes custava.

Havia soldados no Calvário que estavam apenas seguindo ordens. Eles não percebiam que estavam colocando cravos nas mãos daquele que os criou. Não passava pela mente deles que o homem que executavam estava, na verdade, dando um mergulho divino a favor deles. Pelo fato de estarem tão acostumados a crucificar os piores exemplos da comunidade criminosa, era comum para eles dar tão pouca atenção a suas vítimas.

Uma multidão frágil se reunia aos pés da cruz. Algumas pessoas vinham apenas para assistir a alguém ser condenado à morte. Era o equivalente romano de um "reality show" que ninguém queria perder. Havia também as ovelhas enganadas — aqueles que não sabiam muito, nem liam muito, nem pensavam muito. Eles faziam parte da multidão que gritaria qualquer palavra de ordem que lhe fossem ditas.

Então havia os homens que *queriam* que ele estivesse lá, que *precisavam* que ele estivesse lá e que ajudaram a *colocá-lo* lá. Esses eram os teólogos profissionais transformados em negociadores do poder que tinham visto Jesus como algo ruim para os negócios ao redor do templo. Eles não conseguiam ver as barras de madeira acima de suas cabeças. Eles não conseguiam ver os fios finos que vinham dessas barras de madeira, que os faziam saltar e manipulavam suas bocas. Não enxergavam as mãos perversas de Satanás, usando-os como marionetes para fazer sua vontade.

Mas Jesus conseguia vê-las. Ele enxergava os líderes religiosos sendo usados, a multidão ser manipulada, os soldados cumprindo as ordens que tinham recebido. O fato de que ele até se importou em observar essas coisas nos diz muito a respeito da sua graça. Jesus realmente os observou, e durante esse processo fez algo para conceder a todas essas pessoas um presente de que precisavam desesperadamente. Jesus disse: "Pai, perdoa-lhes, pois não sabem o que estão fazendo" (Lucas 23:34). É verdade que algumas pessoas poderiam argumentar a partir do contexto desse versículo que as únicas pessoas às quais Jesus estava se referindo eram os soldados, já que ele fez essa declaração logo depois de eles terem perfurado suas mãos com os cravos. Entretanto, um olhar mais próximo dessa passagem pode também dar crédito a uma aplicação mais ampla de suas palavras a todas as pessoas que estavam ao seu redor. Independentemente disso, Jesus deu graça aos vulneráveis ao seu redor, mesmo enquanto tinha questões maiores em sua mente.

Além disso, o que dizer dos ladrões que foram crucificados à sua direita e à sua esquerda? Você pensaria que, já que ele estava com os pecados de todo o mundo nos ombros, ignoraria esses homens. Quando leva em conta que os dois homens acompanharam a multidão nos insultos contra Jesus,[1] você pensaria que ele estaria justificado em ver esses dois homens condenados como simples notas de rodapé da história — um pouco mais do que simples suportes pendurados ao seu lado para dar um contraste maior à magnificência do seu sacrifício. No entanto, o coração de Jesus não funciona dessa maneira.

Aparentemente, um dos ladrões percebeu isso. Sua teologia era bem rudimentar e o seu entendimento era limitado, mas ele conseguiu perceber o suficiente em seu estado debilitado. Ele percebeu que Jesus era um Rei, conforme indicava a inscrição acima da sua cabeça. Descobriu que o reino dele não era deste mundo, e acreditou que Jesus tinha o poder de transportá-lo para esse reino depois de morrerem. Essa foi uma compreensão primitiva da mensagem da salvação. Ele chamou Jesus pelo nome, dizendo: "Jesus, lembra-te de mim quando entrares no teu Reino" (Lucas 23:42).

Esse ladrão não poderia saber que, quando eles estavam sendo colocados lado a lado para serem crucificados, Jesus já sabia o seu nome. Jesus poderia ter dito a ele quantos fios de cabelo ele tinha na cabeça — não que ele tenha prestado tanta atenção naquele momento, mas Jesus já o conhecia o suficiente para saber disso. Ele poderia lhe ter dito coisas que ninguém sabia sobre ele, coisas que teriam demonstrado o quanto ele era precioso para Deus. Em meio à sua dor, ao seu destaque pessoal e à sua preocupação em levar os pecados do mundo, Jesus respondeu às palavras de fé desse homem: "Eu lhe garanto: hoje você estará comigo no paraíso" (Lucas 23:43).

Os soldados, os líderes, os seguidores e os criminosos receberam a atenção de Jesus individualmente mesmo havendo tarefas maiores em sua lista. Isso porque a sua graça acusa a presença de pessoas vulneráveis. Ela está sintonizada o tempo todo com o coração deles.

Isso realmente fica bem claro quando observamos como Jesus tratou a mãe, Maria, essa mulher preciosa que tinha sido consagrada para providenciar um ventre para o Redentor e que permaneceu bem próxima aos pés da cruz. Ela tinha ao seu lado a tia de Jesus e vários amigos fiéis. Pelo fato de ela estar em uma companhia boa e segura, Jesus poderia facilmente ignorá-la, concentrando-se em sua grave situação. Teria sido justo para ele supor que, por ela ser quem era, e por causa das pessoas que a acompanhavam, sem dúvida Maria seria bem cuidada depois que ele morresse. Entretanto, ele não era apenas o filho unigênito de Deus, mas também o filho mais velho de Maria. Seu guardião terreno — José, o marido da sua mãe — tinha morrido. Ele sabia que seus outros irmãos teriam muito o que fazer depois da sua ressurreição.[2] Como ele era o primogênito, era responsabilidade de Jesus deixar instruções para o cuidado dela, já que ele tinha sido condenado à morte.

Em meio à sua agonia, Jesus observou o quanto sua mãe ficaria vulnerável por causa da sua morte. Ele podia estar com o mundo nos ombros, mas mesmo assim deu a atenção suficiente para colocar sua mãe no coração. Sua graça era específica, clara e abrangente: "Quando Jesus viu sua mãe ali, e, perto dela, o discípulo a quem ele amava, disse à sua mãe: 'Aí está o seu filho', e ao discípulo: 'Aí está a sua mãe'. Daquela hora em diante, o discípulo a levou para casa" (João 19:26-27).

Nenhuma dessas pessoas podia ver o que só Jesus via. Nenhum deles tinha uma compreensão geral do que se passava. Suas necessidades foram o resultado de sua cegueira, ou de sua ingenuidade, ou de sua falta de sofisticação. Jesus poderia ter ignorado suas necessidades por eles parecerem pequenos ao lado da tarefa maior que ele tinha diante de si mesmo, mas sua graça entrou em ação, e ela sempre entrará em ação para nós quando nos sentirmos vulneráveis. Ela também surge quando sequer percebemos o quanto somos vulneráveis de fato.

Nossos filhos precisam desse tipo de graça. Sua vida confusa pede por nosso toque gracioso. Deus nos dá somente o suficiente para um bom começo para trazer perspectiva e entendimento das necessidades frágeis dos nossos filhos.

2. Precisamos dar aos nossos filhos a liberdade de serem vulneráveis por causa da natureza singular da infância.

A posição que nossos filhos ocupam no início da vida os fazem automaticamente vítimas de duas forças em conflito dentro deles. Por um lado, se encontram os *fatos* de qualquer situação em particular. Deles fazem parte tanto os detalhes empíricos, que podem ser quantificados de modo quase científico, quanto as teses, que podem ser provadas sem sombra de dúvida. Essas são as coisas que os pais conseguem enxergar e os filhos não.

No outro lado da equação se encontram os *sentimentos* envolvidos em qualquer situação. Eles geralmente determinam o que nossos filhos percebem sobre a situação em que se encontram. O ponto principal é que o modo como nossos filhos se sentem sobre as situações pode não ter o menor vínculo com os fatos. Por exemplo, talvez eles se sintam sozinhos, mesmo tendo um número significativo de amigos que os amem com carinho. Podem sentir que não são atraentes, mesmo que tenham a aparência de um supermodelo. Talvez se achem pouco inteligentes, mesmo que provas apontem o contrário. Eles podem se sentir bem incapazes de lidar com as pessoas e cultivar relacionamentos, mesmo que seus professores e líderes de jovens percebam suas personalidades cativantes e suas habilidades de liderança que incentivam as pessoas a segui-los. Por causa dessa ruptura entre fatos e sentimentos, nossos filhos podem se sentir extremamente vulneráveis enquanto passam pela infância.

Seria fácil descartar suas preocupações com o simples ato de expressar esses fatos. Entretanto, os sentimentos do filho têm o poder de ofuscar os fatos. Independentemente do que podemos apontar, o coração dele muitas vezes insiste em permanecer no lado sentimental (assim como nós, adultos, fazemos). A falta de maturidade dificulta que eles vejam além de suas emoções. A boa notícia é que os problemas se desfazem quando eles crescem e passam por mais experiências que os ajudam a filtrar a própria vida, ainda que isso não aconteça de forma completa.

Os adultos *saudáveis*, diferente do personagem Spock da série *Jornada nas estrelas*, que não tinha a capacidade de se sensibilizar, possuem a habilidade de *sentir*, bem como *de tomar* decisões baseadas na realidade dos fatos. Um dos grandes fatores que determinam se as crianças estão amadurecendo para ser esse tipo de adulto saudável (isto é, adultos que não são dominados nem manipulados por seus sentimentos) é o modo pelo qual elas lidam com as vulnerabilidades na infância. Se o filho cresce em um lar no qual seus pais não notam suas vulnerabilidades, não as reconhecem ou não permitem que elas venham à tona, esse filho passa a ser um forte candidato para viver o restante de sua vida como refém dessas áreas de fraqueza.

*
Independentemente do que podemos apontar, o coração dele muitas vezes insiste em permanecer no lado sentimental.

O lar baseado na graça é um elo importante com a saúde e o bem-estar dos filhos como adultos. Isso se deve ao fato de que nossas vulnerabilidades têm o poder de nos definir se não tivermos cuidado. O legalismo, os modelos barulhentos ou rígidos de criação de filhos e os pais e mães preocupados podem impedir que os filhos aprendam a encarar suas situações de fragilidade. A graça é a chave que abre a porta para uma vida adulta equilibrada.

Sua disposição e sua capacidade de se posicionar com graça ao lado de seus filhos nos momentos vulneráveis os ajudam a lidar com as dificuldades deles. Talvez eles temam que você se divorcie apenas porque muitos dos pais de seus amigos se separaram. Você precisa ajudá-los de forma graciosa em meio a isso tudo. Eles podem se sentir inseguros porque você ou seu cônjuge foram casados com outra pessoa antes. Você precisa reconhecer esses medos e redobrar os esforços para ajudá-los a processar o efeito que seu divórcio provocou neles. Talvez seus filhos se sintam tolos, desengonçados, deslocados ou isolados. Eles precisam de uma graça que ofereça amor em vez de sermões, entendimento em vez de ignorância e um plano em vez do abandono.

NÃO QUERO PARECER UM DISCO ARRANHADO, MAS...

Quando os filhos se sentem mais vulneráveis, é quase sempre porque uma de suas necessidades internas motivadoras está sendo testada. Às vezes, todas as três são testadas de uma vez. É por isso que é fundamental para os pais baseados na graça fazer com que o atendimento dessas três necessidades internas seja o seu objetivo *diário*. Essas necessidades sempre estarão presentes no cotidiano dos filhos. Quando eles perceberem, por qualquer razão, que não estão se sentindo seguros, importantes ou fortes o bastante em determinado momento, um sentimento de vulnerabilidade sempre os abala. Isso pode acontecer quando são bebês no berço ou estão no último ano do ensino médio, prontos para a formatura. Mesmo quando o seu filho está em boa forma e é bem mais alto que os colegas, ou quando sua linda filha é o padrão de elegância das amigas, eles se sentem inseguros, se acham insignificantes e incapazes.

Esse é o momento exato em que as forças da escuridão gostam de dar o bote, e é por isso que você não pode se dar ao luxo de fazer pouco caso das situações em que seus filhos se sentem frágeis. Satanás não ignora essas ocasiões. Na verdade, ele acha ótimo quando nossos filhos se sentem vulneráveis, pois encaminha soluções falsas para atender a essas necessidades. Se você não toma a iniciativa com o amor, o propósito e a esperança de que precisam para competir com esses desafios, é ele que se adianta. Na verdade, Satanás fará isso mesmo se você oferecer tudo isso. Contudo, ele não é páreo para a graça de Deus. Filhos com pais que encontram seu amor definitivo, seu propósito profundo e sua esperança sobrenatural em Jesus Cristo têm pais que podem mostrar para eles como enfrentar suas vulnerabilidades com um amor seguro, um propósito importante e uma esperança forte.

FALANDO EM FORÇA...

JÁ VIMOS UMA parte dessa passagem anteriormente. O apóstolo Paulo sabia o que era se sentir vulnerável. Quando você lê a autobiografia dele no capítulo 11 de 2 Coríntios, percebe que ele teve de processar várias situações que o fizeram questionar o seu senso de segurança, importância e força. Na verdade, os testes maiores para essas necessidades aconteceram *depois* que ele entregou seu coração a Cristo para que ele o guardasse de forma segura.

Permita-me passar para vocês alguns pontos altos (ou baixos) do currículo de Paulo:

> Trabalhei muito mais, fui encarcerado mais vezes, fui açoitado mais severamente e exposto à morte repetidas vezes. Cinco vezes recebi dos judeus 39 açoites. Três vezes fui golpeado com varas, uma vez apedrejado, três vezes sofri naufrágio, passei uma noite e um dia exposto à fúria do mar. Estive continuamente viajando de uma parte a outra, enfrentei perigos nos rios, perigos de assaltantes, perigos dos meus compatriotas, perigos dos gentios; perigos na cidade, perigos no deserto, perigos no mar e perigos dos falsos irmãos. Trabalhei arduamente; muitas vezes fiquei sem dormir, passei fome e sede, e muitas vezes fiquei em jejum; suportei frio e nudez. Além disso, enfrento diariamente uma pressão interior, a saber, a minha preocupação com todas as igrejas. Quem está fraco, que eu não me sinta fraco? Quem não se escandaliza, que eu não me queime por dentro? (2 Coríntios 11:23c-29)

Toda vez que sinto pena de mim mesmo, recorro ao capítulo 11 de 2 Coríntios para colocar minha vida de volta à perspectiva correta. Não conheço nenhum outro adulto que estava tentando viver para Jesus Cristo que precisasse pagar um preço alto por tanto tempo quanto o apóstolo Paulo. Tenho certeza de que existem outros por aí, mas não faço ideia de quem sejam. O que inspira meu espírito quando leio essa passagem é o entusiasmo de Paulo pela vida que Deus lhe concedeu. Não existe reclamação, nem raiva, nem desistência. Na verdade, tudo isso o levou a uma sensação profunda de alegria. O que também é interessante é que nem todo esse entusiasmo para suportar a série de agruras o isentou da batalha contínua pela qual todos passam por causa das suas fraquezas e tentações.

Entretanto, Paulo foi vencedor e a razão disso foi a graça de Deus.

Para que você não ache que estou generalizando tudo isso para apoiar o tema do meu livro, veja o que acontece logo após essa passagem. Alguns versículos depois, Paulo nos revela os recessos de sua alma, para que demos uma olhada na dor profunda que ele experimentou e em como ele por fim aprendeu a lidar com ela por meio da graça de Deus.

Aparentemente, houve algum momento na vida adulta de Paulo que ele morreu. Pelo menos parece ter havido um acontecimento que causou a separação da alma do seu corpo. Se você recorda, ele disse: "uma vez [eu fui] apedrejado." É bem provável que esse tenha sido o momento em que ele de fato morreu. Você pode ler sobre isso em Atos 14:19. Na cidade de Listra, a passagem diz: "Então alguns judeus chegaram de Antioquia e de Icônio e mudaram o ânimo das multidões. Apedrejaram Paulo e o arrastaram para fora da cidade, pensando que estivesse morto."

Se é que existe alguma coisa que se pode dizer sobre um apedrejamento é a sua eficácia para se dar fim a uma vida. Paulo pode ter realmente morrido nessa ocasião. Nem mesmo ele tinha certeza disso (2 Coríntios 12:2-3). De qualquer maneira, em algum ponto da sua vida adulta, Deus o trouxe acima no céu e lhe deixou dar uma boa olhada naquilo que havia lá. Ele viu e ouviu coisas que não é permitido ao homem contar para as pessoas na terra (2 Coríntios 12:4). Deus queria incentivar Paulo a se manter na batalha. Ele tinha razões de sobra para desistir, então Deus lhe mostrou o que o aguardava quando o seu tempo na terra terminasse. Esse foi o ato tremendo de graça. Em qualquer momento que podemos ajudar as pessoas a ver uma luz em meio à confusão, à preocupação, à dúvida ou a dor, estamos na verdade lhes dando presentes.

Entretanto, a visão de tudo isso poderia fazer com que Paulo voltasse para a batalha com algum orgulho em seu coração. Talvez ele quisesse se vangloriar do tratamento especial que recebeu e deixar escapar alguma coisa que viu. Afinal de contas, não dá para citar nenhum de seus contemporâneos que teve o privilégio de viajar para os bastidores do céu tendo o próprio Deus como guia. Essa é a razão pela qual Deus lhe deu um *problema* para vencer que seria uma lembrança permanente para ficar quieto e continuar sendo humilde. Ele disse: "Foi-me dado um espinho na carne, um mensageiro de Satanás, para me atormentar" (2 Coríntios 12:7).

Houve um grande debate sobre o que ou quem era esse espinho ou mensageiro, mas a linguagem nos diz tudo o que precisamos saber. Seja o que for, ele picava, queimava e latejava como um espinho que se aloja debaixo da pele. Lembra-se de quando o espinho de uma rosa furou o seu dedo? O espinho causa tanto desconforto que você não consegue pensar em mais nada. Você só quer parar tudo e arrancá-lo. É assim que aparentemente essa forma de tormento aflige Paulo, que também o chamava de mensageiro de Satanás. Supondo que Satanás nunca seria portador de boas notícias, essa "coisa" que Deus permitiu que entrasse na vida do apóstolo pelo visto era algum lembrete doloroso capaz de lhe trazer os piores sentimentos.

*

Minha graça é suficiente para você, pois o meu poder se aperfeiçoa na fraqueza (2 Coríntios 12:9).

Paulo fez o que qualquer um de nós faria. Aproximou-se de Deus e rogou por alívio. O espinho em sua carne o enfraquecia e lhe mostrava o quanto ele era vulnerável. Ele rogou a Deus três vezes que o retirasse. Isso significa, para aqueles entre vocês que estão fazendo as contas em casa, que depois de ouvir daquela vez a palavra "não", ele chegou à conclusão de que não teria nenhum outro "não" como resposta. Mas, depois da terceira vez, Deus acrescentou um aviso que ajudou Paulo a passar por sua aflição. Ele disse:

Minha graça é suficiente para você, pois o meu poder se aperfeiçoa na fraqueza (2 Coríntios 12:9).

Foi com a graça de Deus que Paulo descobriu como se sentir seguro, importante e forte. Ele não deixou de ter fraquezas nem pontos de vulnerabilidade, mas recebeu a graça necessária para enfrentá-los e aceitá-los.

Há momentos em que Deus coloca de propósito coisas na vida de nossos filhos que os fazem sentir muito frágeis — e ele não quer retirá-las. Quem sabe seja um filho que é baixinho e que sempre será assim, ou mesmo uma filha que vive em guerra com a balança e nunca conseguirá perder os quilinhos a mais. Pode ser que um filho tenha alguma necessidade especial ou alguma dificuldade intelectual. Podem ser filhos que são escolhidos por último e que *sempre* serão escolhidos por último. Deus coloca justamente essas coisas na vida deles como pontos de contato da sua graça. O melhor sistema de entrega disso é um pai ou uma mãe que se baseia na graça. O amor e a compreensão podem ser exatamente as coisas que ajudam seus filhos a transformar esses contratempos em oportunidades ao seu favor.

Foi isso que aconteceu com Paulo. Veja como ele concluiu essa discussão sobre a sua vulnerabilidade:

Portanto, eu me *gloriarei* ainda mais alegremente em minhas fraquezas, para que o poder de Cristo repouse em mim. Por isso, por amor de Cristo, regozijo-me nas fraquezas, nos insultos, nas necessidades, nas perseguições, nas angústias. *Pois, quando sou fraco é que sou forte* (2 Coríntios 12:9b-10, destaque nosso).

Você provavelmente nunca ficará sabendo sobre o impacto profundo que o ato de conceder graça terá sobre as vulnerabilidades de seus filhos, mas é óbvia quanta devastação haverá se você não fizer isso. Se Deus não tivesse visitado Paulo com graça durante seus momentos de vulnerabilidade, suas cartas e sua história provavelmente teria sido bem diferentes. O mesmo se aplica aos seus filhos. Essas coisas dentro da vida deles que lhes fazem parar são exatamente as coisas para as quais você é chamado para lidar com graça. Não há como medir o tamanho do efeito que o seu dom da graça terá sobre a vida deles.

UM DIA QUE MUDOU TUDO

O VERÃO ENTRE o meu oitavo e o nono ano foi com uma escada que me levou para a porta da vida adulta. Quando saí pelo portão da minha escola de ensino fundamental naquele mês de junho, estava ansioso para frequentar uma das maiores e mais prestigiosas escolas de ensino médio do estado. É isso que você pensa quando não sabe nada sobre nenhuma outra escola. Tudo o que sabia era que no outono eu estaria caminhando pelas salas da escola de Annapolis. Meu plano era fazer parte do time de futebol, um dos melhores do país. Eles ostentavam quase uma década de vitórias. No maravilhoso ensino médio, as meninas eram mais bonitas, o rock tocava mais alto e tudo estava sempre em ação.

Porém, quando as aulas começaram, em setembro, a escola não tinha espaço suficiente para os novos alunos. Para resolver o problema, a administração anexou uma escola de ensino fundamental que ficava a um quilômetro de distância e mandou algumas centenas de nós, alunos, para esse prédio, que fica só a uma quadra do porto, no coração de Annapolis. Eu era um desses calouros sortudos, o que indicava que tinha que dividir um campus bem pequeno com centenas de criancinhas barulhentas com a metade da nossa altura.

Que chato! Nós não contávamos com uma biblioteca sofisticada, com instalações científicas elaboradas e só tínhamos aulas limitadas de música e de artes. No entanto, para mim, o maior sacrifício foi no esporte. Não podíamos nos vestir para as aulas de educação física, o que significava que tínhamos que praticar esportes com o uniforme da escola. Naquele outono, jogamos bandeirinha ao lado de um parquinho infantil, e quando o inverno chegou, jogamos basquete em um ginásio pequeno no segundo andar de um prédio do condado a uma quadra de distância. Não havia como tomar banho antes de voltar às aulas, então passávamos o resto do dia com roupas que cheiravam a suor.

Em uma manhã de inverno, eu e meus colegas andamos por essa quadra até o ginásio próximo e subimos a escada para o segundo andar, onde encontramos uma cama elástica no meio da quadra de basquete. Eu nunca tinha pulado em um pula-pula.

Quando o sino tocou para marcar o início da aula, o professor do ginásio saiu do escritório para a quadra. Era o professor mais novo que tínhamos, havia acabado de se formar e aquela era a primeira vez que trabalhava como instrutor de educação física. Ele subiu na cama elástica e soprou o apito. Esse foi o sinal para que parássemos o que estávamos fazendo, ficássemos em silêncio e nos reuníssemos. Formamos um retângulo sólido de calouros prontos para saltar.

Os olhos do professor percorreram depressa ao redor do pula-pula, analisando cada um de nós. Depois de ele ter olhado para o último aluno, virou para trás em minha direção e disse: "Kimmel, tire os tênis, fique apenas de meias, suba no pula-pula e siga as minhas instruções." Fiz o que ele pediu, mas, assim que eu subi, observei que as minhas meias estavam furadas. Normalmente eu não me importaria muito com isso, mas um dos meus amigos notou.

"Olha só os furos da meia do Kimmel! Ei, Tim, quer as minhas emprestadas? Passa em casa quando voltar e eu te dou um par! Eu tenho um monte! Ou quem sabe você prefira que façamos uma coleta para você depois da aula."

"Pare com isso!", o professor disse, mas já era tarde. Os meninos deram uma boa risada, e continuaram a fazer comentários maldosos.

Vocês precisam saber de alguns detalhes que colocarão esse cenário no contexto. Em primeiro lugar, se isso acontecesse comigo *agora*, eu nem ligaria. Tenho a experiência de anos e a maturidade que me capacitam a ignorar as frases provocadoras que meus amigos dizem — eu até riria delas. Porém, quando você está nesse corredor de tempo chamado adolescência, não é incomum ficar bem chateado com esse tipo de coisa. Essa é uma época em que os garotos sofrem daquilo que eu chamo de "síndrome do centro das atenções". Eles têm certeza de que *todo mundo* está prestando atenção neles. São inseguros a respeito da sua preferência, das suas habilidades sociais, do seu intelecto e da sua condição financeira. Filhos nessa idade têm *certeza* de que alguém está reparando nas suas orelhas, ou no seu nariz, ou em alguma outra parte do seu corpo.

Nesse cenário em particular, os que estavam rindo de mim chamaram atenção (pelo menos em minha maneira frágil de pensar) para a situação econômica da minha família. Éramos uma família do filão mais baixo da classe média. Não éramos o que as pessoas considerariam pobres, mas também não seríamos vistos como uma família com mordomias. Porém, não nos faltava comida, e meus pais conseguiam pagar todas as contas na data certa. Quanto às roupas, nossa filosofia era: "Use-as o máximo que puder." Até aquele momento, eu tinha achado que esse era um plano bem sensato, mas naquele dia da cama elástica, tudo o que eu conseguia pensar era nos dedos do meu pé saindo das meias e nos meus colegas dando risadinhas.

Quando terminei, todos os outros meninos da minha turma tiveram sua vez de pular também. Nem olhei para eles. Eu só conseguia pensar nas minhas meias. Pensei o seguinte: *Vou correndo para a casa e remendarei todas as meias que tenho. Nunca mais deixarei que algo assim aconteça comigo novamente!*

Assim que a aula terminou, o professor de educação física nos dispensou para voltar para a escola, e ele voltou para sua sala. Calcei meus tênis com cuidado, para colocar a ponta da meia em cima dos dedos do pé, e os amarrei. Juntei os livros que estavam no ginásio e, quando começava a descer as escadas para a próxima aula, ouvi uma voz dizer: "Kimmel, espere!" Era o professor de educação física. Ele veio correndo pela escada, me chamou de lado para uma sala pequena e se aproximou de mim o suficiente para que ninguém nos ouvisse.

"Tim, chamei você para fazer aquela demonstração na aula porque acho que você é o aluno mais ágil da turma." Depois, ele desamarrou um dos seus tênis e o tirou. Sua meia tinha um grande furo e dois dedos do pé estavam aparecendo. Ele levantou o pé um pouco, mexeu os dedos. "Pessoas ágeis como nós são terríveis com as meias!", disse ele, descendo os pés e voltando a calçar o tênis. "Agora você pode ir para a aula."

Enquanto eu estava indo embora, uma pergunta não saía da minha cabeça: *o que quer dizer "ágil"?* Nunca tinha ouvido a palavra antes (o que lhe dá uma ideia do quanto eu era um aluno patético). Mas a minha próxima aula era de gramática e naquele dia eu abri o imenso dicionário que ficava à disposição na sala e procurei por essa palavra. Com o canto do olho, pude ver minha professora sorrindo. Ela *amava* ver os alunos consultando o dicionário sem que ela pedisse.

Encontrei a palavra "ágil", e eu li pela primeira vez que eu podia me "mover com rapidez, facilidade, elegância e vitalidade". Também li pela primeira vez que eu era "mentalmente atento e perspicaz".

Ninguém havia me falado nada desse tipo antes. Escrevi essa definição em um papel e li várias vezes até memorizá-la. Esse incidente transformou a minha vida em duas áreas fundamentais. Uma dessas áreas era a educação física. Duas semanas depois, o professor do ginásio fez uma competição para ver quem conseguia fazer o maior número de abdominais no nono ano. Venci com o recorde de 560 abdominais. Abdominais completos, em que alguém segura os seus pés e suas pernas ficam esticadas sobre o chão enquanto você se levanta e toca os cotovelos no joelho oposto. Nem deixam mais os meninos fazerem esse tipo de exercício pelo impacto que causa na coluna. Na verdade, os músculos da minha barriga doeram por uma semana, mas nem liguei, porque eu era *ágil*.

Meu comportamento como aluno também se transformou. Até então, só haviam me dito que eu era um aluno comum, e tinha sido colocado em turmas com alunos comuns. Porém, de repente, vi minha vida do modo como via meu corpo, como algo capaz de muito mais do que eu imaginava.

✱

Na verdade, os músculos da minha barriga doeram por uma semana, mas nem liguei, porque eu era ágil.

Levei um tempo para entender tudo o que havia acontecido. Lembrei-me de como meu professor de educação física saiu depressa quando nos dispensou. Isso porque ele correu até sua sala, tirou o tênis, pegou a tesoura, cortou a meia, calçou o tênis e voltou para me procurar. Ele não saía por aí com furos nas meias; pelo amor de Deus, ele era um professor de educação física!

O que aconteceu foi que, certa manhã, aquele professor viu um aluno vulnerável, precisando muito de graça, e lhe deu um presente. Esse jovem, que tinha acabado de sair da faculdade, estava prestando atenção a uma área que a maioria das pessoas tem ignorado. Ele viu um menino desajeitado em uma situação embaraçosa e percebeu o quanto isso doía. Ele teve empatia o suficiente para se colocar no meu lugar — e nas minhas meias. Ele tomou uma atitude.

Com aquela ação, ele supriu minha necessidade de firmeza. Ele me mostrou o quanto eu era amado e querido pelo que fazia. Meu professor de educação física se desdobrou para me destacar e honrar com ajuda para o meu coração. Ele também atendeu à minha necessidade de importância. Ao dizer que eu era ágil, estava me dizendo que eu tinha um dom que a maioria dos meus colegas não tinha. Esse dom me deu propósito para eu tentar superar a média. Ele estava me dizendo que eu tinha desenvolvido esse dom de tal maneira que estava me capacitando a me destacar na multidão. Ele também supriu a minha necessidade de força. Quando aquela pessoa notou minhas capacidades físicas e intelectuais, recebi a esperança de um futuro mais promissor. Meu professor não estava somente me dizendo quem eu era, mas também me dando razões para acreditar que eu poderia ser muito mais.

Além disso, ele mostrou que eu era a pessoa mais indicada para fazer isso.

Às vezes, é um desafio que aparece como uma vulnerabilidade de um filho. Outras vezes é a sensação momentânea de ser superexposto que proporciona esse sentimento. Seja o que for ou quando for, nossos filhos precisam saber que não há problema em ser vulnerável diante de nós. Em suas fraquezas, eles precisam encontrar o caminho da força verdadeira. Deus nos delegou a administração dessas oportunidades maravilhosas para fazer a diferença na vida dos nossos filhos.

Isso se chama criação de filhos baseada na graça.

CAPÍTULO 9

A LIBERDADE PARA SER SINCERO

O PROGRAMA DE TV *CANDID CAMERA* [CÂMERA SINCERA] PRATICAMENTE estreou junto com a televisão nos Estados Unidos. Ganhou várias versões e apresentadores com o passar dos anos, mas seu esquema é basicamente o mesmo. Desde quando Allen Funt pegou sua primeira vítima despercebida em 1953, esse programa tem colocado pessoas em situações confusas, vergonhosas e na maioria das vezes engraçadas que as fazem quase perder a cabeça. Essa é a razão pela qual eu sempre achei que o programa tinha que ter um nome diferente. Não se trata na verdade de uma câmera *sincera*, mas de algo que mais parece uma câmera *de emboscada*. A audiência sempre apoiava a brincadeira, Allen Funt e a equipe de produção que armavam a situação sabiam dela, lógico, mas o pobre coitado que participava da pegadinha não sabia de nada.

Às vezes, esse dilema artificial fazia pessoas normalmente cuidadosas com o que falavam soltarem palavrões. Ou então eles pegavam idosas conhecidas pela sua calma e placidez que acabavam perdendo a cabeça e faziam um discurso descontrolado, apontando o dedo. Havia também os "pilares da comunidade", que eram pegos com a mão na massa fazendo alguma coisa errada.

Então a audiência dava risada, mas também dava um suspiro de alívio, feliz porque eles que foram pegos em rede nacional, não ela. Não sabemos o que faríamos se nos encontrássemos nessas mesmas situações, mas de uma coisa temos certeza: não gostaríamos de que vinte milhões de telespectadores vissem o que fizéssemos. Só é necessário um conhecimento básico dos nossos limites para perceber que, quando a nossa guarda está baixa, não há como prever o que vamos dizer, sentir ou fazer em uma situação embaraçosa. Gostaríamos de levar a vida sabendo que, quando uma situação dessa acontecesse, não haveria nenhuma câmera de vídeo pronta para mostrar a todo o país o quanto somos fracos sob pressão.

O PROBLEMA COM A HONESTIDADE

TODOS CONCORDAM QUE é uma boa ideia ser honesto. A sinceridade e a franqueza consistem em princípios básicos do caráter de qualidade. Essas qualidades brilham quando são usadas para relatar coisas que podem ser pesadas ou medidas de forma empírica. No entanto, quando elas são processadas pelo filtro das percepções subjetivas de uma pessoa, a verdade e a franqueza às vezes podem matar. O problema com a honestidade é o quanto ela pode ser realmente "honesta". O que era para ser um dom nos relacionamentos pode acabar se tornando uma pílula venenosa.

Quando a honestidade é colocada à mercê dos sentimentos de alguém, a graça geralmente é tirada de cena à força. Isso é porque quando as pessoas expressam os seus *sentimentos* honestos, elas os estão filtrando através de feridas do passado, o que lhe causa dor no presente, conhecimento limitado dos fatos e gera uma tendência à autoproteção. É isso o que se vê quando se assiste a alguma dessas rixas tão populares nesses programas do tipo de Jerry Springer no final da tarde. Nesses programas, pessoas despedaçadas vivem suas vidas despedaçadas diante de uma plateia em um auditório. Todos participam em uma disputa verbal desenfreada (que às vezes vai às vias de fato). Esse é um exemplo excelente de honestidade tóxica — uma franqueza descontrolada. A honestidade ao respeito do que uma pessoa pensa sobre as escolhas de vida de outra pessoa, seu visual, peso ou inteligência passa a ser uma distração maravilhosa para aqueles que deveriam evitar esse tipo de coisa. Esses olhares ocultos na vida de famílias desestruturadas fazem com que algumas pessoas se sintam melhor pelo simples fato de ver alguém em uma situação pior do que a delas. No entanto, para grande parte das famílias que estão assistindo, tudo isso não passa de exemplos concentrados da honestidade que eles enfrentam todos os dias.

É por isso que precisamos de candura, e não somente de honestidade, no que se refere à família. A candura não consiste em pegar pessoas desprevenidas para fazê-las parecer piores do que são. Ela anda vários passos à frente da honestidade e é um modo de comunicar livremente sem preconceito ou malícia. A candura se apropria da verdade e a estrutura de um modo que ajuda em vez de magoar. Existe também um alto grau de *imparcialidade* envolvido na verdadeira definição de candura. A nuance mais importante da candura é que não deve haver engano dentro dela.

O LAR BASEADO NA GRAÇA E A CANDURA

A TERCEIRA CARACTERÍSTICA *do lar baseado na graça é ser um lugar que concede ao filho a liberdade de ser sincero.* Trata-se de um lar em que os pensamentos do filho podem ser abordados em um diálogo no jantar sem medo de retaliação. Isso porque o lar com candura cria uma interação entre pais e filhos que promove a honestidade regada pela honra. Esse é o próximo passo lógico na criação de um ambiente baseado na graça.

O lar que encoraja os filhos a serem diferentes e vulneráveis é um lar em que eles são livres para falar abertamente sem medo de ter sua cabeça servida em um prato. A graça faz a diferença porque torna a honestidade bela. Ela introduz a livre troca de coisas que o coração sente a um nível mais alto de franqueza — uma franqueza *cuidadosa* que preserva a dignidade da outra pessoa. A candura baseada na graça é uma viagem na verdade que impede que um destrua o outro no caminho.

*

A terceira característica do lar baseado na graça é ser um lugar que concede ao filho a liberdade de ser sincero.

Precisamos criar um lar em que possamos falar com nossos filhos sobre questões profundas que às vezes são perturbadoras, de um modo que os edifique e os torne pessoas melhores. Precisamos também criar um ambiente em que nossos filhos tenham a liberdade de fazer o mesmo conosco, e isso se aplica às suas decepções *conosco* também. Os filhos fazem perguntas sobre sexualidade conforme vão crescendo. Eles precisam se sentir livres para conversar sobre *qualquer* assunto conosco, mesmo que seja incômodo, sem que fiquem envergonhados ou achem que isso trará consequências. Em nossos momentos de fraqueza, podemos fazer alguma coisa que os irrita, ou humilha, ou abala o espírito deles. O lar baseado na graça fornece um escape em que os filhos podem expressar com respeito suas decepções sem medo de represálias.

Independentemente do cuidado com o qual você desenvolveu a vida espiritual do seu filho, alguns passam por épocas em que sua fé esmorece. Essa pode ser uma época em que eles duvidam de algumas coisas a respeito de Deus. Eles podem se sentir à deriva ou considerar alternativas espirituais terríveis. Esses filhos ficam bem mais seguros lidando com essas questões importantes em um ambiente onde a graça se faz presente — em seu lar. Eles precisam de pais que se mantêm calmos, que passam tempo com os joelhos dobrados em oração, e que mantêm um fórum aberto onde seus filhos podem desenvolver sua fé de forma expressiva.

Posso levar você a uma casa em especial no Oregon, bater na porta e apresentá-lo a duas pessoas que tinham que fazer tudo isso e mais um pouco. Esse pai e essa mãe poderiam facilmente ser escolhidos como pais modelo para um lar baseado na graça. Todas as três filhas deles tinham um papel de destaque — eram inteligentes, talentosas e bonitas, e foram criadas para se importarem mais com o próximo do que consigo mesmas. No entanto, uma situação interessante aconteceu, e as circunstâncias ditaram que a família deles se mudasse do Texas para a região noroeste dos Estados Unidos, na costa do Pacífico. O problema era que a filha mais nova estava indo para o último ano do ensino médio. Quando os filhos estão nos anos finais do ensino médio, quase nunca é uma boa época de mudança. Algumas pessoas dispõem de flexibilidade ou alternativas que as permitem esperar até que o filho se forme, mas esse não era o caso.

A mudança fez essa filha mais nova ficar emocionalmente instável. Ela sentia amargura por causa da decisão que a afastou dos seus amigos da vida toda. A nova realidade a fez se sentir sem objetivo e isolada. Sua raiva se tornou real, pessoal e concentrada — e essa moça era, até então, um modelo de paixão espiritual por Cristo desde a mais tenra idade. Mas ela nunca gritou nem bateu as portas, sequer fez cara feia. Havia sido bem-criada, portanto, continuou a demonstrar respeito pela autoridade dos pais. Ela manteve um nível razoável de civilidade, mas, ao mesmo tempo, um espírito diferente e calado se apossou dela. Era como se tivesse murchado e estivesse morrendo espiritualmente por dentro.

Aparentemente, quando as raízes da família foram arrancadas da antiga casa, as raízes principais da fé da moça também foram. As dúvidas começaram a surgir e tomaram conta dela muito depressa. Cada dia trazia novas lágrimas e uma nova série de perguntas sobre questões espirituais que seus pais achavam que ela sempre tinha adotado. Sua fé evaporou de tal forma que ela nem conseguia orar. Sua Bíblia foi para a estante e lá ficou.

Seria fácil dizer que essa foi uma tentativa de se vingar da família. Seu pai tinha uma função ministerial em uma faculdade. Ter uma filha em rebelião espiritual não seria fácil para ele. Seus pais podiam ver o comportamento dela como uma tentativa passiva de controlá-los ou como um show melodramático criado para castigá-los pela mudança.

Mas não era nada disso. Aquela garota realmente tivera uma queda abrupta na vida espiritual. Uma das provas principais de que isso ia além de querer castigar os pais por afastá-la de seus amigos era o fato de como ela se recuperou rapidamente da mudança de cidade. Por ser inteligente, sociável e ter um porte atlético, quando chegou o Natal ela já havia conquistado um novo grupo de amigos. Quando se formou, era como se tivesse estudado naquela escola a vida toda, mas suas dúvidas espirituais só pioraram. Mesmo depois de suas adaptações ao novo ambiente, ela ainda não tinha convidado Jesus a entrar em sua nova vida no Noroeste, na costa do Pacífico. Sua fé parecia ter desaparecido por completo.

Dois itens na filosofia de criação de filhos que seus pais adotavam a ajudaram nessa queda livre espiritual: a graça e a candura. Sua mãe e seu pai sempre mantiveram uma atmosfera de graça em um lar que não era medido por regras e nem governado pelo medo. Eu e Darcy conhecemos essa família desde antes da filha da qual estamos falando ter nascido. Suas meninas receberam um ambiente gracioso para estabelecer seu relacionamento com Cristo, e a dinâmica que seus pais criaram dentro do lar capacitou essa garota a expressar abertamente seu sofrimento por suas perdas espirituais. Seus pais permitiram que ela pusesse "em ação a salvação dela com temor e tremor" (Filipenses 2:12) da forma mais confortável possível, e por isso ela falou da sua decepção com Deus, com a igreja, com alguns cristãos em particular que ela conhecia, com eles e com suas irmãs. Ela também expressou suas dúvidas sobre a divindade de Jesus, a veracidade das Escrituras e a realidade do amor de Deus.

Ela falou e eles ouviram. Ela questionou e eles a acolheram e oraram. Ela chorou e eles choraram junto. Tudo isso durou mais de um ano. Às vezes, pode levar mais tempo. Aqueles pais confiavam que Deus levaria isso a bom termo, mas o medo deles quase os fez perder a cabeça. Eles sabiam para onde algumas de suas dúvidas poderiam levá-la — passos para um abismo que terminava em uma areia movediça filosófica, relacional e até mesmo sexual. Entretanto, eles mantiveram uma corrente incessante de amor, paciência e entendimento, e, por fim, ela chegou a algumas conclusões que a levaram a uma fé bem mais profunda e rica do que a que tinha quando estava no Texas. Na verdade, a garota chegou à conclusão de que a razão pela qual ela tinha passado por aquele deslocamento doloroso era para que Deus pudesse mostrar para ela como sua fé se baseava no cenário que ela tinha no Texas. Ele também queria demonstrar sua graça para com sua vida.

Famílias baseadas na graça dão espaço para a opinião dos filhos. Elas estabelecem um espaço seguro para que eles possam expressar suas dúvidas, decepções e até mesmo suas crenças equivocadas. Elas especialmente providenciam um escape para a candura quando a fé dos filhos está sendo provada.

✳

*Famílias baseadas na graça dão espaço
para a opinião dos filhos.*

Lares cristãos barulhentos que não se adaptam não têm ideia de como fazer isso. Eles possuem regras que devem ser cumpridas e uma imagem que deve ser promovida.

São famílias que destilaram sua fé em uma pilha de frases de efeito superficiais que grudam como adesivos nas paredes internas da alma. Não são lares que incentivam a candura. São lares que lideram com crítica e não permitem questionamentos. Filhos em lares cristãos barulhentos não têm voz nem voto. Para esses pais, ou se fazem as coisas do jeito deles (mas com certeza não do "jeito de Deus"), ou se vai para o olho da rua. Se quiser saber como fechar o coração dos filhos para as questões mais profundas do Espírito Santo, apenas troque a fé autêntica pela imitação barata que essa criação barulhenta e desprovida de graça tem a oferecer. A filha do meu amigo não teria a mínima chance de processar suas dúvidas se vivesse em um lar tão espiritualmente limitado. Ela teria pagado um preço alto, e talvez ainda o estaria pagando.

Famílias baseadas no medo também não têm muito a oferecer. Pelo fato de esse estilo de criação reagir à cultura, há pouco espaço para o diálogo sobre assuntos controversos e temas duvidosos, pelo menos no contexto de um diálogo transparente que venha direto do coração. Enquanto os filhos passam por todas as fases do crescimento, existe um mal-estar no seu ânimo para abordar assuntos que podem trazer questões intimidatórias para perto do santuário de seu lar "baseado na segurança". Eles sabem que seu lar não tem segurança nenhuma para expressar preocupações sobre a religião autoritária, a espiritualidade sem fruto, ou visões alternativas sobre como lidar com a cultura. Não é o caso de os pais não se importarem. Na verdade, esses pais são os mais bem-intencionados que podemos encontrar. Acontece que o lar baseado no medo funciona de tal forma que até mesmo *discutir* as alternativas bíblicas ao modo rígido dos pais de lidar com os desafios culturais que bombardeiam seus filhos é considerado como deixar que esses desafios culturais definam a família. Quando se entende a função da graça de Deus para equilibrar um lar, então se percebe que esse pressuposto baseado no medo não poderia ficar mais longe da verdade.

A GROSSERIA TÓXICA

Existem também o que eu chamo de lares sem lei. Filhos tentando lidar com as questões mais delicadas do coração não têm chance alguma de conseguir ajuda nesses lares. Pelo fato de em geral essas famílias serem desprovidas de um compromisso firme com convicções morais claras, raramente há espaço para a candura. Só há lugar para uma honestidade grosseira e cruel baseada naquilo que o indivíduo *sente*, e as leituras inexatas que vêm de possuir uma bússola moral que precisa se sujeitar a esses sentimentos.

Permita-me dar um exemplo de uma família que ficou seriamente magoada com esse tipo of grosseria tóxica. Antes disso, porém, deixe-me apresentar a pessoa que contará essa história. Jamie é uma mulher meiga e boa que se casou com um homem egoísta e irresponsável. Percebo que a maioria das mulheres imagina que se casou com esse tipo de pessoa já nos primeiros dias de lua de mel. Entretanto, muitos maridos amadurecem depois disso. Mas esse não foi o caso do marido da Jamie. O marido dela era um homem cheio de problemas. Um deles era a maneira como falava tudo o que se passava na cabeça, sem ligar para como isso afetaria a pessoa que receberia suas palavras "sinceras". Antes de terminar o relacionamento, ele incutiu sua forma tóxica de tratamento nos filhos. Também quero que você entenda como essa repreensão cruel ao filho de dez anos teve um grande papel em conduzir essa criança a um fracasso moral. Numa época em que seu filho estava tentando conversar amavelmente com o pai sobre uma preocupação imensa que ele tinha com relação a ele, o homem retrucou dizendo o que lhe passou pela cabeça, sem pensar no que estava falando. Em muitos sentidos esse é um pai franco, mas ele não tinha nenhuma preocupação em equilibrar sua sinceridade com algo que lembrasse a graça mesmo de longe.

Enfim, no meio desse pesadelo contínuo, estava a esposa e mãe, que se sentiu desesperada. Ela é um bom exemplo do quanto os sentimentos de mágoa e as decepções imensas podem fazer alguém ignorar sua bússola moral interna ao se encontrar em situação de estresse. Sem dúvida, ela também é uma mulher que não teve nenhuma ajuda dos pais para estabelecer um sentimento nítido de segurança, importância e força no fundo de seu coração. Antes de tudo terminar, a grosseria desenfreada acabou com a autoestima de toda uma geração de filhos. Leiamos o restante nas palavras de Jamie:

> Meu filho, Martin, não tem nenhum relacionamento com o pai, que é um homem muito crítico e condescendente. Diz ao filho que ele nunca será nada na vida e que acabará morto ou na prisão. Martin ouve esse tipo de comentário tosco do pai desde que era pequeno. É estranho. Lembro quando ele tinha dez anos e encontrou maconha na caixa de ferramentas do pai. Quando o confrontou, o pai cuspiu na cara dele. Acho que esse foi um momento crítico na vida do meu filho. Um ano depois, me divorciei do pai dele, após 15 anos de casamento. Meus filhos tinham 11 e 12 anos de idade.
>
> Na época desse episódio da maconha, achei que as coisas estavam melhorando, pois tinha encontrado a Cristo alguns anos antes. Então, comecei a orar para que o meu marido Chad encontrasse a Jesus também. Orei para que ele encontrasse um emprego em uma empresa cristã, e assim aconteceu. Ele não sabia na época, mas estava trabalhando com homens que tinham passado anos no campo missionário no exterior. O dono da empresa até deu seu testemunho em uma reunião de Natal.

Tudo o que fiz foi acreditar que a nossa família daria certo! Continuei acreditando nisso até que Chad conheceu uma assistente de 23 anos que substituiu a secretária principal na empresa enquanto ela estava de licença médica. Ela ficou por lá tempo suficiente para destruir o que restava do nosso casamento.

    Eu sabia que Chad estava agindo de forma estranha, mas nunca pensei que estivesse tendo um caso. Um dia, ele pediu que eu voltasse para casa direto do trabalho e então me disse que me amava como uma irmã. Negou que estava saindo com alguém, mas eu descobri a verdade depois. Martin testemunhou esse tipo de mau exemplo do pai, e me senti muito mal pelo meu filho. Pedi o divórcio e nos mudamos. Eu continuei indo à igreja e chorei muito.

    Martin passou a ser um garoto muito irritadiço. Depois do divórcio, ele começou a ter problemas na escola quase todo dia. Eu estava no limite das minhas forças. Tudo o que tentava não dava certo. Percebo que, por causa do mesmo sentimento de culpa e de vergonha, eu sentia que precisava protegê-lo. Sei que piorei a vida dele livrando-o de muitas consequências que as suas ações mereciam.

    Conheci uma pessoa no "departamento de solteiros" da minha igreja. Ele tinha quatro filhos e parecia uma pessoa ótima... na época. Por conta da minha carência, achei que ele seria bom para Martin, então nós nos casamos. Acabou que nós dois levamos para aquele relacionamento uma bagagem imensa de experiências passadas. Praticamente tudo o que a união de nossas famílias fez para os meus filhos e os filhos dele foi facilitar o caminho para eles se corromperem. Todos os nossos filhos foram prejudicados pelo divórcio.

    Um dos meus filhos está preso, e provavelmente Martin devia estar lá com ele. Martin hoje mora com o pai, Chad, tem problemas com drogas e está em tratamento. A boa notícia é que ele vai entrar para os fuzileiros navais na próxima terça-feira. Eu amo o meu filho e quero o melhor para ele. Tenho certeza de que provoquei boa parte do comportamento dele. Estou no processo de permitir que ele siga sua vida longe de mim. Martin precisa cair em si e aprender, e acho que fazer parte dos fuzileiros navais vai ser bom para ele. Existem muitos homens saudáveis e maduros que podem orientá-lo se ele quiser. Eu me sinto muito culpada por ter me casado e bagunçado a vida do meu filho. Martin está partindo terça de manhã para o campo de treinamento em Parris Island, na Carolina do Sul. Espero que tudo dê certo.

    Para sua informação, o sargento no campo de treinamento em Parris Island só levou dez minutos para descobrir que Martin não dava para a coisa. Isso marcou o início e o final de sua carreira como fuzileiro naval. Esse é o exemplo de um garoto que cresceu como alvo da grosseria, afastada da graça, graça de seu pai. Deus não criou o coração humano para viver nesse tipo de ambiente — ainda mais um coração tão jovem e tenro. Martin com certeza não conseguiu superar essa situação.

Ler a história de Jamie equivale a dar uma olhada no *Jerry Springer Show*. Você pode pensar: "Até que as coisas não estão tão ruins assim. Pelo menos nosso lar não é esse caos." Porém, pensar isso é ignorar a condição humana de Jamie, Martin, Chad e dos outros membros dessa família desolada. Essas são pessoas de verdade com uma vida realmente despedaçada. Eles gostariam de ter tido pelo menos um gostinho de uma vida de felicidade como todas as pessoas. Eles simplesmente não conseguem descobrir como podem chegar a ter uma vida assim.

Essas pessoas não devem ser criticadas; devem receber nossa compaixão. Elas não têm a mínima ideia de como é a graça porque ela nunca fez parte da trama de seus relacionamentos. Não me surpreenderia se os adultos dessa história tivessem sido desonrados pelos próprios pais. Desonra gera desonra. Independentemente disso, eles agora estão vivendo sob o efeito da cegueira da honestidade tóxica. Tudo o que eles parecem entender é uma franqueza desenfreada e sem filtro. Trata-se de uma honestidade distorcida que precisa escorregar de decepção em decepção antes de se tornar palavras de verdade. Fica bem difícil pensar direito assim.

✷

Desonra gera desonra. Independentemente disso, eles agora estão vivendo sob o efeito da cegueira da honestidade tóxica.

Ao dizer isso, porém, não estou tirando a responsabilidade de nenhuma das pessoas envolvidas nesse triste relato. Não somente elas são totalmente responsáveis pelo que fizeram e pelo que estão fazendo, mas, no final das contas, não têm ninguém a culpar senão elas mesmas.

GRAUS DE DIFERENÇA

UMA DAS PRINCIPAIS razões pelas quais acho difícil olhar para a família de Jamie com um ar de superioridade é porque na maioria dos casos a distância que separa a família dele da nossa é de apenas alguns graus. Podemos falar de forma mais bondosa e desonrar menos. Podemos orientar de forma mais sábia e enganar menos. No entanto, até mesmo as melhores famílias detonam o ânimo dos filhos, tanto por não incentivarem que se fale a verdade quanto por abusar dessa liberdade.

Deus sabia que todos nós éramos capazes de transformar a verdade em uma arma de destruição em massa. Ele nos deu um contraste e um qualificador para manter a verdade equilibrada em Efésios 4:14-15:

> O propósito é que não sejamos mais como crianças, levados de um lado para outro pelas ondas, nem jogados para cá e para lá por todo vento de doutrina e pela astúcia e esperteza de homens que induzem ao erro. Antes, seguindo a verdade em amor, cresçamos em tudo naquele que é a cabeça, Cristo.

Deus sabia que quando a verdade é desembainhada, ela geralmente possui um fio muito cortante. A vida das pessoas pode ser despedaçada com a simples disseminação da verdade, de toda a verdade e nada mais do que a verdade. Esse tipo de verdade funciona bem nos tribunais, mas pode destruir relacionamentos. O Deus de toda a verdade e de todo o amor sabia que precisávamos desses dois atributos de seu caráter divino para impedir que agridamos uns aos outros. Falar a verdade passando pelo filtro do amor leva a honestidade para o nível mais altruísta da candura.

Anteriormente, definimos o amor como "o compromisso da minha vontade com as suas necessidades e o seu bem-estar, não importa o custo". Isso indica que a nossa honestidade deve ser transmitida levando em consideração esse efeito. Não podemos simplesmente jogar nossas opiniões e comentários. A graça exige que digamos palavras sobre assuntos delicados com o compromisso de ajudar, ou mesmo curar, a outra pessoa. A graça exige que esse compromisso de falar a verdade em um espírito de amor seja uma via de mão dupla: devemos falar dessa maneira com nossos filhos e deixar que eles falem desse modo conosco.

MUDANDO DE RUMO

LEMBRO-ME DE UMA música bem antiga com palavras que diziam basicamente o seguinte: "Eu só tenho um caminho... Vou mudar meu rumo." Você sabe que isso é comum quando a vida nos prega uma peça, ou quando fazemos alguma coisa que coloca todas as pessoas que amamos contra nós. Poderia ser nosso filho de quatro anos, nosso filho adolescente ou nossos filhos adultos. Os filhos seguem sua própria cabeça, seus próprios sonhos, seus próprios medos e suas próprias convicções. Desde o dia em que nasceram, eles crescem cada vez mais independentes de nós. Como pais cristãos, existem algumas questões — quase de vida ou morte — que queremos garantir que os filhos decidam antes que saiam da nossa esfera de influência. Mas nós não somos a única influência na vida deles: somos apenas a maior delas. Já que existem forças contrárias que também os sufocam, precisamos criar uma maneira fácil de fazer com que eles expressem o grito de seu coração para que possamos ajudá-los a lidar com essas questões de forma adequada.

Às vezes, nossos filhos avaliam o que estão aprendendo de nós ao lidarem com nossas convicções fundamentais com um ar de ceticismo, especialmente quando são adolescentes. O lar baseado na graça que permite uma troca livre e honesta com um bom nível de candura capacita esses filhos a trabalhar com essas convicções enquanto eles se sentem muito valorizados por nós, mesmo que discordemos em vários assuntos. Quando não fornecemos essa válvula de escape, a alternativa mais contundente ao seu ceticismo é a rebelião em alta escala. Muitas famílias cristãs poderiam ter poupado de si os "anos pródigos" se elas simplesmente tivessem providenciado para seus filhos um modo de discutir com respeito suas preocupações e seus conflitos.

ECOS SEM MISERICÓRDIA

DIGAMOS QUE UM filho em um lar cristão queira expressar uma opinião divergente sobre algo que está tentando compreender. Ou quem sabe ele precisa explicar como o seu interior está reagindo às palavras ou às ações de seus pais. Milhões desses filhos cujos pais frequentam a igreja ouvem algo assim como resposta:

→ "Eu sou o pai (ou a mãe) e você é o filho. O meu nível de autoridade é mais alto do que o seu. Por isso, fique quieto!"

→ "Aceita que dói menos."

→ "Seus sentimentos e preocupações não estão em questão."

→ "Não me importo com o que você está pensando."

→ "Para falar a verdade, o que você pensa não vale nada."

→ "Você não tem direito a voto."

→ "Não importa como você vê isso."

→ "A sua opinião não conta."

→ "Nessa casa não falamos sobre esse assunto."

É claro que você é o pai ou a mãe. Você é quem manda. Você tem a palavra final e a autoridade decisiva. Existem muitas ocasiões no cotidiano familiar em que os filhos não têm direito a falar ou opinar. Nós não estamos abordando *esses* tipos de questão aqui. Por exemplo, hora de dormir é hora de dormir; isso não está aberto a debates. É para comer o que a mãe preparou. A decisão sobre a pauta diária da família não está na mão de um comitê de filhos, mas sim nas mãos dos pais. Não estamos falando sobre *essas* questões no momento.

✻

A graça abre espaço para que os filhos nos contem coisas sobre nós mesmos que podemos não gostar de ouvir.

O espaço em que os filhos devem se sentir à vontade para falar seria nessas áreas de sua vida em que eles estão em conflito com questões morais, relacionais e espirituais importantes, e as maiores frustrações com relação a nós. A graça dá espaço para essas áreas.

A graça abre espaço para que os filhos nos contem coisas sobre si mesmos que podemos não gostar de ouvir. Ela dá lugar para que eles expressem seus medos e suas dúvidas. A graça dá espaço para que eles andem conosco em meio às questões adultas com as quais estão tendo dificuldade. A graça abre espaço para que os filhos nos contem coisas sobre nós mesmos que podemos não gostar de ouvir.

Digamos que um filho adolescente expõe o fato de que ele não tem nenhum sucesso com as garotas. Ele já convidou algumas para sair nos últimos meses, mas todas elas o rejeitaram. As garotas nem parecem notar que ele existe. Elas parecem mais interessadas em seus amigos populares ou mais velhos, mas nunca nele. Ele está refletindo sobre o que tudo isso quer dizer.

Talvez esse adolescente esteja se perguntando se é homossexual. Esse é o pensamento que o mundo gostaria que ele cultivasse. Ele pode até pensar que é uma possibilidade. Digamos que ele expresse esses pensamentos sobre a sua sexualidade para o seu pai. Se o pai o despacha com uma breve repreensão: "Não diga idiotices", ou algo como "você está imaginando coisas. Só está sendo irracional", e depois encerra a conversa, o garoto pode acabar se distanciando da melhor — ou quem sabe da única — pessoa em posição de lhe dar um conselho sábio e amável. Uma resposta curta ou indelicada do pai poderia deixá-lo sentindo que não valeu a pena se abrir com ele. Esse filho *já* está envergonhado com a sua situação, e ele preferirá não sofrer nenhuma outra humilhação nas mãos do seu pai.

Se o seu lar estivesse cheio de graça, um filho com preocupações desse tipo não somente seria acolhido para expressá-las, como também seria elogiado por fazer isso. Seus pais estão na melhor posição para ajudá-lo com esses pensamentos desconfortáveis, e eles deviam se sentir gratos pelo filho ter escolhido abrir o coração com eles em vez de alguém que poderia orientá-lo para a direção errada.

Essa seria uma grande oportunidade para o pai ouvir o filho com atenção e fazer perguntas. Esse seria um momento ótimo para que ele contasse ao filho suas próprias dificuldades com as garotas (supondo que ele tivesse tido alguma). Essa é a hora em que o pai lembra o filho de que a maioria das garotas possuem a tendência de estar à frente dos garotos nesse departamento e que elas vão atrás dos rapazes mais velhos do ensino médio. Essa é uma boa ocasião para incentivá-lo em sua masculinidade e acalmá-lo quanto ao futuro como um homem casado e como pai. A bondade, o entendimento e os conselhos ternos concedem ao filho um senso impactante de que ele não está caminhando sozinho em meio a esse tempo difícil.

É ótimo quando nossos filhos adolescentes podem conversar conosco sobre as frustrações pelas quais estão passando com seu namorado ou namorada, as conversas perturbadoras que eles têm com os amigos, as coisas que os incomodam na escola e as batalhas espirituais que estão enfrentando. Entretanto, ao relacionar essas coisas, seria fácil pensar que estamos nos referindo principalmente aos filhos mais velhos, mas esse não é o caso. Filhos pequenos também precisam ter a liberdade de receber a devida candura. Quando a filha mais nova sabe que tem uma escuta segura para contar suas preocupações mais profundas, ela descansa na certeza de que tem pais comprometidos com o seu sucesso.

ENTRANDO NA BERLINDA

O BENEFÍCIO MAIS importante da candura para nossos filhos pode ser o mais doloroso para nós. Isso acontece quando deixamos que eles sejam francos sobre como se sentem a nosso respeito. A maioria dos pais nem mesmo dá aos filhos essa opção. Filhos nesse tipo de lar logo percebem que o pai e a mãe não estão interessados em ouvir o que eles têm a dizer sobre si mesmos. Não estão procurando por um relacionamento autêntico no nível do coração com seus filhos. É comum para esses filhos dizer o que os pais desejam ouvir em vez daquilo que eles realmente sentem. Essa não é a busca da verdade, mas o retoque cuidadoso de uma ilusão.

O escritor dr. Dan Allender fala corajosamente sobre o valor da honestidade e do prejuízo que se tem quando ela não é incentivada:

> A honestidade é o compromisso de ver a realidade como ela é, sem distorções, nem minimizações nem espiritualizações. Ela começa reconhecendo que estamos enganados, e que preferíamos construir um mundo falso a enfrentar a luz brilhante e ardente da verdade. Uma pessoa honesta reconhece sua predileção por meias-verdades vagas que nem exigem mudança nem afastam a presunção da autossuficiência.
> Por que temos que reconhecer o que é verdade? Porque a desonestidade, ou viver em negação, consiste, na verdade, em uma tentativa de destronar a Deus. É uma tentativa de se tornar como Deus, tendo o poder de construir o mundo e a realidade de acordo com a nossa vontade. Uma pessoa que se compromete a negar as verdades duras tem que construir um mundo alternativo e, depois, do mesmo modo que Atlas, mantê-lo girando com o seu próprio poder. A criação de um mundo falso realmente é a tentativa de expulsar Deus do seu mundo. Isso parece com a criança que diz: "Se você não jogar pelas minhas regras, eu pego minhas coisas e vou para casa." Deus não joga pelas nossas regras nem resolve nossas mágoas nem nossas dores quando queremos; portanto, nos retiramos do mundo de Deus e criamos um que seja mais de acordo com o nosso gosto, mesmo que isso nos roube a vida e o amor.[1]

A falta de disposição em dar espaço para as mágoas que colocamos no coração dos nossos filhos é uma característica típica dos controladores rígidos. Essas não são pessoas fortes; pelo contrário, são fracas, pequenas e egoístas. Em compensação, é a nossa "abertura à abertura" que nos aproxima de Deus e do coração dos nossos filhos.

A relação entre Deus Pai e o Filho Jesus é somente um dos exemplos na Bíblia que demonstram isso. Cristo veio para fazer a vontade do Pai. Isso significava fazer *tudo* o que seu Pai o tinha enviado para fazer. Porém, quando chegou o momento de o Salvador do mundo completar essa obra, a realidade veio sobre ele com força. Quando Jesus estava próximo da crucificação e sabia que a sua hora havia chegado, se sentia vencido e sobrecarregado com o preço de tudo isso. Era uma questão de horas para ele passar pelos flagelos, pelos espinhos e pelos cravos. Nesse momento de humanidade, o Filho fez o que ele sabia que sempre teve a liberdade de fazer com o Pai dele. Ele se dirigiu a um canto afastado do Getsêmani, caiu de joelhos e teve uma conversa franca com o seu Pai.

Só conseguimos ouvir metade da conversa nos Evangelhos, mas podemos perceber o tipo de acolhimento que ele recebeu de seu Pai por meio daquilo que Jesus disse: "Meu Pai, se for possível, afasta de mim este cálice" (Mateus 26:39).

Não consigo imaginar o Pai dizendo nada como: "Trato é trato; pare de chiar!" Na verdade, só de escrever isso me entristece o coração, porque não existe nada na natureza de Deus Pai que poderia passar perto de indicar que ele diria algo assim — especialmente para o seu precioso Filho, que estava disposto a demonstrar tanto amor pelos outros. Entretanto, existem pais humanos que desconsideram as questões e as dúvidas dos filhos com palavras mais curtas e grossas do que essas. Eles não desfrutam daquilo que era uma realidade comum entre Jesus e seu Pai.

Cristo veio para fazer a vontade do seu Pai e estava disposto a lhe obedecer por completo. Ele acabou dizendo: "Contudo, não seja como eu quero, mas sim como tu queres." Ele só chegou até esse ponto depois de seu Pai ter ouvido suas súplicas e se identificado com suas reservas humanas quanto ao que estava para acontecer. O Pai não repreendeu o Filho por pedir, nem o recebeu de má vontade esperando por alguma saída. Ele apenas ouviu a sua súplica dolorosa e se aproximou dele com ajuda para lidar com o momento que ele estava passando. Os dois sabiam que não havia outro meio de remir a humanidade.

Jesus voltou para o seu Pai uma segunda e uma terceira vez. O amor do Pai permitiu que seu Filho lidasse com a mesma questão apesar de os fatos não mudarem. Isso é que, por causa da graça do momento, o Pai queria estar disponível para o seu Filho, para ouvi-lo o tempo necessário para que ele trabalhasse a sua ansiedade.

AS PROVAS DA ORAÇÃO

O RELACIONAMENTO ENTRE Jesus e seu Pai demonstram a sabedoria de dar lugar à candura no relacionamento entre pai e filho. O fato de que recebemos a opção de *orar* também exemplifica o alto valor que Deus dá à prioridade da candura no relacionamento que tem conosco. O escritor da carta aos Hebreus captou a beleza do nosso relacionamento de candura com Deus de uma forma muito boa. Digo isso porque, quando se lê o que ele escreveu, não há desculpa para as famílias pensarem que elas podem agir de uma forma diferente:

> Portanto, visto que temos um grande sumo sacerdote que adentrou os céus, Jesus, o Filho de Deus, apeguemo-nos com toda a firmeza à fé que professamos, pois não temos um sumo sacerdote que não possa compadecer-se das nossas fraquezas, mas sim alguém que, como nós, passou por todo tipo de tentação, porém, sem pecado. Assim sendo, aproximemo-nos do trono da

graça com toda a confiança, a fim de recebermos misericórdia e encontrarmos a graça que nos ajude no momento da necessidade (Hebreus 4:14-16).

Alguém pode dizer: "É, esses são ótimos princípios bíblicos para deixar as pessoas desabafarem com relação à ansiedade que elas estão passando, mas não diz nada que justifique os filhos expressando sua discórdia com relação a nós, os pais. Deus não permitiria isso, não é verdade? Jesus não fez isso com seu Pai. Ele trouxe suas preocupações e suas mágoas a ele, mas ele não tentou dizer a seu Pai como ele deveria governar o seu Reino. O que você está sugerindo é que demos a nossos filhos a liberdade de expressar até mesmo suas discordâncias e o que eles reprovam em nós. Não acho que Deus toleraria isso."

Na verdade, você pode se surpreender com aquilo que Deus toleraria, ou até mesmo incentivaria.

O lugar

Em algum lugar próximo do cume do monte Sinai.

O cenário

Deus estava entregando sua lei moral, civil e cerimonial para seu servo Moisés. O processo levou mais tempo do que o pessoal no acampamento tinha imaginado — ou devia imaginar. Por causa da sua ausência do arraial de Israel, que contava com mais de um milhão de pessoas, o povo começou a imaginar o motivo pelo qual Moisés estava levando tanto tempo para voltar. Pelo que sabiam, ele não voltaria mais.

Desejando resolver a questão com suas próprias mãos, eles pediram a Arão, irmão de Moisés, para fazer um ídolo que poderia fazer mais do que esse Deus Todo-Poderoso com o qual Moisés estava reunido. Arão fez uma coleta de todos os brincos das esposas deles, dos filhos e das filhas (a idolatria tem um modo todo especial de destituir a família daquilo que ela tem). Arão derreteu os brincos e os moldou no formato de um bezerro de ouro. O resultado é que o povo enlouqueceu. Eles começaram a fazer ofertas queimadas e sacrifícios ao bezerro, bem como desfrutaram do momento transformando a cena em uma orgia regada a muita bebida.

O conflito

Deus interrompeu sua reunião com Moisés para informá-lo de que as pessoas que ele deixou no pé do monte tinham extrapolado os limites morais. Ele contou para Moisés sobre o bezerro de ouro e o culto hedonista que eles estavam celebrando. Deus estava irado porque aquele povo tinha a memória curta e pouquíssima devoção. Eles se esqueceram rapidamente das dez pragas, da Páscoa, da fuga pelo mar Vermelho, do afogamento do exército do faraó e da água que saiu da rocha. Veja como Deus queria resolver o problema:

> Disse o SENHOR a Moisés: "Tenho visto que este povo é um povo obstinado. Deixe-me agora, para que a minha ira se acenda contra eles, e eu os destrua. Depois farei de você uma grande nação." (Êxodo 32:9-10)

Não sei o que você acharia disso, mas, se eu fosse Moisés, teria achado que essa era uma das melhores ideias que Deus poderia ter. Ele poderia ter pensado: "Fulmine esses garotos maus e mimados, e comece tudo de novo comigo." Teria sido um modo simples de Deus lidar com um problema imenso. Isso também pouparia Moisés de um incômodo enorme.

Entretanto, Moisés amava aquelas pessoas más e mimadas, e ele sabia que Deus os amava mais ainda. Moisés também amava a Deus e não queria que a reputação do Senhor sofresse quando explodisse em sua ira justa contra esse povo "obstinado". Veja como Moisés respondeu ao desejo de Deus de destruir seu povo escolhido:

> Ó SENHOR, por que se acenderia a tua ira contra o teu povo, que tiraste do Egito com grande poder e forte mão? Por que diriam os egípcios: "Foi com intenção maligna que ele os libertou, para matá-los nos montes e bani-los da face da terra"? Arrepende-te do fogo da tua ira! Tem piedade, e não tragas este mal sobre o teu povo! Lembra-te dos teus servos Abraão, Isaque e Israel, aos quais juraste por ti mesmo: "Farei que os seus descendentes sejam numerosos como as estrelas do céu e lhes darei toda esta terra que lhes prometi, que será a sua herança para sempre." (Êxodo 32:11b-13)

Precisamos entender o contexto geral do que estava acontecendo aqui. Moisés já tinha visto o poder majestoso de Deus. Ele havia testemunhado a magnitude do dano que o seu anjo da morte tinha feito aos primogênitos do Egito. Ele tinha visto as águas que Deus tinha separado voltarem a se juntar e afogarem o exército do faraó. Ele tinha visto o forte trovão, sentido o terremoto e temido diante dos ventos violentos que envolveram o Sinai, mas mesmo assim não hesitou em discordar de Deus e lembrá-lo da promessa que ele tinha feito aos patriarcas. A razão pela qual ele não hesitou era porque sabia que tinha liberdade para fazer isso. Ele sabia que, apesar de todas as outras características terríveis de Jeová, ele ainda era um Deus de graça.

O resultado

E sucedeu que o Senhor arrependeu-se do mal que ameaçara trazer sobre o povo (Êxodo 32:14).

ISSO NÃO É COMO VOCÊ DIZ, MAS...

MESMO ENTRE O mais alto escalão militar, existe um incentivo para que aqueles que estão em níveis mais baixos sejam sinceros com seus oficiais superiores. Os soldados fazem o trabalho mais perigoso do mundo. Matam o inimigo enquanto se defendem dele. Como muita coisa está em jogo, todos — até o soldado raso na frente de batalha — têm espaço para expressar de forma respeitável as preocupações e indicar informações fundamentais que podem passar despercebidas. A razão pela qual os militares incentivam isso é porque as pessoas nos níveis mais baixos têm muito a perder — incluindo a própria vida. Eles também incentivam a transmissão de informações novas porque isso pode fazer a diferença entre a vitória e a derrota.

A vida, os objetivos e os sonhos dos nossos filhos também estão em nossas mãos. Muita coisa está em jogo para eles. Os filhos têm muito a perder se prosseguirmos com planos ruins. A diferença entre o sucesso e o fracasso para nós como pais pode depender da verdade dolorosa que poderíamos ouvir deles.

A família baseada na graça cria maneiras respeitosas para que os filhos expressem suas frustrações com os pais. Paulo nos diz como isso funciona de forma adequada:

> O seu falar seja sempre cheio de *graça* e temperado com sal, para que saibam como responder a cada um (Colossenses 4:6, destaque nosso).

Paulo não nos está incentivando somente a saturar nossas palavras com graça, mas a avaliar com cuidado como a pessoa reagirá quando as receber. Se passarmos rapidamente na Bíblia para a segunda metade do capítulo 4 da carta aos Efésios, encontraremos Paulo dando instruções específicas sobre como lidar com os conflitos. Essa seção das Escrituras poderia receber o subtítulo: "Como brigar de forma justa." Alguns dos seus versículos nos dão introduções amplas sobre como a troca de palavras deve ser entre pais e filhos que possuem coisas difíceis para dizer um com o outro:

> Portanto, cada um de vocês deve abandonar a mentira e falar a verdade ao seu próximo, pois todos somos membros de um mesmo corpo. Quando

vocês ficarem irados, não pequem. Apaziguem a sua ira antes que o sol se ponha, e não deem lugar ao diabo [...] Nenhuma palavra torpe saia da boca de vocês, mas apenas a que for útil para edificar os outros, conforme a necessidade, para que conceda graça aos que a ouvem. Não entristeçam o Espírito Santo de Deus, com o qual vocês foram selados para o dia da redenção. Livrem-se de toda amargura, indignação e ira, gritaria e calúnia, bem como de toda maldade. Sejam bondosos e compassivos uns para com os outros, perdoando-se mutuamente, assim como Deus perdoou vocês em Cristo (Efésios 4:25-27, 29-32).

A melhor maneira de garantir que nossos filhos expressem suas decepções e discordâncias com respeito é falarmos com eles da mesma forma quando é a nossa vez de nos manifestar. Os pais estão delirando se acham que podem desonrar seus filhos, ser agressivos com eles, e não receber o mesmo tratamento depois. Já vi famílias cristãs cujos pais falam de forma mais dura com filhos que cometeram erros bem pequenos do que juízes se dirigindo a assassinos em série ao ler seus veredictos e lhes dizer o motivo pelo qual foram condenados à morte. Precisamos de graça nesse processo.

*

A família baseada na graça cria maneiras respeitosas para que os filhos expressem suas frustrações com os pais.

DANDO O BRAÇO A TORCER

Eu e Darcy descobrimos que fazíamos coisas que irritavam nossos filhos. Mesmo nem sempre tendo certeza do que exatamente causava esse efeito, descobrimos que tomávamos atitudes que os irritavam porque nós irritávamos *um ao outro*. No início do nosso casamento, eu e ela estabelecemos a prática da candura para impedir que coisas negativas se acumulassem entre nós. Imaginamos que, já que esse método funcionava tão bem conosco, ele poderia funcionar da mesma forma com os nossos filhos.

Tínhamos um mandato claro das Escrituras para nos incentivar: o capítulo 12 de Hebreus. O texto se refere a um incidente no Antigo Testamento em que Esaú, o filho mais velho de Isaque e neto de Abraão, perdeu a bênção da primogenitura que seu pai lhe daria. Seu irmão mais novo, Jacó, o tinha enganado em um esquema realizado com a ajuda da mãe. Lembre-se de que Esaú já era uma peça sem a desculpa de ter sido enganado pelo irmão mais novo. Antes, ele tinha debochado do seu direito de primogenitura. Deixara o seu apetite sexual, a sua fraqueza por mulheres pagãs e a sua indiferença para com Deus dominarem a sua vida. Mesmo assim, quando percebeu que perdeu a chance de receber as palavras de graça e de esperança do seu pai, ficou arrasado. A passagem sugere que Esaú *se arrependeu* do que tinha feito.

O versículo 17 diz o seguinte: "Como vocês sabem, posteriormente, quando quis herdar a bênção, foi rejeitado; e não teve como alterar a sua decisão, embora buscasse a bênção com lágrimas."

Ele não conseguiu mudar de ideia. A Nova Almeida Atualizada traduz isso como "não achou lugar de arrependimento". Você pode conferir a história original no capítulo 27 de Gênesis. Quando fizer isso, observará que não há indicação de que Esaú tenha se arrependido de nada. Portanto, como o escritor de Hebreus sugere que ele se arrependeu? A resposta se encontra em um conceito teológico chamado de "revelação progressiva". Trata-se de uma expressão que é usada para conciliar algumas ideias que os escritores do Novo Testamento tiveram quando comentaram os acontecimentos do Antigo Testamento. Às vezes, eles sugerem coisas que não aparecem na história original porque Deus deu a eles um conhecimento interno mediante a inspiração do Espírito Santo. Aparentemente, Esaú tentou se arrepender depois desse episódio, mas seus pais não providenciaram um escape para que ele fizesse isso. Esse teve que ser um cenário trágico e desesperador para Esaú. Se esse fosse realmente o caso — o de que Isaque e Rebeca (os pais de Esaú) não tivessem providenciado um escape para ele processar o seu arrependimento —, ainda assim isso seria um lembrete poderoso dos efeitos devastadores a longo prazo de quando as famílias não abrem espaço para a candura que leva à reconciliação. Os descendentes de Esaú e de Jacó continuam a brigar nos dias de hoje — milhares de anos depois. O terror e a morte se tornaram o legado dessa família que se recusou a dar espaço para a candura graciosa.

Um pouco antes dessa passagem, em Hebreus 12:15, o escritor diz: "Cuidem que ninguém se exclua da graça de Deus. Que nenhuma raiz de amargura brote e cause perturbação, contaminando a muitos."

Eu e minha esposa encontramos muitas pessoas em nosso trabalho que dizem algo assim: "Meus pais nunca admitiram que erraram." Geralmente trata-se de pessoas que cresceram em famílias que se declaram cristãs. Eu e Darcy fizemos o compromisso de garantir que, daqui a alguns anos, se alguém perguntar aos nossos filhos se nós alguma vez reconhecemos os nossos erros diante deles, eles digam: "Lógico, várias vezes! Na verdade, o tempo todo."

Não queríamos somente garantir que assumiríamos a responsabilidade pelo que fizemos de errado, mas também queríamos dar a eles um espaço para que apontassem os erros que cometemos. Não queremos que nenhuma raiz de amargura brote na alma dos nossos filhos. Nós já tínhamos visto o suficiente em nossa família. Por favor, entenda que não fizemos isso porque somos pais mais sábios e inteligentes — nada poderia ser menos verdade. Fizemos isso porque estávamos desesperados. Tínhamos visto quanto prejuízo a amargura pode trazer ao trabalharmos com tantas famílias ao longo dos anos. É por isso que instituímos as noites do desabafo.

Apesar de nossos filhos ainda serem bem novinhos, criamos esse meio de providenciar uma maneira segura de eles externarem suas decepções. Tratava-se de algo razoavelmente simples. De tempos em tempos, declarávamos que na noite do dia seguinte teríamos um momento de desabafo. Em primeiro lugar, isso significava que cada filho podia pedir o que quisesse fora do cardápio da família. Não havia problema se alguém quisesse comida chinesa, o outro comida mexicana, o outro comida italiana e o outro costela. Eu simplesmente passava pelas lanchonetes do bairro. A segunda parte do evento lhes dava a oportunidade de contar qualquer coisa que eu ou Darcy tínhamos dito ou feito que os magoara. A condição era que eles não poderiam abordar atitudes que tomamos por causa dos nossos padrões morais (que eles pudessem ter discordado) ou consequências que pudéssemos ter colocado no caminho deles por causa de coisas que eles fizeram de errado. Entretanto, eles podiam falar sobre como nos comportamos nesses dois momentos. Poderiam ser palavras duras ou algo que dissemos que os envergonharam diante de seus amigos, ou poderia ser alguma coisa que eles achavam que deveríamos ter feito.

Cada um teria a sua vez de desabafar. A regra de ouro para mim e Darcy quando eles compartilhassem seus pensamentos, abrindo o coração, era que *não poderíamos nos defender*. Independentemente de qual fosse a questão, ou de quantos argumentos pudéssemos usar para defender nosso comportamento ou nossas atitudes, não tínhamos a permissão de dizer nenhuma palavra para nos defender. Essa era a promessa que fizemos, e a cumprimos fielmente.

Por que decidimos fazer isso? Em todo tipo de crise, existem os *fatos* do conflito e os *sentimentos* do conflito. Dependendo do modo pelo qual encaram o conflito, as duas partes estão convencidas de que a outra está errada. Se o meu filho ou a minha filha estiver olhando para uma situação em particular da perspectiva de seus próprios sentimentos, eu posso justificar minhas palavras ou ações a partir da minha perspectiva dos fatos, mas isso só traria mágoa. A ideia era que nós os tínhamos magoado de alguma maneira, não importam os fatos. Também independentemente do que nós sentíamos sobre a maneira pela qual eles estavam vendo nossas ações, nós pedíamos perdão. Simples assim. No momento certo, pedíamos o perdão deles. Geralmente era doloroso ouvir como nós os magoamos, e às vezes tínhamos que resistir ao ímpeto de explicar as coisas, mas não estávamos fazendo isso para o nosso benefício; estávamos fazendo isso para o benefício deles.

Houve um fenômeno interessante que surgiu com esse evento em família, que começou quando nossos quatro filhos eram pequenos. Quando cresceram, tomaram a liberdade de ter um evento em particular sempre que quisessem. Eu e Darcy concordamos com isso. Várias vezes, um de nossos filhos nos chamava de lado e dizia algo como: "Pai, posso ter uma noite do desabafo com você?" Valorizei esses pedidos como algumas das oportunidades mais poderosas para praticar a graça de Deus.

ÀS VEZES, EU SOU MEIO LENTO

Meu filho Cody veio falar comigo numa terça à noite, era seu primeiro ano do ensino médio. A conversa (com comentários) foi parecida com o seguinte:

Cody: Pai, preciso que me dê permissão para sair da escola mais cedo, ao meio-dia.

Eu: E por que eu faria isso?

Cody: Porque meu amigo Steve tem ingressos para o jogo de abertura dos Diamondbacks. (*Nós moramos em Scottsdale, Arizona, perto de Phoenix. No ano anterior, os Arizona Diamondbacks tinham ganhado a World Series.*)

Eu: Filho, escute: você é um aluno. Precisa ir à escola. Não dá para sair mais cedo só porque quer assistir a uma partida de beisebol.

Cody: Mas, pai, é o Randy Johnson que vai arremessar!

Eu: Nem se o melhor arremessador que já existiu ressuscitasse para esse jogo. Você é um aluno do ensino médio e o seu lugar é na escola.

Cody: Pai, o Steve conseguiu lugares no camarote bem atrás do banco de reservas do Diamondbacks. Vai ter uma apresentação de caças F-18. Vai ser muito animado porque eles ganharam a World Series no ano passado e vai ter muita gente famosa assistindo!

Eu: (*Esse foi o momento em que decidi lhe dar uma pequena aula de responsabilidade.*) Escute, Cody, todos nós temos algum trabalho a fazer. Você tem um, eu tenho outro. O meu trabalho é me levantar e ir para o escritório. Eu faço o meu trabalho. Eu ganho dinheiro para sustentar a família. Não tem como eu faltar no trabalho só porque surge algo divertido que eu gostaria de fazer. Você está estudando. Na verdade, você é pago para ir à escola. O seu salário é a casa e as regalias que você recebe para que mantenha o foco nos estudos. O seu trabalho é se levantar e ir para a escola com um sorriso no rosto. Você tem que ir para lá preparado para o seu dia. Deve prestar atenção, tirar boas notas, respeitar os professores e estudar com dedicação. Quando chega em casa à noite, a continuação do seu trabalho é fazer todas as lições de casa que lhe pedirem. É isso que se espera que você faça. Na vida real, Cody, não dá para você se ausentar sempre que quiser ir para um jogo de beisebol — não importa o assento que você tiver reservado.

Cody: (*Depois de uma longa pausa e com um sentimento óbvio de frustração.*) Pai, meu boletim está cheio de notas dez, e desde o jardim de infância. Isso é o máximo que eu posso trazer para casa! (*Depois de uma pausa.*) Bom, é você quem decide!

Meu pequeno discurso sobre trabalho e responsabilidade provou ser o que realmente era: palavras vazias e exageradas. O garoto era um exemplo de quem sabia tudo sobre responsabilidade, dando o máximo de si e estudando com afinco. Ele era um aluno excelente e um ótimo filho. Se alguém estava desenvolvendo um bom ritmo e mostrando às pessoas da casa como se esforçar, era o Cody. Ele era um bom menino que apenas queria assistir a uma partida de beisebol que iniciava o campeonato, e estava deixando que seu pai imbecil e sem paciência tivesse a última palavra e desse o seu parecer.

Eu: (*Depois de colocar a mão no bolso, pegar um pouco de dinheiro e enfileirar algumas notas de vinte dólares.*) Vê se compra para você e para o Steve um cachorro-quente bem grande e uma Coca-Cola gigante. Me perdoe, filho, por não perceber o óbvio. Divirta-se! Ficarei bem feliz se você me desculpar.

Coopere!

CAPÍTULO 10

A LIBERDADE PARA COMETER ERROS

Eu não sei quem disse isso pela primeira vez, mas alguém concluiu há muito tempo que o lar é onde se decide a vida. Acho que quem disse isso tinha razão — talvez até demais.

O que acontece dentro das quatro paredes de uma família faz mais do que simplesmente influenciar o resultado da vida dos filhos mais do que qualquer outro fator isolado. Isso acontece por causa da natureza familiar. As famílias criam uma identidade de grupo que define tudo naquela casa individualmente. Podemos ter características diferentes, mas ainda somos os mesmos e vivemos como nossos pais.

Por essa razão, as pessoas que cuidam dos seus filhos têm uma responsabilidade gigantesca de prestar atenção no que estão fazendo. Se você estiver com sintomas de sonambulismo no que diz respeito aos fatores determinantes da vida dos seus filhos, pode prejudicar a capacidade de eles serem tudo o que Deus quer que eles sejam quando crescerem.

A graça impede que nos inclinemos demais para um lado ou para o outro. Ela funciona como a ferramenta de nível de bolha que o carpinteiro usa. A graça ajuda você a encontrar o ponto de equilíbrio em um mundo de extremos e impede que você invista suas energias em uma lista imensa de coisas que não são importantes.

MANTENDO A BOLHA BEM NO MEIO

A GRAÇA DÁ equilíbrio à família. Enquanto muitos pais estão preocupados sobre como as outras pessoas veem seus filhos, os que se baseiam na graça se entusiasmam mais com o modo como Deus vê os seus filhos. Pais baseados na graça de Deus evitam as preocupações bobas com os padrões arbitrários criados pelos evangélicos intrometidos. Eles mantêm seus olhos na bolha da ferramenta de nível, que é o caráter dos filhos. Para eles, manter os filhos equilibrados no que diz respeito à sua fé, integridade, postura, disciplina, perseverança e coragem faz mais sentido do que se preocupar sobre o que os outros acham da *aparência espiritual* deles (seja lá o que isso signifique!). Não acham um crime que seus filhos sejam diferentes, excêntricos ou que dancem conforme outra música. Nesse processo, eles os incentivam a encontrar a individualidade única que Deus criou para eles mediante um relacionamento íntimo e autêntico com Cristo.

A graça não deixa que seja um incômodo para os filhos descobrirem que eles podem não ser tão espertos, talentosos ou inteligentes. Pais que adotam a graça fazem do seu lar um refúgio seguro para filhos comuns que se desenvolvem para ser pessoas extraordinárias. Nesses tipos de lar, não se levam em conta as fraquezas e as inadequações. Essas famílias são supervisionadas por pais e mães perspicazes que veem as características frágeis de seus filhos como oportunidades para que o poder de Deus brilhe por meio delas. Eles também sabem que providenciar para seus filhos um lugar seguro para trabalhar suas vulnerabilidades evita que elas acabem se tornando obstáculos no caminho de sua grandeza verdadeira.

Lares configurados pela graça não consistem em sociedades secretas. São lugares em que os pais não têm medo de permitir que os filhos externem o que se encontra no fundo do seu coração. Eles até os incentivam a expressar isso em alto e bom som — mesmo que seja algo relacionado às suas decepções com esses mesmos pais.

Isso porque pais baseados na graça de Deus percebem que os filhos precisam de segurança em seu coração, importância em sua vida e força para o futuro. Eles também sabem que essas coisas não surgem de programações pré-moldadas com base em fórmulas revolucionárias. Elas brotam do coração — por serem transmitidas por pais que desfrutam de um relacionamento com Cristo firmado pela graça.

*

Pais baseados na graça de Deus percebem que os filhos precisam de segurança em seu coração, importância em sua vida e força para o futuro.

Estou fazendo essa revisão por dois motivos. O primeiro é que espero que essa visão da graça passe a ser o modelo do seu modo de pensar como pai ou mãe.

A criação de filhos baseada na graça não consiste em uma lista de tarefas para criar bem os filhos; trata-se de um estilo de vida. É uma tentativa clara de reequipar sua mente para tratar os seus filhos do mesmo modo que Deus lhe trata. Ser diferente, vulnerável e sincero não consiste em algo que você faz em uma família baseada na graça. Isso passa a fazer parte da sua *identidade*.

A segunda razão para eu fazer essa revisão é para recordá-lo do quanto você tem a perder quando deixa de fornecer o próximo ingrediente importante da criação de filhos baseada na graça. *A quarta característica de um lar baseado na graça é a seguinte: trata-se de um lar que dá aos filhos a liberdade de cometer erros.*

O SALÁRIO DO PECADO

Você corre um grande risco toda vez que usa as palavras "pecado" e "graça" na mesma frase. As pessoas supõem que você está tentando criar um sistema teológico enxuto e bom que lhe permite fazer o que quiser. Não é isso o que a Bíblia diz sobre a graça. A palavra "graça" pode ser usada em um sentido específico, que é um dom de perdão não merecido. Ela também pode ser utilizada em um sentido geral, que é a liberdade e a margem que Deus lhe dá enquanto você desenvolve um relacionamento mais íntimo com ele. Estou falando de um estilo de vida e uma série de escolhas que são resultado da sua caminhada com ele.

Permita-me lhe garantir que basta colocar as coisas dessa forma para que algumas pessoas consigam todo tipo de munição para usar minhas próprias palavras contra mim. A graça assusta muita gente porque ela não vem com definições prontas e esboços de três partes para aqueles que preferem não pensar tanto assim. Ela exige que você realmente *ande* pela fé. Essa é a razão pela qual eu creio que muitos acharão que a graça dá margem demais no que se relaciona ao pecado. Eles dizem: "Está vendo? Esse negócio de criação de filhos baseada na graça nada mais é que uma cortina de fumaça para definir as regras de vida para que possam se moldar aos seus próprios vícios. Isso não passa de uma licença para pecar." Só lamento! Para acreditar nessa bobagem, terei que rasgar os capítulos 5 a 8 de Romanos da minha Bíblia. Não há nada na esfera da graça que dê a ninguém a licença para ignorar os padrões de Deus.

Antes de tudo, a graça deve motivar você para uma santidade mais sublime. O lar baseado na graça não é um lugar onde os membros da família partem do princípio de que podem falar o que quiserem, ver o que desejarem ou tocar tudo o que acharem bom. A graça não é assim. Isso só retrata alguém que quer viver a própria vida sem considerar o que Deus disse ou pensa. Porém, quando a graça está presente, existe uma atitude diferente com relação ao pecado do que nas casas em que ela não é o seu fundamento. Se eu pudesse resumir a graça em uma frase, seria esta: "Desde que você esteja agradando a Deus, você é totalmente livre para fazer o que quiser." Porém, lembre-se sempre de que "agradar" a Deus depende da nossa fé nele, e não de nossa capacidade de manter um padrão justo e moral, conforme muitas pessoas supõem. Lemos em Hebreus 11:6 que "sem fé é impossível agradar a Deus". Pessoas que andam pela fé têm uma capacidade maior de desenvolver um estilo de vida justo e piedoso, porque a força que eles têm para viver vem do seu relacionamento pessoal com o Senhor. É por isso que as Escrituras dizem: "O justo viverá pela fé" (Romanos 1:17; Gálatas 3:11).

As famílias legalistas contrastam com as famílias baseadas na graça do mesmo modo que a luz contrasta com a escuridão. Pais legalistas mantêm um relacionamento com Deus mediante a obediência a um padrão. O objetivo de tudo isso quanto aos seus filhos é impedir que o pecado entre em sua casa. Eles fazem de tudo para criar um ambiente que controla o máximo de entradas possíveis para que o pecado não chegue ao caminho que leva ao Lugar Santíssimo. Eles ensinam os padrões e as regras que Deus estabelece nas Escrituras e fazem o possível para evitar que os filhos escolham o pecado. Nesses tipos de família, é bem fácil para os filhos suporem que as *coisas* podem ser pecado (filmes adultos, cabelo espetado, minissaias, filhos que vão ao shopping em grupo, rap etc.). Esses tipos de casa também facilitam supor que algumas *ações* são necessariamente pecaminosas (dançar, assistir aos *Simpsons*, natação mista, ir a shows de rock, beijar na boca e coisas do tipo). Desde que a lista seja bem longa e as barreiras que protejam os filhos dessas "coisas más" e "ações pecaminosas" sejam fortes o suficiente, supõe-se que os filhos acharão mais fácil manter a santidade. Esse estilo de criação pode ditar o lugar em que a família mora, quem pode ser amigo dos filhos, como eles são educados e a que tipo de grupo de jovens pertencem.

Quando esses filhos pecam de verdade, são castigados mais por terem permitido que o pecado *tenha acontecido* do que pelo fato que aconteceu. É como se o poder de pecar ou não estivesse vinculado de alguma forma à força de vontade ou à capacidade de tomar uma decisão. A culpa e o medo podem castigar os filhos nesse tipo de lar sem que eles nunca caiam em pecado. Talvez morram de medo só de se aproximar de uma dessas "coisas" consideradas pecaminosas (veja o que citamos anteriormente). Eles até podem se sentir culpados se tiverem uma pontada de vontade de cometer uma dessas "ações" que personificam o pecado. Isso os força a se afastar de pessoas que vivem na sociedade em comum. Às vezes, eles ficam céticos e seletivos quanto às outras pessoas legalistas dentro do seu ambiente seguro. Essas famílias vivem preocupadas em afastar o pecado colocando uma cerca entre eles e o mundo.

O que é diferente nas famílias baseadas na graça de Deus é que elas não se dão tanto ao trabalho de colocar cercas porque sabem muito bem que o pecado já está presente na própria família. Para esses pais, o pecado não se constitui em uma *ação* ou um *objeto* que invade suas defesas; trata-se de uma condição preexistente que está presente dentro da pessoa. O lar que não se baseia na graça exige que os filhos sejam bons e os castiga quando eles não agem dessa forma. O lar baseado na graça parte do princípio de que os filhos têm dificuldades na batalha contra o pecado e os ajuda a aprender a como ter acesso ao poder de Deus para alcançarem a ajuda necessária e ficarem mais fortes.

Isso não quer dizer que o lar baseado na graça não leve a sério o pecado dos filhos, muito menos que esse lar contorna suas consequências. Também não quer dizer que esse lar não faça nada para proteger os filhos dos ataques e das tentações ameaçadoras que vêm de fora. Ele faz tudo isso, mas não pelas mesmas razões. Os pais baseados na graça não confiam na segurança moral de seu lar ou do ambiente espiritual que criaram para capacitar seus filhos a resistir ao pecado. Eles sabem que, no fim das contas, o lar e o ambiente nada podem fazer contra as forças do mal. Quando os filhos pecam, esses pais não são pegos desprevenidos. Eles sabem que isso acontece. Partem do princípio de que o pecado equivale a um dilema contínuo com o qual seus filhos têm de lutar constantemente.

Essa atitude muda sua mentalidade quanto a alcançar a vitória. A liberdade que os filhos desfrutam em uma família baseada na graça é a seguinte: eles são aceitos como pecadores que desejam ser mais parecidos com Cristo em vez de ser vistos como bons cristãos tentando manter um bom código moral. A graça tem o compromisso de levantar os filhos quando eles caem no pecado, enquanto o legalismo os coloca em um padrão alto e trabalha a todo tempo para impedi-los de tropeçar.

A graça entende que a única solução *verdadeira* para o pecado dos nossos filhos é a obra de Cristo em favor deles. Essa solução não consiste nas condições espirituais isoladas, nem no bom comportamento. A graça percebe que não há *nada* que se pode fazer sozinho para melhorar nossas chances com Deus. Não há *nada* que se pode fazer sozinho para obter vitória sobre o pecado. A única coisa que qualquer pessoa tem a seu favor é Jesus.

✳

A graça entende que a única solução
verdadeira *para o pecado dos nossos filhos*
é a obra de Cristo em favor deles.

EXOESQUELETOS E ENDOESQUELETOS

O LEGALISMO USA forças externas para ajudar os filhos a manter a vida moral. Sua força se baseia no *ambiente* em que vivem. Outro modo de pensar a respeito disso é observar um crustáceo. O esqueleto de uma lagosta a envolve e mantém sua integridade. Do mesmo modo, o legalismo depende de um ambiente controlado para manter as paixões do jovem no lugar e as tentações do lado de fora. A graça, no entanto, percebe a força dos filhos por aquilo que se encontra dentro deles — de forma mais específica, daquele que está dentro deles. O poder ilimitado de Cristo e o efeito abrangente de sua obra consumada na cruz formam o sistema interno de crenças que funciona como um esqueleto que os ajuda a permanecer de pé com toda a força.

Seguindo com essa analogia, quando levamos um golpe forte, podemos quebrar um osso. Na maioria dos casos, é possível imobilizá-lo com gesso até se reestabelecer. Já que o osso, nesta analogia, representa o sistema de crenças de nossos filhos e a fratura representa o problema com o pecado que eles têm, existem vários recursos disponíveis (que nem chegam perto de punições disciplinares e castigos) para ajudá-los a recuperar a força espiritual anterior. Isso não funciona quando a fonte do poder sobre o pecado e a tentação do filho for algum ambiente externo, alguma programação recém-lançada ou alguma série de regras. Se houver qualquer falha em alguma dessas fontes, o poder do filho vai embora. Outra maneira de dizer isso poderia ser: se quebrarmos o braço de alguém, a pessoa apenas fica com um membro fraturado; se quebrarmos o exoesqueleto de uma lagosta, ela morre.

Isso acontece tanto, que já é quase um clichê — filhos criados em ambientes cristãos rígidos e seguros que, quando vão para a faculdade, passam a viver perigosamente e fora de controle. Eles podem até se tornar promíscuos. Parecem não ter força para resistir a nenhuma das opções negativas que surgem diante deles (porque *são* fracos). Isso não quer dizer que os filhos em um lar legalista (ou baseado no medo) não tenham Cristo em sua vida; apenas não foram ensinados a se apropriar do seu poder para vencer os desafios espirituais que encontrarem pela frente. Eles aprendem que o poder sobre o pecado e a sua vitória sobre a tentação se baseiam em alguns fatores, mas não em Cristo. Infelizmente, a Bíblia não apoia essa premissa. Não existe poder fora de Cristo; somente uma ilusão de poder.

Por outro lado, com uma criação baseada na graça, os filhos podem chegar à faculdade menos suscetíveis aos vícios que os cercam. Isso tem mais a ver com a perspectiva que esses pais tiveram por todo o início da vida deles. Enquanto o legalismo busca impedir que os filhos se tornem festeiros, a graça parte do princípio de que eles já nasceram assim. Enquanto o legalismo busca impedir que os filhos sejam sensuais, a graça parte do princípio de que eles desenvolvem na adolescência cada vez mais o desejo de um relacionamento físico com alguém do sexo oposto.

A inclinação dos filhos ao pecado não deve pegá-los desprevenidos, nem deve ameaçá-los; na verdade, isso não deve nem os *incomodar*. Sabe-se que trazemos ao mundo pecadores, filhos que são iguaizinhos aos pais que os criaram. Você percebe que seus filhos têm uma inclinação ao egoísmo, à teimosia e à ilegalidade — exatamente o tipo de pessoa que Cristo ama e por quem ele morreu. Ao reconhecer a propensão dos seus filhos ao pecado desde o começo, você pode incentivá-los a vencer de forma aberta, em um ambiente no qual é possível conversar sobre isso e orientá-los a buscar o poder de Cristo. Além disso, quando os filhos pecarem, a graça possibilita que vocês tenham discussões abertas, sinceras e vulneráveis sobre essas áreas em que eles sentem dificuldades. Seus filhos poderão conversar com você sobre suas batalhas interiores com o ciúme, a malícia, a cobiça ou a ira.

Você deve ser capaz de conversar de forma aberta e honesta sobre o pecado porque sabe muito bem que você e seu cônjuge também são pecadores. O rei Davi disse: "Se tu, Soberano Senhor, registrasses os pecados, quem escaparia? Mas contigo está o perdão para que sejas temido" (Salmos 130:3-4). A graça exige humildade e sensibilidade diante das batalhas dos seus filhos contra o pecado porque ela nos faz lembrar todos os dias do quanto você também precisa muito do Salvador. Assim como Davi, você deve agradecer a Deus por ele não ficar registrando seus pecados.

Fica muito mais fácil para os filhos lidarem com o pecado deles quando você não os faz sentir envergonhados por passar dificuldades com alguma coisa. Desse modo, você fica sabendo que seus filhos estão enfrentando algum problema e querem fazer parte do diálogo que os ajuda a buscar o poder aos pés da cruz.

Perceba que Jesus não morreu por você porque você tinha boas qualidades dignas de ser salvas, mas sim porque tinha defeitos que deixaram você sem nenhuma intercessão. Ao entender isso, você pode usar o seu ambiente baseado na graça para transmitir compaixão para seus filhos quando eles passarem por dificuldade com o pecado em sua vida. Quando o filho peca, a graça não pergunta: "Qual é o seu problema?" Ela sabe o que está acontecendo. Não pergunta: "Como é que você foi fazer uma coisa tão estúpida?" Ela sabe por que eles fizeram algo insensato. Ela não aponta os fracassos dos filhos, mas, em vez disso, se alegra em mostrar para os filhos o amor incondicional de Jesus Cristo.

Paulo tem uma discussão famosa consigo mesmo no capítulo 7 de Romanos. Nessa passagem, ele tinha conflitos com seu desejo de fazer o certo, mas sua tendência era de fazer o errado. Veja como ele expressou tudo isso:

> Não entendo o que faço. Pois não faço o que desejo, mas o que odeio... Porque tenho o desejo de fazer o que é bom, mas não consigo realizá-lo. Pois o que faço não é o bem que desejo, mas o mal que não quero fazer, esse eu continuo fazendo. Ora, se faço o que não quero, já não sou eu quem o faz, mas o pecado que habita em mim... Miserável homem eu que sou! Quem me libertará do corpo sujeito a esta morte? Graças a Deus por Jesus Cristo, nosso Senhor! (Romanos 7:15, 18b-20, 24-25)

Paulo tinha uma compreensão absoluta da graça de Deus. Entendia que ele caminhava com pés muito frágeis de barro. Tinha plena consciência das capacidades maléficas que se escondiam em seu coração. Não se recriminava por ser assim; em vez disso, se alegrava com o fato de que Cristo o amava apesar disso — ele o amava tanto que, na verdade, morreu para lhe dar o poder para vencer a batalha contra o pecado.

No livro de Colossenses, Paulo enche sua pena de tinta e escreve (com graça) para aqueles que gostariam de criar regulamentos e sistemas de comportamento humano como uma cobertura contra o pecado. Acompanhe esta passagem:

> Portanto, assim como vocês receberam a Cristo Jesus, o Senhor, continuem a viver nele, enraizados e edificados nele, firmados na fé, como foram ensinados, transbordando de gratidão. Tenham cuidado para que ninguém os escravize a filosofias vãs e enganosas, que se fundamentam nas tradições humanas e nos princípios elementares deste mundo, e não em Cristo. Pois em Cristo habita corporalmente toda a plenitude da divindade, e, por estarem nele, que é o Cabeça de todo poder e autoridade, vocês receberam a plenitude [...]
>
> Já que vocês morreram com Cristo para os princípios elementares deste mundo, por que é que vocês, então, como se ainda pertencessem a ele, se submetem a regras: "Não manuseie!" "Não prove!" "Não toque!"? Todas essas coisas estão destinadas a perecer pelo uso, pois se baseiam em mandamentos e ensinos humanos. Essas regras têm, de fato, aparência de sabedoria, com sua pretensa religiosidade, falsa humildade e severidade com o corpo, mas não têm valor algum para refrear os impulsos da carne [...] Portanto, já que vocês ressuscitaram com Cristo, procurem as coisas

que são do alto, onde Cristo está assentado à direita de Deus. Mantenham o pensamento nas coisas do alto, e não nas coisas terrenas. Pois vocês morreram, e agora a sua vida está escondida com Cristo em Deus (Colossenses 2:6-10, 20-23; 3:1-3).

Princípio básico: famílias baseadas na graça percebem que seus filhos sempre terão problemas com o pecado. Elas consideram uma honra ser usadas por Deus para mostrar aos filhos como encontrar o verdadeiro perdão em Cristo. Não se intimidam com o diálogo que traz a discussão do pecado à luz. Na verdade, sentem-se gratas por ser capazes de estar do lado dos filhos com um amor incondicional durante alguns de seus momentos mais difíceis.

VENCENDO COM O AMOR E AS SUAS CONSEQUÊNCIAS

PARA TORNAR MAIS fácil providenciar um lar em que os filhos são livres para errar, você deve seguir um plano comprovado que o ajude a responder quando eles cometem deslizes. Vamos observar o que se deve e o que não se deve fazer.

1. Sua resposta

A palavra-chave é *resposta*, que é diferente de *reação*. Quando seus filhos pecam, é fácil ter uma reação exagerada. Quando mentem, batem no irmão ou na irmã, colam na prova da escola, você tende a se irritar com eles como uma vingança pela decepção, pela vergonha ou por darem trabalho. Essa é a maneira que muitos pais reagem — aqueles que não entendem a natureza do pecado como uma condição do coração do homem.

Uma resposta com graça para o pecado do seu filho é evitar a condenação. Você pode avaliar suas ações equivocadas, discutir seus efeitos negativos e até externar a dor e a decepção que sentiu, mas não queira condená-lo. Isso os deixa sem saída e não dá muita esperança. A recriminação ataca o caráter em vez de influenciar o comportamento do seu filho. Quando você condena, eles se colocam na defensiva. Geralmente o único efeito da sua condenação é piorar uma situação que já não estava boa.

Em vez disso, se você assumir o compromisso de abordar o erro do seu filho com amor e graça, ele fica mais propenso a adotar uma atitude humilde, experimentar algum remorso e expressar algum desejo de pedir perdão. Essa atitude da sua parte terá uma maior chance de motivá-los a ter vontade de confiar em Cristo para ajudá-los a alcançar a vitória sobre esse pecado em especial no futuro.

2. Consequências

Uma das coisas menos graciosas que você pode fazer é contornar as consequências do pecado do seu filho. Os filhos aprendem com a disciplina e têm um senso de justiça interior que exige que saibam se pagaram a dívida por sua infração e podem prosseguir com a vida. Ao deixá-los sair impunes ou não cumprir a punição que prometeu, você desequilibra a balança de justiça que os aconselha dentro da sua alma.

Dois incidentes que aconteceram com meus filhos exemplificam esse princípio. Colt, nosso filho mais novo, tinha feito uma coisa que o fez perder o privilégio de assistir televisão por duas semanas seguidas. Esse castigo foi estipulado por minha esposa. Ela tinha me falado sobre isso, mas, francamente, acabei esquecendo durante a segunda semana. Naquele domingo à tarde, eu aluguei um filme e perguntei para o Colt se ele queria assistir comigo. Então, ele me informou que não poderia fazer isso e me lembrou de que estava na última semana do castigo.

O segundo incidente foi há alguns anos, quando Karis, nossa filha mais velha, era pequena. Darcy a tinha levado para o mercado. Lá, Karis fez uma cena e desobedeceu à mãe, algo que muitos filhos fazem. Darcy lhe disse que, por causa de tudo o que ela havia feito, seria disciplinada quando voltassem para casa. Mas as duas só chegaram em casa duas horas depois. Como moramos no deserto do Arizona, Darcy precisava tirar as compras do calor sufocante da garagem e levá-las para dentro de casa o mais rápido possível. Levou um bom tempo para Darcy carregar todas as compras do carro para a cozinha. Enquanto ela estava no processo de colocar as coisas no freezer, Karis lembrou-lhe que devia ser punida.

Ela perguntou: "Posso receber meu castigo agora para eu resolver isso e sair para brincar?"

Nos dois cenários, os filhos reagiram ao seu senso de justiça interior. Eles queriam passar pelo castigo logo para pagar sua dívida e seguir em frente.

Se você manipular a situação para que algum pecado deles fique sem consequências ou para minimizar o castigo a algo bem menor do que eles merecem, você só prepara os filhos para fazer algo bem pior. Em centros de detenção juvenil esse é um tema recorrente. A mãe ou o pai continuaram relaxando as regras, pagando pela impunidade dos filhos ou simplesmente deixando que eles fiquem impunes. Na próxima vez, eles tentaram coisas bem piores. Estabelecer consequências para os pecados *é* uma manifestação amorosa da graça. Ela diz: "Eu te amo demais para deixar você continuar com esse comportamento inaceitável e crescer uma pessoa má." Estipular consequências justas e coerentes pelas suas ações negativas diz aos filhos que existem pais ou mães maduros supervisionando a vida deles. Deixá-los escapar sem punição diz justamente o oposto. Isso diz a eles que seus pais são tão imaturos que estão mais preocupados com o próprio conforto do que com a dignidade dos filhos.

Alguns erros possuem consequências naturais: advertência na escola, pagar por algo que quebrou, pedidos de desculpa públicos ou particulares, prisão ou enfrentar o juiz. Dependendo das circunstâncias, as consequências naturais também podem ser reforçadas com uma disciplina adicional por parte do pai ou da mãe. Digamos, por exemplo, que o seu adolescente recebeu uma multa por excesso de velocidade. Além de ter de pagar a multa ou a quantia adicional do seguro do carro, você também pode privá-lo do privilégio de dirigir por um tempo.

3. Os filhos pródigos

Alguns filhos fazem você envelhecer mais rápido. Eles rejeitam o seu amor, a sua liderança e a sua disciplina. Esses são filhos cujo coração pode ser frio com relação a Deus e mais ainda com relação a você. São muitas as considerações que precisamos ter em mente ao lidar com filhos pródigos.

Em primeiro lugar, resista ao impulso de se torturar. Quando o filho cai no submundo das drogas, do álcool, do sexo ou do crime, não se condene tentando descobrir que erro cometeu para fazê-lo se afastar tão rápido ou se desviar para tão longe. Uma defesa séria da objetividade é necessária nesse caso. Todos os pais cometem erros. Além disso, alguns filhos são obstinados na rebeldia, e não há nada que você possa fazer para mudar isso. Às vezes, o comportamento deles não se trata de uma questão entre você e eles, mas de uma questão entre eles e Deus.

Falando de Deus, ele tem uma palavra de incentivo para você sobre toda essa ideia de "se torturar". O capítulo 15 de Lucas conta a história clássica do filho pródigo. Quando você recua um pouco e observa a ideia maior que Jesus estava ensinando, é claro que ele usou essa história para descrever como alguns filhos de Deus se rebelam contra ele. Uma das aplicações para levar para a casa dos pais de filhos pródigos vem de uma dedução lógica dessa história. Se o pai da história representa Deus e o jovem que foge para uma terra estranha representa um filho rebelde de Deus, então é óbvio que Deus está dizendo a nós: "Escute, eu sou Deus, mas mesmo assim, por causa do livre-arbítrio, eu não posso (nem vou) impedir meus filhos de se rebelarem. Se eu não posso manter meus filhos na linha, mesmo sendo Deus, não vejo por que você deve se maltratar por não conseguir."

Existem outros ensinamentos que podemos extrair da história do filho pródigo.

O segundo ensinamento é o seguinte: não desista deles, porque Deus não faz isso. Os pródigos podem magoar você profundamente e causar muita vergonha, mas não desista deles.

O terceiro ensinamento é: não aceite nem banque a rebelião deles. Permita que eles descubram como a financiarão. Na maioria das vezes, a rebelião sai caro, e o pecado faz a maioria das pessoas cegas para isso. Se você não financiar suas experiências pródigas, isso fará com que eles desistam de suas opções mais rapidamente.

Quarto ensinamento: esteja pronto para perdoá-los se eles se arrependerem exatamente quando isso acontecer. O perdão não significa que não existam consequências para as ações deles, nem restaura a confiança, mas agrega valor e começa a reconstruir o relacionamento.

Quinto ensinamento: resista à tentação de compensar a mágoa à qual o sujeitaram. Se eles se arrependerem, matem o novilho cevado, façam uma festa e sigam em frente. Lembrá-los do quanto eles fizeram você sofrer é contraproducente nessa situação.

4. A disciplina

A principal coisa a respeito da criação de filhos baseada na graça é que Deus lhe dá uma variedade de formas de disciplinar seus filhos. Existem aqueles que acreditam que a Bíblia sugere uma disciplina rigorosa para as crianças pequenas, incluindo castigo físico. Mas Deus usa milhares de maneiras de disciplinar os próprios filhos na Bíblia. Ele é o Deus que nunca fez um pôr do sol ser igual ao outro. É um Deus criativo. Ele permite que você escolha o método que funciona com eficácia em cada situação. Temos um filho que encara o castigo físico sem hesitar. Encontramos outros métodos bem mais eficientes para chamar sua atenção e ajudá-lo a aprender com seus erros. Por outro lado, temos uma filha que já começa a chorar *antes* da primeira palmada no bumbum.

Você pode ter uma história infeliz no que diz respeito à disciplina. Pode ser que você não confie em si mesmo ou se sinta desconfortável ao usar algum método porque ele foi aplicado em você de forma imprópria. Lembre-se, há um Deus bondoso que lhe dá a graça de trabalhar com os métodos de disciplina mais eficientes e que se encaixam bem no seu perfil.

TODOS NÓS COMETEMOS ERROS

Pense nas luzes da varanda. Elas marcam a noite com o seu brilho amarelado. Algumas acenam, outras alertam, algumas consistem em uma chama acesa para proteger aqueles que estão em casa das sombras que querem se infiltrar a partir da escuridão.

Para algumas pessoas, suas luzes da varanda brilham como uma estrela de esperança contrastando com um céu azul-cobalto. Elas banham a noite com a sua luz e lavam a casa que dorme com tranquilidade, em uma noite de paz, de amor.

Existe um punhado de luzes de varanda que nunca se apagarão. Elas não podem fazer isso. Brilharam numa noite em que um filho ou filha correu para fora na fria e densa escuridão. A porta bateu com força. Os pés caminharam pelo piso de madeira da varanda e depois desapareceram para além do meio-círculo da luz.

Já se passou um bom tempo. Para alguns, meses. Para outros, anos. Existem alguns que já faz uma década que não veem mais essas luzes. As orações dentro da casa nunca pararam. A esperança pode ter falhado ou enfraquecido em alguns momentos, mas ainda se faz presente.

Não importa a razão pela qual eles foram embora, sempre podem voltar. Não importa para onde eles foram, sempre podem vir para casa e, independentemente do que fizeram, sempre podem entrar.

CAPÍTULO II

A GRAÇA QUE VEM PELA NOITE

POR QUE ESCOLHER A PALAVRA "GRAÇA"?
De todas as palavras que eu poderia escolher para descrever o tipo de criação de filhos que devemos implementar, por que escolhi essa?

Afinal de contas, a lista de palavras é interminável. Várias que me vêm à mente poderiam dar uma ótima primeira impressão na capa do livro:

Criação corajosa
Criação inteligente
Criação esclarecida
Criação firme

Mas não dariam bons títulos. Não captam o coração de Deus, nem chegam perto disso. Elas somente refletem o nosso coração. Sendo assim, não têm como fazer isso de modo adequado. Entre outras coisas, esses títulos são restritivos e apelativos demais.

Por causa do mandato que recebemos como pais, precisamos de uma expressão que transmita uma visão bem maior para os nossos filhos. Só existe uma expressão possível: a *criação de filhos baseada na graça*. Essa expressão capta o coração de Deus de uma forma totalmente abrangente. A graça inclui o seu amor, abraça a sua misericórdia e honra o seu sacrifício.

"Graça" é uma palavra maravilhosa porque é isso que ela é. Todo o mundo sabe sobre ela, até canta sobre ela. As pessoas amam o som dela porque precisam de *tudo o que ela representa*. Sem a graça, não há chance para ninguém. Sem a graça, não se consegue encontrar o caminho. Sem a graça, ninguém tem valor.

Deus preparou todo esse plano maravilhoso para nós com base nessa palavra pequena e simples. A graça canta ao mundo: "Noite feliz!" Ela nos convida dizendo: "Venham a mim!" Ela dá o seguinte grito: "Está consumado!"

E assim, pareceu muito adequado que, quando precisei encontrar uma palavra que resumisse o coração de Deus e correspondesse aos critérios do nosso maior chamado, a palavra "graça" fosse escolhida.

Você foi escolhido para fazer um favor para Deus. Ele está lhe pedindo que seja o seu representante para uma parte pequena mas fundamental da próxima geração. Ele precisa de alguém para ser sua voz, seus braços, seu coração. Ele escolheu você!

Deus escolheu você para ajudá-lo em um milagre. Ele lhe deu filhos e disse: "Agora vá, e dê um *significado* para a vida preciosa deles." Este é um mandato que vem com uma grande recompensa, mas que também tem um preço alto quando você não consegue cumpri-lo.

A resposta não se encontra na terra. Ela se acha no céu. Está sentada em um trono eterno. Ele possui muitos nomes, mas o meu preferido de todos é "Deus da graça". Você se pergunta: *Como é que eu posso criar filhos que venham a amar e servir a Deus?* Na verdade, a resposta não é tão difícil assim. Você simplesmente precisa tratar seus filhos do mesmo modo que é tratado por Deus.

Esse tratamento se baseia na graça.

Permita-me que eu transmita a vocês a parte boa! Já que o único foco que vocês devem ter como pais é a graça de Deus, tudo o mais ficará bem.

Posso lhes garantir isso. Eu não tinha muita vantagem quando minha primeira filha nasceu. O meu modelo era medíocre, a minha experiência era limitada e o meu talento era suspeito. Cometi uma quantidade imensa de erros. Deixei coisas importantes de lado e implantei outras que não se encaixavam, mas eu e minha esposa havíamos traçado um objetivo desde o começo: garantir que daríamos o máximo para criar nossos filhos em um ambiente marcado pela graça.

O resultado é que temos constatado que as promessas de Deus são verdadeiras e que *a sua graça nos basta*.

Contudo, eu ainda suponho que algumas pessoas possam dizer que ainda vai ser decidida a avaliação daquilo que fizemos, e eu acho que, se é assim que as coisas são, o júri continuará trabalhando até que o último dos nossos filhos se case e tenha filhos.

Entretanto, de vez em quando, algo acontece que parece com um recado de Deus dizendo: "Você escolheu o caminho certo no que diz respeito ao modo de criar seus filhos." Às vezes, a graça foi *tudo* o que tínhamos a oferecer a eles, mas descobrimos que, já que ela é tudo o que temos, só precisamos dela e de nada mais.

Temos quatro filhos. O meu segundo filho é um homem, ele se chama Cody. Uma noite, no último ano do ensino médio, quando ele tinha 18 anos, Cody teve uma pequena conversa comigo antes de dizer boa-noite e ir dormir. Mas algo o fez se sentar à mesa de estudo do quarto dele e escrever um poema. Vinte e cinco minutos depois, ele voltou e declamou o que tinha escrito. Seu esforço poético me encheu de esperança.

Só Deus permanece
de Cody Kimmel

Quando o que é certo não é mais
Difícil é ser livre
E tudo à frente se esvai
No ocaso dos deslizes;
Quando o que era multicor
Fica cinza, sem amor,
Sem esperança, só temor,
Só Deus permanece.

Quando a lembrança é o que restou,
Caminha o pensamento,
Fica rodando o que passou,
Fura o planejamento.
Quando a verdade me fugiu
E a mentira distraiu,
Só Deus permanece.

Quando o ano se passar
Em meio ao frio do inverno
E a velhice avisar
Que a morte está perto;
Se é a dor que se avizinha,
Envolve toda a alma minha,
Eu louvarei e só direi:
Só Deus permanece.[1]

NOTAS

Capítulo 1 — A razão pela qual a criação de filhos bem-intencionada fracassa
1. Verifique Filipenses 2:12-16 para acompanhar o contexto completo. Trata-se de um objetivo excelente para a criação de filhos baseada na graça. Observe que essas palavras vêm logo depois da passagem da *kenosis* (palavra grega que significa "se esvaziar"), em que Cristo se esvaziou de todos os seus privilégios divinos (não da sua divindade) e se humilhou para alcançar o homem pecador.
2. John Fischer, *Fearless Faith* (Eugene, OR: Harvest House, 2002), p. 21-31.
3. Escrevi um livro sobre o excesso de controle. Para mais detalhes, o título é *How to Deal With Powerful Personalities* (Colorado Springs: Focus on the Family, 1994) e está disponível em www.familymatters.net.
4. Sou grato pela excelente tabela que Max Lucado apresentou no começo do seu livro *Nas garras da graça* (Rio de Janeiro: CPAD, 2018).
5. Ibid.
6. 2 Coríntios 5:21.
7. 2 Coríntios 12:9.
8. Hebreus 4:15-16.
9. Provérbios 22:6.

Capítulo 2 — A verdade por trás da graça
1. C.S. Lewis: citado em Scott Hoezee, *The Riddle of Grace* (Grand Rapids: Eerdmans, 1996), p. 42.

2. *Young's Analytical Concordance to the Bible* (Grand Rapids: Eerdmans, 1972), p. 783.
3. Ibid.
4. Randy Alcorn, *The Grace and Truth Paradox* (Sisters, OR: Multnomah, 2002), p. 37.
5. Philip Yancey, *Maravilhosa graça* (São Paulo: Vida, 2011), p. 79.

Capítulo 3 — Um amor seguro
1. Veja Gênesis 1:26-27.
2. Segredos de família sempre são tóxicos. Sempre sentimos no coração o engano e a falta de franqueza, fatores que nos afastam das pessoas. Quando os segredos de família acabam sendo revelados no decorrer da vida, o filho é forçado a imaginar se tudo o mais também não passou de ilusão. A verdade liberta as pessoas. As crianças podem processar a verdade em uma idade bem mais nova do que são capazes de suportar. Quanto mais a verdade é revelada, melhor. Quando os fatos estão na mesa, eles não podem mais assombrar ninguém.

Capítulo 4 - Um propósito importante
1. Apocalipse 1:1-3.
2. Gênesis 1:26-27.
3. Robert Lewis, *Raising a Modern-Day Knight* (Colorado Springs: Focus on the Family, 1997), p. 83.
4. Hollywood Pictures, *Mr. Holland: adorável professor*.
5. Provérbios 9:10.
6. Allan Bloom, *O declínio da cultura ocidental* (São Paulo: Best Seller, 1989).
7. Reuben Welch, *We Really Do Need Each Other* (Nashville, TN: Generoux Nelson, 1973), p. 92.
8. "Gonna Serve Somebody", de Bob Dylan © Special Rider Music (p) 1979 CBS Inc. Usado com permissão.
9. *You may be an ambassador to England or France. / You might like to gamble; you might like to dance. / You might be the heavyweight champion of the world. / You might be a socialite with a long string of pearls, / But you're gonna have to serve somebody. / Yeah, you're gonna have to serve somebody. / It may be the devil, or it may be the Lord, / But you're gonna have to serve somebody.*
10. Mateus 10:30.
11. Citação de October Sky com permissão.

Capítulo 5 — Uma esperança forte
1. Atos 9:1-19a.
2. Veja a obra excelente de Charles Swindoll, *The Strong Family* (Portland, OR: Multnomah, 1991), p. 59-78.

3. Se você quiser algum auxílio adicional para alcançar essa ordem tão importante, talvez se interesse pelo livro que escrevi sobre o assunto: Tim Kimmel, *Raising Kids Who Turn Out Right* (Phoenix: Family Matters, 1993). Disponível em www.familymatters.net.
4. Esta é a lição que as crianças aprenderam com Jesus no livro *O leão, a feiticeira e o guarda-roupa*, de C.S. Lewis. Nessa história infantil clássica, o leão Aslam é o personagem que representa Cristo. As crianças aprendem que Aslam não estava seguro, mas estava bem.
5. Para uma exortação excelente sobre isso, leia o contexto mais amplo de 2 Coríntios 4:16-18.
6. Gênesis 1:4, 10, 12, 18, 21, 25, 31.
7. Apocalipse 1:8; 22:13.

Capítulo 7 — A liberdade de ser diferente
1. The Nelson Study Bible (Nashville: Thomas Nelson Publishers, 1997), p. 2142.

Capítulo 8 — A liberdade de ser vulnerável
1. Mateus 27:44.
2. Seus meios-irmãos Tiago e Judas não somente fizeram contribuições fundamentais para o Novo Testamento, mas os dois teriam funções exigentes no processo de estabelecimento da igreja. Tiago especialmente se ocupou em suas responsabilidades como supervisor da igreja em Jerusalém.

Capítulo 9 — A liberdade para ser sincero
1. Dan B. Allender, *The Wounded Heart* (Colorado Springs: NavPress, 1991), p. 183.

Capítulo 11 — A graça que vem pela noite
1. "My God Remains." Copyright 2003 por Cody Kimmel. Usado com permissão.

PERGUNTAS PARA ESTUDO

CAPÍTULO I
A RAZÃO PELA QUAL A CRIAÇÃO DE FILHOS BEM-INTENCIONADA FRACASSA

Você aprenderá o seguinte neste capítulo:

➔ O quebra-cabeça da criação de filhos

➔ Os pais radicais

➔ As peças adicionais do quebra-cabeça

➔ Modelos de criação atuais

➔ A função que a nossa visão de Deus desempenha na criação de filhos

➔ Uma maneira radical de criar filhos

1. Tim compara a tarefa da criação de filhos a montar um quebra-cabeça sem as peças das bordas, sem a tampa da caixa e com peças que não fazem parte dele misturadas. Como a cultura na qual você está criando seus filhos se encaixa nessa comparação? Como o pensamento das igrejas que você frequentou se encaixa nessa analogia?

2. Tim diz: "Criar filhos com limites morais bem definidos pode ser um trabalho extremamente solitário." Você se identifica com essa frase? De que modo?

3. Você já se sentiu culpado ou vitimizado pela prática de se medir a eficácia dos pais com um padrão arbitrário ou rígido? Como você se sentiu?

4. Quais são as "peças adicionais" que foram jogadas no seu quebra-cabeça da criação de filhos? Como você lidou com elas?

5. Tendo em mente que nenhum de nós é perfeito, qual dos métodos de criação de filhos que Tim descreve você às vezes tende a adotar? (Por favor, seja honesto e gracioso consigo mesmo.)

6. Qual das duas atitudes subjacentes, dos pais críticos ou dos pais legalistas, você experimentou, tanto pessoalmente quanto observando na vida de outra pessoa?

7. Quando você observa as características de uma família baseada na graça neste capítulo, qual é a mais atraente para você?

CAPÍTULO 2
A VERDADE POR TRÁS DA GRAÇA

Você aprenderá o seguinte neste capítulo:

→ O ponto fundamental

→ Padrões tóxicos

→ Regras, rebelião, relacionamentos

→ Liberdade x licenciosidade

1. Como Deus demonstrou graça em sua vida?

2. Como você tem visto questões e preferências pessoais se transformarem em mandatos espirituais? Como isso tem afetado as pessoas envolvidas?

3. Você consegue citar um exemplo de graça barata na sua própria vida ou na comunidade cristã? (No que diz respeito às outras pessoas, descreva de forma genérica para não fofocar nem difamar ninguém.)

4. A sua formação pendia para o legalismo ou para a licenciosidade? Como isso afetou o seu modo de criar os filhos?

5. Como você está "deixando a sua luz brilhar" diante de seus filhos para que eles "vejam as suas boas obras e glorifiquem ao Pai que está nos céus"?

6. Como este capítulo desafiou suas percepções e/ou seus pressupostos?

7. Como o seu modo de criar os filhos mudará por causa da leitura deste capítulo?

CAPÍTULO 3
UM AMOR SEGURO

Você aprenderá o seguinte neste capítulo:

→ O núcleo da graça

→ O ingrediente secreto do amor

→ Amor incompleto

→ Amor definido

→ Inculcar um amor seguro

1. Você sente que seus pais lhe transmitiram um amor seguro? Justifique.

2. O que seus filhos diriam se estivessem competindo por seu amor e sua atenção?

3. Como você pode ter dado, sem perceber, a impressão de que seus filhos precisam fazer certas coisas para ganhar o seu amor?

4. Qual parte da definição de amor que Tim apresenta é mais difícil para você praticar? Por quê?

_____ "O amor é o compromisso da minha vontade..."

_____ "... com as suas necessidades e o seu bem-estar..."

_____ "... não importa o custo."

5. Como você se sente sobre aceitar seus filhos do modo como Deus os criou? Como você pode melhorar nesse sentido?

6. De que maneiras a honra pode ser mais valorizada em seu lar?

7. Faça uma lista dos seus filhos, identificando ao lado do nome deles uma ou duas maneiras que você pode demonstrar afeto por cada um.

8. Como resultado de ter lido este capítulo, será que Deus o levou a buscar o perdão de um filho por alguma falha sua? O que você fará a respeito disso?

CAPÍTULO 4
UM PROPÓSITO IMPORTANTE

Você aprenderá o seguinte neste capítulo:

→ As consequências da falta de propósito na vida

→ Desenvolver um propósito geral, um propósito específico, um propósito relacional e um propósito espiritual no seu filho

→ A função do apoio, da atenção e da exortação para construir um propósito importante em seu filho

1. O que você sonhava ser quando crescer? Você acha que ficou além ou aquém dos seus sonhos?

2. Você consegue se identificar com um dos propósitos desfigurados sobre os quais Tim conversa no livro (isto é, o propósito não desenvolvido, o propósito vingativo e o propósito desperdiçado)? Como a sua vida foi influenciada por causa disso?

3. De que maneira você está sendo exemplo para seu filho da importância de ajudar as pessoas a desenvolver seu potencial máximo? Como você está tentando desenvolver o potencial pleno do seu filho?

4. Em que estágio cada um dos seus filhos se encontra em adotar um propósito espiritual? Ao fazer sua lista, ore pela caminhada espiritual dos filhos dos seus colegas no grupo de estudo.

5. Você oferece elogios verdadeiros para seus filhos? De que modo você pode estar sendo muito calado ou pouco sincero?

6. Estando nessa fase ou não, como você pode inspirar alegria e entusiasmo a respeito dos anos fundamentais da adolescência nos seus filhos?

7. Identifique os três melhores amigos, o esporte predileto, o grupo musical preferido, a matéria preferida na escola e o professor preferido de cada um dos seus filhos.

8. Você administra a disciplina e as consequências dela com graça (do modo que Deus nos trata)? Como você pode melhorar nisso?

CAPÍTULO 5
UMA ESPERANÇA FORTE

Você aprenderá o seguinte neste capítulo:

➔ A necessidade da esperança no coração do filho

➔ A relação entre a necessidade e o desespero

➔ A relação entre responsabilidade e esperança

➔ A relação entre os desafios e a esperança

1. Quais são as áreas de fraqueza ou dependência na vida do seu filho? Como você pode atendê-lo com uma ajuda confiante, graciosa e com esperança?

2. Depois de ler este capítulo, você refletiu sobre tudo o que está fazendo para manter a dependência do seu filho, superprotegendo-o, em vez de prepará-lo?

3. Será que existem áreas desafiadoras na vida de seu filho que você gostaria que Deus retirasse? (Isto é, física, intelectual, emocional, relacional ou profissional?) Você já conseguiu perceber como esse desafio pode incentivar ou já incentivou você e o seu filho a depositar sua esperança na bondade de Deus?

4. Quais são as inclinações naturais de cada um de seus filhos? Como você os está ajudando a desenvolver esses dons e habilidades naturais e únicos?

5. A ideia de criar filhos fortes em vez de seguros incomoda você? Justifique.

6. Como você pode dar um passo de fé e incentivar seus filhos a viver uma aventura espiritual?

7. Quando seu filho enfrentar o seu próximo revés ou fracasso, o que você fará para transformar a situação em uma oportunidade de construir uma esperança forte?

CAPÍTULO 6
UM SISTEMA DE ENTREGA PARA A GRAÇA

Você aprenderá o seguinte neste capítulo:

➔ A isca do legalismo

➔ A cura do legalismo

➔ A liberdade da graça

➔ Vivenciar a graça

1. O legalismo fez parte do seu crescimento? Como isso o influenciou?

2. Se o legalismo não fez parte do seu crescimento, você conheceu alguma pessoa que foi marcada pelo legalismo? De que forma isso aconteceu?

3. Por que você acha que naturalmente buscamos um modelo de uma lista de deveres ou fórmulas para a criação de filhos? O que isso diz a respeito da nossa visão de Deus?

4. O que você acha que nos dá medo a respeito do modelo de criação de filhos baseado na graça que valoriza o coração da criança em vez do seu comportamento? O que isso tem a dizer a respeito da nossa visão de Deus?

5. Quando você pensa nos seus mentores e heróis espirituais, será que o modo como eles agiam refletia o barulho ou a graça?

6. Como uma revisão, escreva em suas próprias palavras a relação entre a graça, as três necessidades internas e os quatro princípios do sistema de entrega da graça.

7. Quais percepções e pressupostos seus foram questionados neste capítulo?

CAPÍTULO 7
A LIBERDADE DE SER DIFERENTE

Você aprenderá o seguinte neste capítulo:

→ Dar espaço para ser diferente

→ Priorizar a essência

→ Modas e modinhas

→ Dar ao mal a sua devida proporção

1. Que tipo de coisas (que não são más nem pecaminosas) você fez quando era adolescente que incomodou os seus pais? Como eles reagiram?

2. De que modos seus filhos são diferentes, estranhos, bizarros ou singulares? Você já se incomodou ou ficou envergonhado por isso?

3. Na sua opinião, por que tendemos a associar o poder do mal às atitudes e ações diferentes? Como você tem observado a comunidade cristã fazer isso?

4. De que modo julgamos outros pais com base no comportamento de seus filhos?

5. Como podemos apoiar pais que estão tendo dificuldades com seus filhos e, assim, ajudá-los em vez de difamá-los?

6. O que você fará da próxima vez que seu filho quiser seguir alguma modinha? (Algumas dicas: trata-se de uma questão bíblica ou moral? Será que é uma questão financeira ou prática? Será que é uma questão pessoal sua ou deles?)

7. Como você vai reagir à individualidade do seu filho agora que entende que a sua permissão para que eles se expressem do modo que desejarem confere graça? Será que existe algo que você pode fazer hoje mesmo?

CAPÍTULO 8
A LIBERDADE DE SER VULNERÁVEL

Você aprenderá o seguinte neste capítulo:

➜ Como pais sensíveis deixam espaço livre para Deus agir

➜ Nenhuma necessidade é pequena demais para Deus

➜ Os adultos são definidos pelas suas vulnerabilidades de criança

➜ Deus usa suas fraquezas para demonstrar a sua graça

1. Quais eram as suas vulnerabilidades na infância? (Altura, peso, classe social, aptidão para os esportes?) Houve alguém que o segurou pela mão e lhe apresentou o caminho da graça?

2. Que situações emocionais na vida dos seus filhos você tem vontade de minimizar? Se devemos responder a eles do mesmo modo que Deus responde a nós, como deve ser essa resposta?

3. Por que os pais tendem a lidar com os fatos da vida dos filhos de uma maneira melhor do que lidam com os sentimentos deles? Comente uma situação em que você ou o seu filho não conseguiam enxergar os fatos porque todo o foco estava nos sentimentos.

4. Você ou o seu filho possuem algum "espinho" que provavelmente nunca será retirado? Como você tem lidado com isso ou como você ajudará seu filho a aceitar e desenvolver a melhor atitude com relação a isso?

5. Houve alguém em sua vida cujo encorajamento durante um momento de vulnerabilidade transformou a maneira pela qual você enxergava a si mesmo?

6. Reserve um momento para refletir e escrever uma ou duas maneiras com as quais você pode encorajar seu filho quando passam pela fase vulnerável da infância.

CAPÍTULO 9
A LIBERDADE PARA SER SINCERO

Você aprenderá o seguinte neste capítulo:

➔ Honestidade tóxica

➔ Honestidade consiste no que você diz

➔ Honestidade consiste em como você diz

➔ O exemplo da nossa família está em Deus

1. Você já foi vítima da honestidade tóxica? Como você se sentiu?

2. Você consegue pensar sobre alguém nas Escrituras que questionou a sua fé e foi honesto com Deus sobre suas dúvidas? Como Deus respondeu a ele e como essa resposta influenciou a sua fé?

3. Seu filho já externou dúvidas a respeito de suas convicções espirituais? Por que isso irrita os pais? O que a nossa ansiedade diz a respeito da nossa visão sobre o Espírito Santo?

4. Quais são as mensagens que comunicamos a nossos filhos quando respondemos à sua candura de uma forma altamente controladora, depreciativa, agressiva ou vulgar? O que podemos fazer para encorajá-los a se aproximar de nós com candura?

5. Você já teve uma discussão acalorada com Deus, parecida com a que Moisés tinha recorrido neste capítulo? Qual foi o resultado?

6. Se algum colega ou amigo discorda de você, como gostaria que eles lidassem com o desentendimento?

7. Como você passará a incentivar a candura em sua família?

CAPÍTULO 10
A LIBERDADE PARA COMETER ERROS

Você aprenderá o seguinte neste capítulo:

→ A graça é a ferramenta de nível que equilibra

→ Os problemas com o pecado acontecem principalmente no interior, em vez do exterior

→ Transformar erros em maturidade

→ Os filhos são formados de dentro para fora

→ O lar baseado na graça sempre mantém as luzes acesas

1. Você pode compartilhar algumas metáforas que usa para identificar a graça? Poderia dar um exemplo de alguém que demonstrou uma graça incrível para a sua vida?

2. Em suas próprias palavras, explique a diferença entre permissividade e graça. Já que temos como padrão de comportamento "agradar a Deus" (p. 194), será que existe algum tabu ou problema com os padrões cristãos que você precisa abandonar?

3. Levando-se em conta que o pecado já está "no acampamento", que tipo de mudança você deve adotar para ajudar seus filhos a vencer o pecado, em vez de partir do princípio de que você pode impedir que eles fiquem aquém de seu alto nível?

4. Existe algum diálogo ou ação que você pode desenvolver com seus filhos para demonstrar a sua necessidade do perdão de Cristo em sua própria vida e abrir a porta para eles conversarem sobre suas dificuldades com o pecado?

5. Sua tendência é reagir ou responder com relação ao pecado dos seus filhos? Coloque-se no lugar deles. Como responder poderia trazer um resultado melhor?

6. Você pode citar alguma experiência do passado, tanto envolvendo você como outra pessoa, que exemplifica a ausência de graça em ignorar as consequências dos erros? Que formas de disciplina você achou eficazes com seus próprios filhos?

7. Será que sempre existiu alguma luz na varanda para você na sua vida? Como você encontrou o caminho de volta para casa? Você estaria disposto a fazer o mesmo por seus filhos?

CAPÍTULO 11
A GRAÇA QUE VEM PELA NOITE

Você aprenderá o seguinte neste capítulo:

→ A razão de ser da graça

→ Se a graça é tudo o que se tem, precisamos dela

→ A graça tem uma grande recompensa

1. A graça pode ser uma palavra nova para você ou uma palavra que você carrega desde o início da sua fé. Como o seu entendimento sobre a graça se desenvolveu ou mudou por causa da leitura de *Criação de filhos baseada na graça*?

2. Com base na sua compreensão nova ou renovada da graça, como a sua filosofia de criação de filhos mudou?

3. Em que aspectos práticos o livro *Criação de filhos baseada na graça* transformou sua forma de criar seus filhos?

4. De que maneiras "de carne e osso" você pode tratar seus filhos do mesmo modo que Deus lhe tratou?

5. Dedique algum tempo agora para pedir o auxílio de Deus no seu compromisso de amar como ele ama.

Quanto mais sabemos sobre Deus, mais podemos ser seus imitadores. Se você ainda não é, crie o hábito de ter comunhão com cristãos com o pensamento parecido com o seu, orar e ler a Bíblia diariamente.

AGRADECIMENTOS

Este livro recebeu um toque de graça de muitas pessoas queridas:

Steve e Cheryl Green — somos amigos há quase uma década. Obrigado por acreditar tanto e conduzir tão bem esse relacionamento.

Thomas Nelson — a todos vocês. Sinto-me honrado em fazer parte dessa equipe.

Laura Kendall — você é uma editora experiente. Obrigado pelo seu compromisso incansável com leituras extensas.

David Moberg, Susan Ligon e Debbie Wickwire — a parte do "amém" da minha vida de autor. Agradeço a confiança que vocês demonstraram desde o começo... em mim e nesta mensagem.

Mike Yorkey — você tem sido um apoio inestimável para famílias por muito tempo. Obrigado pela redução que você fez no manuscrito.

Wendy Wood, uma mulher que não se contenta com o que é bom enquanto pode ser melhorado. Obrigado por aprimorar minhas palavras.

Mark Sweeney — todo mensageiro precisa de um patrocinador. Foi você que enxergou primeiro a ideia geral. Que o seu futuro o leve a lugares cada vez mais altos.

Tim Roberts e Susanne Freyling, os vigias da Family Matters. Obrigado pela maneira cuidadosa pela qual vocês mantiveram a luz acesa enquanto eu estava envolvido no projeto.

Steve e Barbara Uhlmann, duas pessoas que entendem a força de um lugar sossegado. Obrigado pelas chaves (convencionais e de tarja magnética) que proporcionaram os momentos solitários necessários para escrever este livro.

Max Lucado, um gigante humilde. Suas palavras me trouxeram esperança. Sua vida espelha a graça de Deus.

Karis, Cody, Shiloh e Colt, as quatro melhores razões que tenho para voltar para casa toda noite. Obrigado pela paciência que tiveram comigo quando eu ainda estava tentando descobrir tudo o que exponho aqui.

Darcy, minha alma gêmea, sempre. Quando eu mais preciso da graça, tudo de que preciso são seus lindos olhos verdes.

E dou graças a Jesus — por sua graça ser tão plena, a nossa família vive em liberdade.

Direção editorial
Daniele Cajueiro

Editor responsável
Omar Souza

Produção editorial
Adriana Torres
Júlia Ribeiro
Mariana Oliveira

Revisão de tradução
Bruna Gomes Ribeiro

Revisão
Alice Cardoso
Rayana Faria

Projeto gráfico
Jan Derevjanik

Diagramação
DTPhoenix Editorial

Este livro foi impresso em 2022
para a Novo Céu.